地域力の再発見

内発的発展論からの教育再考

岩佐礼子

藤原書店

はじめに

大学院の学生だった頃、「この研究をするきっかけはなんだったのですか」と問われることがよくあった。よくよく思い返してみると、それはまさに二十一世紀を迎えようとする時期に遡る。筆者はおよそ一五年間ユニセフという国連機関の職員として途上国で働いてきたが、二〇〇〇年を過ぎたころから、年一回の帰国休暇で目の当たりにする日本の社会状況に危機感を覚えるようになった。一時は世界一のGDPを達成し、疑いもない先進国である日本で、全国の自殺者数が毎年三万人前後で推移していることや、[1] 小中学校の不登校児が毎年一二万人もいるということは何を物語っているのか。[2] 一日一ドル以下の収入という「貧困」のレッテルを張られているアフリカ諸国においても考えられないような、深刻な現象が日本で起きていた。

筆者は特に緊急支援の仕事を希望してユニセフに入ったわけではなかったが、赴任すると必ず何らかの危機が起きて、結局巻き込まれていく結果になった。初めて赴任したアフリカのザンビアで干ばつ支援に携わったことをきっかけに、地域紛争が頻発していたルワンダとウガンダでの難民や国内避難民の支援にかかわり、その後南アジアや東南アジアと太平洋地域の諸国における防災計画作成や緊急支援を三〇か国以上担当し、その間二〇〇一年の同時多発テロ事件後のアフガニスタンや二〇〇四年のスマトラ沖地震などの大規模緊急人道支援も体験してきた。そうした難民や避難民の現場において、ニュースで頻繁に放映される「悲惨であわれな」難民像ではなく、「たくましい」難民たちも実際に見てきた。一九九六年にルワンダとコンゴの国境で、着の身着のままで何百キロという道を黙々と歩いてルワンダに帰還してくる数十万人の難民の行進を見た時は言葉を失った。彼らは数週間歩き続け、野宿をし、持参したわずかな食事で命をつないでいるのだった。国連機関やＮＧＯが国境で水や食料の補給を開始したが、それまでの数週間を難民たちが生き延びてきたこと自体が奇跡とも思われた。人が生き残りをかけて絞り出す「人間の底力」というものが事実あるのだということを現場で実感した。その一方で、災害や事故のたびに帰宅難民となって大騒ぎをしている「先進国」日本の首都圏の状況と比較すると、「日本は大丈夫なのか」と、さらなる危機感が募った。

そうした問題意識をかかえたまま、以前から興味を持っていた環境分野の研究をするために二〇〇六年に仕事を辞めて日本に戻り、翌年大学院に入学した。そこで「持続可能な発展のための教育(Education for Sustainable Development: ESD)」(以後ＥＳＤと略記)と呼ばれる教育に興味を持ち、調査のために日本各地の現場に足を運ぶようになって、「日本も捨てたものじゃない」と思えるようになってきた。テレビなどのメディアの情報偏重で、頭だけで日本社会を捉えていた自分が、現場を実際に見て、自らの力と工夫と仲間同士の支え合いで逞しく生き生きと過ごしている人々に出会い、その見方が変わってきたのである。

このような調査の経験を通して「持続可能な発展」とは何かと問い続けた末に、この現場の生活世界から立ち上がってくる発展のありさまを、鶴見和子の「内発的発展論」に見出した。とはいえ、これは理論であり、果たして現実に内発的発展はあるのかという疑問も当然生まれてくる。確かに、現代の日本社会に目を移すと、国家の中央集権的な政策や行政の事業誘導型の地域振興策などに代表される発展メカニズムに依存し、市場経済にどっぷりつかっている我々の姿が見える。現実として、かつての地域共同体にみられた地域の資源と住民の自発性に基づいた地域づくり、いわゆる内発的な発展を目指した活動は生まれてこない、あるいは風前の灯である、といった悲観的な見方もあるかもしれない。しかし、そう言い切れるのか、といえば、吉本哲郎や関満博は言い切れないと答えるだろう。

水俣市役所の職員をしていた吉本は、地元には何もないといった人々の発想を転換し、「ないものねだりは愚痴である。あるものを探して磨くのが自治である」（吉本 2010：51）と、地元にあるものを探す学びとして「地元学」を始めた。ふたを開けてみると次々と面白い発見がでてきて、住民が生き生きと行動を起こし始めた。関は日本各地を自らの足で歩き、現場で地域の自立を目指した農商工の取り組みを拾い上げて記録し、『地域産業の「現場」を行く』（関 2008）の第一集を筆頭に第七集までのシリーズで紹介している。二〇〇八年以降は特に「条件不利地域」と形容される中山間地域の現場にも足を向け、第七集までトータルで二一〇の現場から内発した自立的な地域産業の取り組みの事例をカバーしている。おそらく本に載せる事例として選択されなかった現場を含めると、数百レベルの内発的な取り組みを関は全国各地で見てきたと考えられる。

これらのことは我々が一般的に陥る二つの先入観に光を当てていると考えられる。関が示したのは、一つは現場に足を向けることなく、我々の頭の中でもはや地域の「内発的」取り組みはないとする先入観へのアンチテーゼである。もう一つ、いかに現場に通っていても、あるいは、まさに現場で生まれ育ちそこで長年暮らしていても、そこに潜在する「内発的なもの」に気づかず、「内発性」はないものと認識する先入観へのアンチテーゼが、吉本の地元学アプローチである。

吉本が地域の内なる宝を発見する地元学を思いつくきっかけを作ったのは、有機水銀汚染がもたらした水俣病という環境と人々の健康の危機であり、それによって引き起こされた地域社会の危機であった。このように、危機に直面し、試行錯誤しつつも自分たちの生活を持続すべく内発的な力を発揮する人々が必ずいるのである。そのように現場で、あるいは危機において、人間の不完全性という制約を乗り越えて内発してくる人々の力の源泉はいったいどこにあるのかを知りたいと思った。これは、アフリカであれ、日本であれ、なにか普遍的に共通するものがあるのではないか、と直観的な確信があった。それは国によって内容や知識水準のばらつきがある学校教育とは違う、もっと根源的な学びに等しいものではないかと考えた。こうして現場に足を運び、生活世界の非定型（インフォーマル）教育や学習[3]を探る調査をするうちに鶴見和子の内発的発展論に出会い、人々の内発性に根ざして持続する発展のあり方を模索するようになった。

さらに、内発的なものを探求する調査の中では、想定外の問いも生まれてきた。宮崎県綾町《あやちょう》の住民らが繰り返し言及する「講《こう》」とはいったい何なのか、という問いである。内発的発展にはおそらく自治が鍵になると目星をつけ、綾町の自治公民館制度に興味を持って調査を始めたのだが、綾町には、自治公民館制度よりはるか昔から「講」というものが存在していた。「講」は、まさに自発的に形成された集団であり、制度という権力性から切り離された対等な人々の集団であった。それゆえに行政による制度的な認知・登録はされておらず、地元以外の人々にとっては「見えない」集団である。ここでは顕在的世界と暗黙的世界が交錯していた。自治公民館制度が公的な地域社会を構築する顕在的な仕組みと捉えるならば、「講」は公的な場には出てこない暗黙的な地域づくりの仕組みそのものであるかもしれない。

「講」という暗黙的な伝統に光を当てることは、先述した現場に潜在する「内発的なもの」を掘り出してくる吉本の地元学アプローチともいえる。翻って関は、全国各地を訪ね歩いて、顕在的な農商工の経済活動としての地域づくりを二〇〇の現場で発見してきた。しかし、関は地域産業活動が見えてこない地域には、内発性がないと判断したかもしれない。ところが実際は「講」のような暗黙的な地域づくりの活動もあるのだが、それは外からはなかなか「見えない」のである。よって特定の現場で内発性を示す活動が見えないからと言ってそこに内発性がないとは判断せず、内発性が見えていなければそれを「潜在能力」として捉え、その力の源泉を探ろうとするのが本書の視座である。言い換えると、関の地域づくりの認識は顕在的であり、吉本のそれは暗黙的であるが、地域力を再発見するにはその両方のアプローチのバランスをとることが必要なのではないだろうか。

自然界においては、生物が命を懸けて命を生み、かつ命のために命を獲る行為がすべてつながり、死と生が互いに支え合っている。見えるものと見えないもの、語るものと黙するもの、静と動、自然の恵みと自然の禍、内なるものと外なるものといった異質なもの同士が表裏一体となり見え隠れする、この命を育む惑星の理と歴史を顧みれば、文字によって記録され、日の目を見てきた権力者主導の発展の歴史の陰に、災害や争いによって常に変動していく現場で、記録されることもなく、暗黙的に持続してきた常民たちによる内発的発展もあったに違いない。ところが近代化と科学知という追い風をうけて、今は前者の発展が一気にこの惑星を覆い尽くそうとしているような危機感を筆者は覚える。多元的で多様な内発的発展を押しつぶし、グローバリゼーションによって一元的で均質な発展のみを追求するとき、この世界は持続不可能となるだろう。このことに対し鶴見は内発的発展論という論を立ち上げ、ある意味、あまりにもありふれた日常の営みとして、これまで理論化すらされなかった内発的な発展の奥深さとその価値に光を当てようとしたのではないか。この鶴見の遺志を継承し、この内発的発展論に潜在していた教育的要素を開花させる目的を持って、本書の副題を「内発的発展論からの教育再考」とした。

注

（1）厚生労働省ホームページ、「自殺死亡統計の概況　人口動態統計特殊報告」。(http://www.mhlw.go.jp/toukei/saikin/hw/jinkou/tokusyu/suicide04/index.html 二〇一三年四月四日閲覧)

（2）文部科学省児童生徒課「平成一九年度児童生徒の問題行動等生徒指導上の諸問題に関する調査」によ

ると平成十（一九九八）年以降は全国の不登校児数が毎年一二万人前後で推移している。（http://www.mext.go.jp/b_menu/houdou/20/08/08073006/001.pdf 二〇一三年四月四日閲覧）

（3）クーン（1974）によれば教育は学校教育に代表されるフォーマル（定型）教育、社会教育や生涯教育といったノンフォーマル（非定型）教育、日常社会で偶発的に起こるインフォーマル（不定型）教育の三種類に類別される。佐藤一子（1998：26）はその定義を成人学習の文脈において学習に置き換え、制度化された「学校的形態の学習」をフォーマル学習、諸団体や諸機関による多様な「非学校的形態の組織的学習」をノンフォーマル学習、生活の場や社会活動における学びやメディアを通じての学びなどの「組織化されていない日常的な学習」をインフォーマル学習と解説している。

地域力の再発見　目次

はじめに　1

序章　「創発」と「共同性」を手がかりとして　17
本書のねらい　18
本書の構成・分析枠組み　19
本書のアプローチと「曼荼羅と萃点」の理論　21
調査地と調査方法及び調査日一覧　33

第一章　「発展」と「教育」をいかに捉え直すか——内発的発展論の視座から　41
1　発展の「持続不可能性」を水俣から見つめる　42
はじめに　42
「魂のゆくえ」における緒方正人の証言　45
「もうひとつのこの世」を希求して　49
水俣と鶴見和子　52
「もう一つの発展」に見る内発的発展の原型　55
鶴見和子の内発的発展論と「伝統の再創造」　58
2　ESDという問題解決型教育の出自と課題　64
「持続可能な発展」概念の生い立ち　64
環境教育からESDへ　67
ESDの定義　69

ＥＳＤの問い直し　73
3　ＥＳＤ再考の三つの視座　75
教育学としての内発的発展論　75
「生活世界」の視座からのＥＳＤ再考　76
「内発性」の視座からのＥＳＤ再考　80
「変化」の視座からのＥＳＤ再考　85
第二章　危機が顕在化させた現場の力——宮城県南三陸町歌津伊里前　95
1　海の恵みと禍と共に生きる人々　96
はじめに　96
南三陸町歌津伊里前の概要と契約会について　98
伊里前住民の被災から復興への道のり　101
2　歌津伊里前を出発点として——事例が示す三つの道筋　127
第三章　生活世界から探る内発的発展——宮崎県綾町上畑地区　135
1　自治を育む人々　136
はじめに　136
綾町の概要と歴史的背景　137
鶴見の内発的発展論から紐解く綾町の発展　140
上畑地区の概要　142

六つの生活機能から生活世界の共育を探る　144
上畑の生活世界の共育を紐解く　155
2　内なる創造性を育む人々　164
大井沢地区の概要と歴史　164
生業の共育を探る　168
大井沢の生業の共育を紐解く　183
3　生活世界の共育を紐解く　186
共育の曼荼羅　186
生活世界における共育の包括性　187
内発的共育から内発的ＥＳＤへ　193
第四章　「三山講」と地域の共同性――千葉県市原市八幡・上高根　201
1　「山」と「死」に向き合う人々　202
出羽三山講の概要　202
八つの「かかわり」の物語を紐解く　209
三山講を紐解く　232
三山講と内発的発展の接点　243
2　地域に根ざした集団と内発的発展のリンクを探る　248
講集団の持続可能性に学ぶ　248
多層的共同体が担う内発的発展　250
自治する共同性と内発的発展　252

第五章　「自然学習」と地域に根ざした共育——山形県西川町大井沢地区　259
1　自然学習を創造した人々　260
はじめに　260
大井沢小中学校の歴史　261
自然学習の誕生と実践　263
自然学習の意味を紐解く　267
自然学習のまとめ　280
2　創発から捉える内発的発展　285
「地域に根ざした共育」の創発と学校教育　285
価値創造型の発展としての創発　288
創発の土壌は人づくり　290
第六章　ＥＳＤから「内発的ＥＳＤ」へ——生活世界からの再創造　293
1　生活世界の教育・学習理論を求めて　294
はじめに　294
教育の本質を探る　294
インフォーマル教育の再考　298
インフォーマル学習の再考　299
教育と学習が一体化する生活世界　304
集団の学習理論と本書の位置づけ　307

個人と集団の「形成」のダイナミズム　310
2　内発的ＥＳＤの全容を捉える　312
「魂のゆくえ」に立ち返る　312
ＥＳＤを再創造する　315
内発的ＥＳＤを解き明かす　318

終章　「地域力の再発見」に向けて　343
1　内発的発展論の再考　344
はじめに　344
「曼荼羅と萃点」へ立ち返る　347
「漂泊」と「定住」を再考する　361
2　内なる持続可能性の構築を目指して　367
おわりに　377
引用文献　389

地域力の再発見

内発的発展論からの教育再考

序章

「創発」と「共同性」を手がかりとして

本書のねらい

現代社会に目を向けると、一見様々な制度の枠組みや政策と市場経済によって形作られているようだが、それらとは次元を異にする地域独自の生活世界の発展が日本各地の現場において重層的に進行している。本書のねらいとしては、それら地域の現場から内発してくる発展の内実と、そこに埋め込まれた教え合いや学び合いのやりとりを探求することによって、現場を生きる人々のまなざしや、生命の視点から持続可能な発展を捉え直し、現場で発展を支える力の根底にあるものを浮き上がらせ、鶴見和子の提唱した「内発的発展論」の深化を目指したいと考えている。

鶴見は米国留学中に比較近代化論を学んだが、帰国後に発足した「近代化論再検討研究会」における研究者仲間達との議論を経て、西洋の国家主体の発展を手本とし、先発＝内発的発展、後発＝外発的発展と区分けする近代化論からの脱皮を目指し、地域の自然生態系と伝統文化に即して住民らが自律的に創出する発展を提唱し、それを「内発的発展」と名づけた（鶴見 1980）。本書も、国際社会が創出した「持続可能な発展」の概念が「近代化論」を根深く抱えこんでいることを指摘することで、この「持続可能な発展」を促すために国連が提唱した「持続可能な発展のための教育（Education for Sustainable Development）」、即ちＥＳＤという教育のあり方に疑問を呈し、「持続可能な発展のための内発的共育」、略して内発的ＥＳＤという、持続可能性を内発的発展に根ざしながら追求する、人間の

創造性を育む教育や学習のあり方を提示することを試みる。(1)

鶴見が社会変動論を学んだ恩師モァは、その著書『社会変動』(1963=1968)において、「達成されざる理想」という非決定論的発展観を示しているが、人類の理想的な社会が達成できない二つの理由として、①環境の挑戦の遍在性と、②非同調および理想的価値への到達不能の遍在性があるとしている。①の理由がまさに環境変動などの自然からの挑戦であり、②の理由は社会秩序や道徳秩序に同調できない人々の遍在、言うなれば、人間や人間が形成する社会の不完全性の問題を指摘している。この理想と現実の不一致は緊張を生み、社会を変動させ、人々は変動を受け入れざるを得ないが、それを可能とするのが社会体系の弾力性、即ちレジリエンス(Resilience)だとしている。これらの変動に打ち負かされ消滅していった文明も人類の歴史にはあまたあるが、一方で変動を受け入れながらも持続していく弾力性を生み出す集団や社会があったからこそ、現代の我々が存在している。この変動に対するレジリエンスという弾力性の源を、本書は現場の事例から実証的に探っていくことになる。

本書の構成・分析枠組み

まず第一章では「持続不可能性」を抱え込む現代社会の問題に対して、国連による「もう一つの発展」という報告書や鶴見和子の「内発的発展論」が提示されたにもかかわらず、結果的に国際社会が「持続可能な発展」という発展概念に議論の末たどり着き、その発展を支えるESDという教育概念が誕生した背景を辿る。

第二章からは現場に移り、宮城県南三陸町《みなみさんりくちょう》歌津伊里前《うたついさとまえ》の震災と復興の事例を取り上げることで、地域の発展の持続可能性に立ちはだかる津波という自然災害（環境変動）と、それに引き続いておこる地域共同体の被災と復興（社会変動）という、人間が避けては通れない普遍的テーマを提示する。そうした変動と向き合いながら、個人の力を集合した共同性をもって、より良き暮らしを目指して行動をおこす伊里前の人々のレジリエンスのあり方を「生活世界における自然と人、人と人とのかかわり」「集団の共同性と地域の共同性」「伝統の再創造」という三つのテーマに集約し、それらに連関して、第三章、第四章、第五章は構成されている。

第三章では、内発的発展のモデルとされている宮崎県綾町の上畑《うわばた》地区と、自然豊かな山形県西川町大井沢《おおいさわ》地区の事例から、その地域の自然と文化伝統に根ざして生きる現場の人々による共育の内実を探っていく。九州と東北という二つの異なる風土を扱った理由は、温暖な気候に育まれ、自治や習俗などの社会文化を特徴とする風土と、豪雪地帯という厳しい自然と向き合う生業を特徴とする風土という、二つの異なる風土が育む、地域の個性が織りなす学びの多様性や豊かさを提示したかったからである。

続いて、津波の危機に対応してレジリエンスを発揮した伊里前契約会の事例に見た、講集団の共同性についての理解を深めるために、第四章では千葉県市原市の事例から、数世紀を経てなお継続する出羽三山講の共同性と持続可能性のあり方を探っていく。

第五章では山形県西川町の大井沢小中学校の事例から、環境や社会の変動と折り合いつつ「自然学習」という伝統を再創造してきた結果、「地域に根ざした共育」が創発された背景を探っていく。第六章はそれらの事例から導き出した内発的ＥＳＤという共育を総括し、その理論的整合性も見ていく。

終章では結論として、鶴見和子の内発的発展論に本書による新しい見解を統合することで、「地域力の再発見」の意味と意義を示したい。

また、第三章、第四章、第五章では、各事例について二つの視角から分析を試みる。第一に、鶴見和子の「伝統の四つの型」という分析視角を用いて共育の質的構造を捉え、第二に、「継承の型」という分析視角で共育の持続可能性の仕組みの構造を捉える。それらをふまえ、後述するポランニー、アマルティア・センや佐藤仁、鶴見の理論と照合しながら、それぞれの事例を「内発的ＥＳＤ」と「内発的発展」の視角をもって考察していく。

本書のアプローチと「曼荼羅と萃点」の理論

本書は、鶴見の内発的発展論に依拠しつつも、それが潜在的に包含していた教育的要素を明らかにしていくことで、鶴見の内発的発展論では顕在化されなかった「創発」と「共同性」の二つの概念を足場として、内発的発展論に検討を加えていくアプローチをとる。内発的発展とは、「人間生活の様々な側面における創造的構造変化の過程」（鶴見 1980：199）であるが、この創造的構造変化の過程を支える人間の創造性を育む知のメカニズムを、マイケル・ポランニー（1966=2003）による「創発」の理論で捉え直す。よって、この「創発」に深く関わるポランニーの「暗黙知」と「潜在的可能性」に着目したアプローチをここでまず提示し、次に、「共同性」と発展を結びつけるアプローチとして、アマルティア・セン（1992=1999）と佐藤仁（1997）の潜在能力の理論を援用してみたい。最後に、鶴見和子の内発的発展論の大軸となっている「曼荼羅と萃点」の理論の概要を記述するが、その応用と展開は終章で試みることにしたい。

（1）ポランニーの「暗黙知」と「潜在的可能性」のアプローチ

日常の生活世界において身体に埋め込まれ、言語化、文字化されない暗黙知は、「私たちは言葉にできるより多くのことを知ることができる」と、それまで未知だった身体と知の織りなす暗黙のメカニズムに光を当て、提起した科学哲学者であるポランニー（1966=2003）によって、その存在が世間一般に認知されるようになった。ポランニーの暗黙知の理論はかなり難解であるが、以下ピアノの例を用いてできるだけわかりやすく説明したい。

ポランニーによれば、科学知に代表される形式知とは「対象を知っている（knowing what）」こととし、そのためには「方法を知っている（knowing how）」ことが伴わなくては存在しえないという。この方法知が暗黙知である。つまり、人間が「知る」ということは、実践的な知識（暗黙知）と理論的な知識（形式知）を二つ同時に持つことを意味することとなる（Polanyi 1966=2003：22）。

暗黙知は近位項と遠位項という二つの条件から構成されている。私たちはまず、近位項にある従属的要素から遠位項へと注目を移動し、その結果、目下の注目の対象たる「統一性を持った存在」へと「個々の諸要素」が統合されていくことを認識する。群衆の中から一瞬にして友人の人相を識別できることはその卑近な例だが、ここではピアノ演奏という芸術の分野での例を挙げてみよう。ピアノの演奏とは、眼前の自分の手、ピアノや楽譜といった「近位項」から音楽という「遠位項」へと注目を移動することであり、その結果、ピアノを弾く手や、ペダルを踏む足、音に強弱をつける体全体の動きを伴いながら、演奏者は身も心も一体となって、そのすべてが演奏される音楽表現に統合され、溶け込んでしまっているような状態となる。この状態を「包括的存在（comprehensive entity）」とポランニーは定義する。この包括的という英語の綴りは「理解する」という意味も同時に持っている。そうすると、事物が統合されて生起する音楽の「意味」を演奏者が理解するということは、当の従属的要素としてのモノ（手やピアノや楽譜）自体を理解する次元ではなく、それらを内在化しながら音楽を表現するという別の次元に移行することなのである。このように、音楽を「創発[(2)]」させる、即ち創造するためには、ピアノや演奏者の身体や楽譜といった次元を超越しなくてはならない。逆に、初心者のように目に見えるピアノ自体や楽譜自体に意識を向けて事細かに注目するとき、なめらかな演奏が不可能になり、演奏で表現される音楽という包括的存在を破壊することになる。逆説的だが、創発にはそれ以前の次元での余計な失敗の可能性がつきまとっており、これは生命の特徴でもある（Polanyi 1966=2003：

87)。

暗黙知は一般的に形式知の対極の知として相反する知のイメージがあるが、実際は、形式知は暗黙知なしには存在できないのであり、両者は密接な関係性を持っている。それを示す一例として言葉によって示される体系的な抽象的概念がある。例えば「木」という言葉を目や耳にしたとき、木を一度も見たことがない人は理解できないだろうが、大抵の人は実際に多種多様な木を数えきれないほど見て育ってきているので、そうした「木」に関する経験を暗黙のうちに統合し、「木」という概念を持ち得るし、それを指示する言葉の認識が可能になるのである(3)(Polanyi 1969=1985：244)。その他、この現実世界に存在しない、物理的な重さも三次元的な容量も持たない「点」や「線」、「丸」といった抽象概念も、暗黙知の統合によって認識が可能になる。

形式知と暗黙知の関係で特記すべきことは、科学的発見も階層的な次元ごとに創発するメカニズムに負うということである。それは、科学的独創性が、それまで蓄積されてきた科学的伝統から生まれ、それを更新するという経緯から見ても明らかである(Polanyi 1966=2003：124)。この発見と密接な関係を持つ「直観」という人間の能力については、『知と存在』(Polanyi 1969=1985：258-260)において次のように理論展開されている。即ち、ある問題を選択し、手がかりを求めて想像力を広げるとき、それが思索であれ実験であれ、直観によって新しい推測へと統合される。その際、手がかりは単に発見のための可能な機会を提供できるにすぎず、発見する方法については教えてくれない。発見する者は、潜在的可能性の兆候を統合する能力、つまり、私たちが「予測的直観」の力と呼ぶ能力を格別に所有していると述べている。これが暗黙知、言い換えると「方法知」を生み出す一種の能力である。さらにポランニーは、その最後の著書『意味』(Polanyi & Prosch 1975)において、知ることには「自己中心的統合」と「自己放棄的統合」の二種類があり、前者の典型的な例として、科学的知識(形式知)を挙げている。学校で教師が生徒たちに示すのはこうした記号がほとんどであり、生徒たちはその記号が指示する内容や意味を理解し、学習することに焦点を当てている。こうした知識は「意味読解」される知識である。対して「自己放棄的統合」では、従属的なものが、人が全生涯にわたって意義を持つ要素を集約しているときに起こる。なぜなら、これらの要素は、それ自体として重要な記憶や連想を伴っているからである。つまり、自分にとって重要な関心事がその対象物とリンクするとき、より創造性の高い「意味付与」されたものとなるのである(Gelwick 1977=1982:139-140)。

ポランニーが暗黙知から導き出したもう一つの視点は、潜在的可能性(potentialities)という、最終的には人の営みとしての発展にかかわる理論である。潜在的可能性は鶴見の言うところの「人間の可能性」である。科学哲学者であるポランニーは、単なる人間の知のメカニズムの発見に満足せず、そうした知のメカニズムが備わった人間たちが形成する社会の今後の発展の道筋をも見通そうと試みた。即ち、未来に希望を持って焦点を当て、伝統を再創造しながら現代社会を生き進んでいく我々人間に備わった能力は、「知ること」による形式知と暗黙知のダイナミックな相互作用から生まれる創造性と、それを導く直観であるといえるだろう。そしてある時、そうした人間の切磋琢磨による「潜在的可能性」が成熟して、文化や芸術、道徳、宗教といった、非物質的な次元の創造的産物も「創発」してくる。いうなれば、創造性とは、社会的発展というより、進化によって発達した人間の知のメカニズムの最終的な段階である。そうなると、形式知である科学は通時的な知の蓄積で進歩するが、暗黙知の創発は通時的進歩とは縁がない。およそ四万年前とされる人類初のオーストラリア大陸移住（Diamond 1997=2012：164-167）を実現させた航海術、約一万七千年前に描かれたラスコーの壁画の芸術性とそれを可能にしたスキルやテクニック、約五千年前の縄文時代中期の謎に満ちた火焔土器を生み出した縄文人の独創性など、文字や近代的科学技術の力を借りずに人間の驚異的な創造力が発揮された例は、時をはるか太古へ遡ってみても枚挙にいとまない。客観的知識による科学は、むしろこの創造性の謎解きのために、それらをばらばらにして分析していく知であり、人間の創造性より下位次元の知となる。モノやコトの意味（価値）を、暗黙知を通して「知る」ことと「潜在的可能性」と「創造性」を示したポランニーの理論は、住民主体の創造性に根ざした内発的発展の道筋との親和性があり、終章ではこのポランニーの「創発」の理論を、本章の最後に解説する「曼荼羅と萃点」の理論を用いて内発的発展の文脈で捉え直すことを試みる。

（2）アマルティア・センと佐藤仁の「潜在能力」のアプローチ

ポランニーは、人間が備え持つ暗黙知や、科学的発見をする創造的能力のメカニズムに焦点を当てているが、アマルティア・セン（1992=1999）は、人が望ましいとする「機能（functioning）[4]」へ様々な手段を使って辿り着く「潜在能力（capability）[5]」（Sen 1992=1999）に焦点を置いた。ポランニーの暗黙知は、潜在能力にとって必要条件だが十分条件ではない。例えば、ピアノで音楽を奏でるという機能は、ポランニーの暗黙知だけでは達成できない。まずピアノを所有でき、ピアノを弾ける健康な体であることや、ピアノの弾き方を教えてくれる教師を持つといった条件や手段がそろっている必要があり、それらをすべて動員できたときに、人は暗黙知のメカニズムによって音楽を奏でることが可能になる。この一連の手段を使って機能を達成することが潜在能力である。ただし、音楽を表現するという機能に価値を置き、あらゆる手段を動員してその機能を果たそうとする自発的な個人の意志こそが、暗黙知と潜在能力双方の原動力であり、この意味では共に個人の身体と主体性に根ざしている暗黙知と潜在能力とは強い相互関係を持っている。センは潜在能力に焦点を当てたことで、多様性に富んだ個性を持つ人間が営む発展のあり方が、貨幣収入といった単純な指標で富めるものや貧しきものといった開発の評価にさらされること自体に、大いなる異議を申し立てたのである。そして、障害者や社会的に差別された人々など、すべての人が自分の目指す機能へたどりつける潜在能力をもっているわけではないという不平等に着目し、そのギャップを埋めるのは経済力などの財ではなく、民主的な社会づくりや福祉制度やサービスの充実といった社会福祉的環境の整備であるとして、それを視野に入れた発展を説いた。換言すると、センの理論は、このような公共・福祉政策によって人間の潜在能力を拡大させ、人間の福祉や福利を実現させるという立ち位置で構築されている。

そこで本書では、潜在能力アプローチを福祉政策・事業という枠組みから一端切り離し、佐藤仁(1997)の集団の潜在能力の視点を用いて[6]、共同性や自治といったボトムアップの枠組みで捉え直すことを試みた。言い換えると、公共政策や事業の計画や評価という枠組みではなく、住民主体の内発的発展の枠組みであれば、住民自身、あるいは共同体が価値を置く機能を達成するための潜在能力とはどういったものであり、それをどうやって拡大していくのか(7)、つまり、自治のような自律的発展につなげていくのか、という視点で見ていく。そして、この潜在能力の探求の過程において、教育的視点を組み入れていく。例えば文化伝統にかかわる機能は個人レベルでは実在しえず、その文化伝統を共有する共同体や地域社会、さらにその文化伝統を育んできた地域の風土、自然的環境といったものも財（手段）としてかかわってくる。その財を利用して共同体が望ましいと思う機能を実現する際に発現される潜在能力の、教育的要素はどういったものであるかということに着目する。また、共同性の枠組みであれば、個人に欠落した基本財や潜在能力を事業などの政策や行政サービスで補強するのではなく、共同性が生み出す仕組みで補強していくことになるわけだが、それはどういった仕組みであるのか、という点も重要である。この枠組みは、行政サービスや公共事業などが一時的に機能できない、自然災害や事故、社会的動乱といった危機の際にも適用できるだろう。

まとめると、異なる自然的環境や社会的環境における人々の個性と暮らしの多様性に着目した潜在能力アプローチは、経済成長に偏重していた開発援助において、より包括的な評価をするために追加された有効なツールであり、潜在能力を集団レベルで把握するとき、外発的発展に依存しない自律的かつ主体的な力を住民や彼らの共同性から見出していくためのツールとなる。本書は、人間の成長を主眼とする多元的な発展としての内発的発展論に基づき、潜在能力というツールを個人レベルから解放して集団や共同体のレベルにも適用し、共同性や自治の文脈での集団の機能の達成を助ける潜在能力による、ボトムアップの枠組みにおける共同性のあり方を、事例を通して探求していく。

(3) 曼荼羅と萃点

鶴見和子は、内発的発展論を深めるにあたり、密教の曼荼羅を参照しているが、そもそもなぜ社会学とは異質な曼荼羅を応用しようとしたのだろうか。そのいきさつから見ていこう。鶴見が南方熊楠《みなかたくまぐす》の文献に出会ったのは水俣調査以前の一九七二年であった。平凡社に依頼され『南方熊楠全集』(一九七一—七四年)の第四巻の解説を書くことになったからである。これをきっかけに鶴見は『日本民俗文化大系四　南方熊楠』を一九七九年に講談社から出版することになる(のち『南方熊楠』(鶴見和子 1981))。執筆のために始めた南方研究だったが、これまで無名であった南方のダイナミックで創造性あふれる生涯を知り、彼の生き方に強く惹かれていく。南方の粘菌研究と神社合祀反対運動、そして曼荼羅を科学的方法論と捉える斬新な発想は、鶴見に多くのインスピレーションを与え、内発的発展論の探求に大いに寄与した。こうした経緯で、ある時鶴見は不思議な曼荼羅に出会ったのである。それは南方熊楠が科学の方法論構想のために書きなぐった森羅万象相関関係図としての曼荼羅(図0—1)で、南方が親しくしていた高野山真言宗管長で当時最高の学僧であった土宜法竜への書簡の中に示されている。インド哲学者で仏教学者である中村元がその図を「南方曼荼羅」と呼んだことから、以来、鶴見は南方曼荼羅と名づけている。

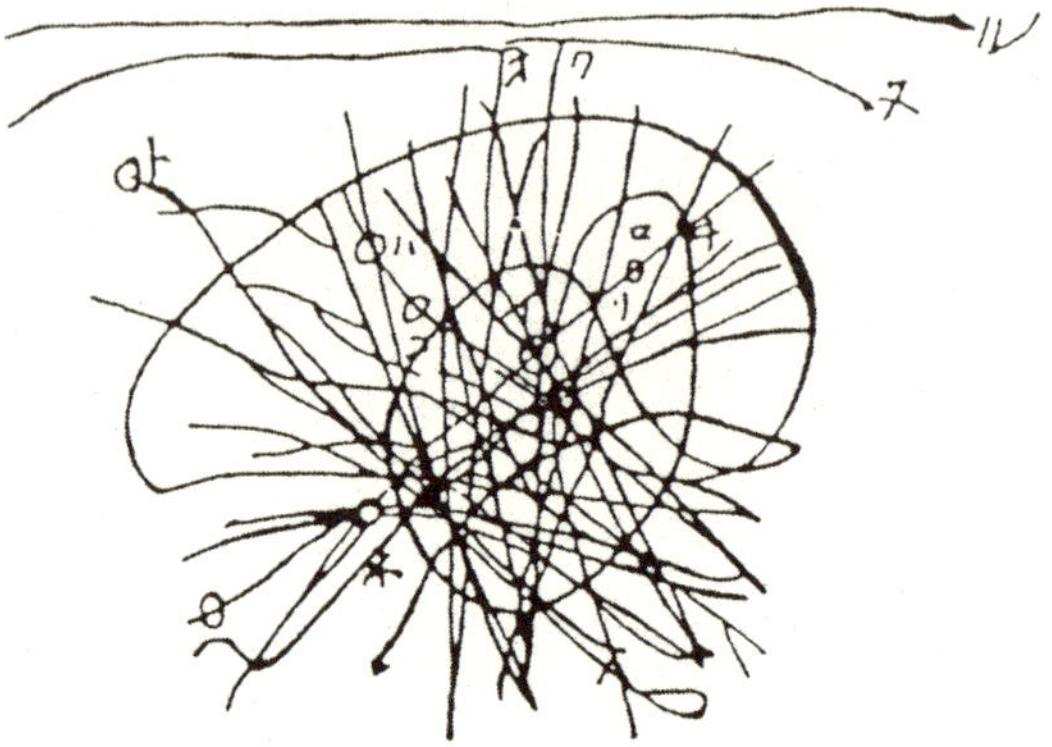

図 0–1　南方曼荼羅 I

出典：1903 年 7 月 18 日付土宜法竜宛書簡より（鶴見 1998a：522）

『南方熊楠』（1981）の中で鶴見は南方曼荼羅を南方の世界観のモデルとし、次のように解説する。「自然および人間社会の森羅万象は、すべて原因結果の連鎖でつながっている。それはしかし、漫然とすべてがすべてに関係がある、ということではない。ある一つの場面をきりとると、そこにはかならず、その中のすべての事象が集中する『萃点《すいてん》』があり、その萃点に近いところから、しだいに、近因と縁因をたどってゆくことができる。南方は、大乗仏教の世界観を、ものごとを原因結果の連鎖として示す、科学的宇宙観として、解釈しなおしたのである」（鶴見 1981：23）。南方が科学を学んだ十九世紀末のヨーロッパは、因果律を最も重視した時代だったが、南方は、自然科学は因果律で解けるが社会科学は因果律では解けないと考えた。つまり西欧の自然科学は必然性しか考えていないが、真言密教は因だけでなく縁起を包含している。必然性と偶然性とを同時に捉えている因縁の観念を持つ仏教のほうが、より複雑な事象を解明することがで

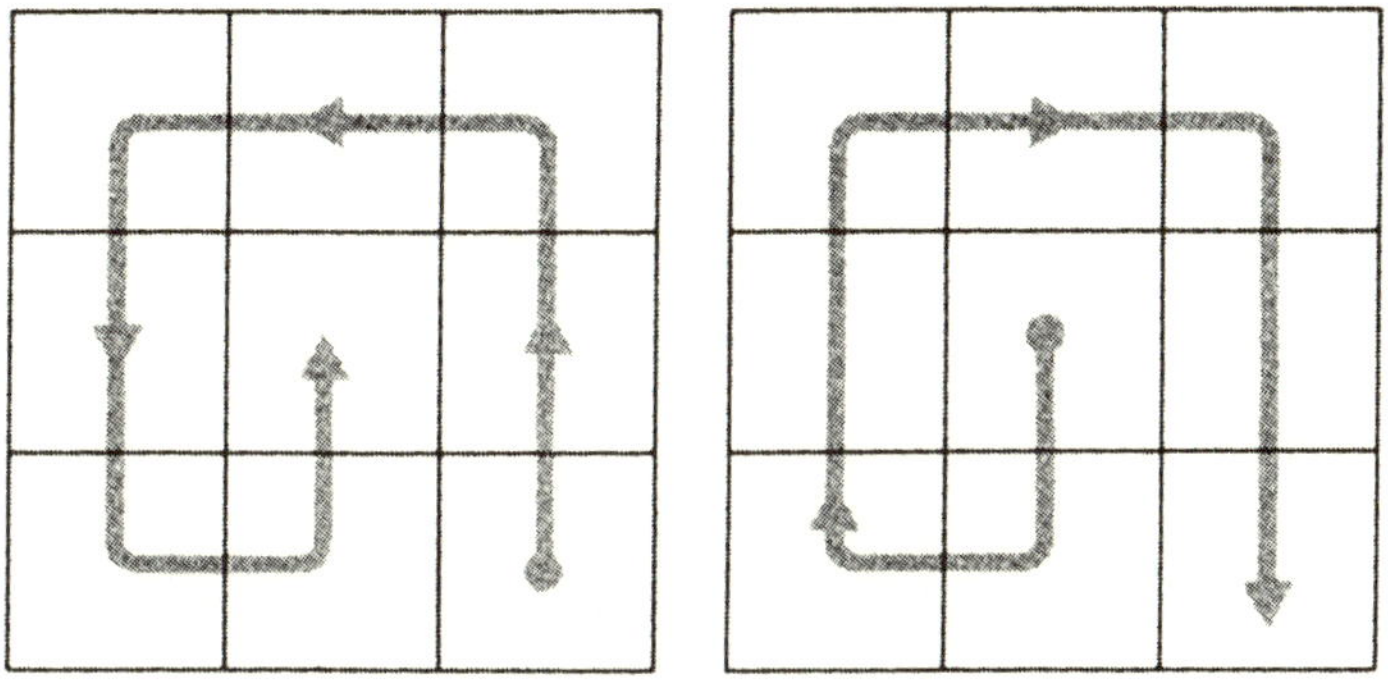

図 0–2　九会曼荼羅の逆対応の構図
出典：鶴見・頼富（2005：105）

き、方法論的可能性としてより優れ、より高度な科学であると考えたのである（鶴見 1998a：281-282）。この南方曼荼羅の萃点の意味するものを鶴見は柳田の社会変動論の観点で捉え直そうと試み（鶴見 1999：34）、その後試行錯誤を重ねていく。

南方曼荼羅との出会いを機に、鶴見は真言宗の僧侶であり密教学の権威でもある頼富本宏の著書を読み、曼荼羅が静的な配置図ではなく、多様性や調和性を備えながらもダイナミックであり、変化するということを悟った。そして頼富との念願の対談が二〇〇五年に実現する。頼富はまず、いわゆる聖なるものの出現装置であり人間や社会の事象の入る余地のない曼荼羅を狭義の曼荼羅とするならば、熊楠の曼荼羅は広義の曼荼羅であるとする。それを、科学も含め、思考や現象世界までをも説明し、人間がこれによって思考するための一つの見取り図であり、同時に思想を投影する装置でもある「開かれた曼荼羅」と呼んで、南方曼荼羅に対する自分の立ち位置を明確に示した（鶴見・頼富

2005：55-56）。そして、すでに江戸時代に慈雲飲光が「向下《こうげ》向上《こうじょう》」（図0―2）という言葉で曼荼羅の流れを示していたと述べ（鶴見・頼富2005：35）、次のように曼荼羅の流動性と点を解説している。

まず、萃点という呼び方はしないが、ビンドゥと呼ばれる「点」は曼荼羅に存在する。胎蔵曼荼羅は大地から出生する点を持ち、金剛界曼荼羅は虚空から出生する点を持つ（鶴見・頼富2005：77-78）。それに関連し、地蔵と虚空蔵は反対概念のようだが、どちらものを生み出す母体になる仏となる（鶴見・頼富2005：85）。そうした点と点を結ぶ線も可能であるし、渦巻く曲線もあり得る。さらに曼荼羅の特色として、より完成度の高い曼荼羅であるほどインタラクティブ（双方向的）と呼ばれる逆対応がある。それは交替と並んで交互という流れを持つ。交替がポジションの変化であるとすれば、交互はベクトルの方向の逆対応となる。これは仏教が必ず「空」ということ、言うなれば、固定的にものを見ないことを説いているのと無関係ではない（鶴見・頼富2005：89）。

さらに、曼荼羅には胎蔵曼荼羅と金剛界曼荼羅の二種類があるが、後者には一般的に九つの部分からなる現図系九会曼荼羅が用いられる。その九つの井桁の番号の振り方が中心から渦巻の、右回りで外へ流れる形と、逆に左回りで中へ入っていく、逆対応の構図（図0―2）をとる。そして、この出生点を萃点と捉えることがまず考えられ、次にカオスとコスモスの交換のような変化の際、そこに力が働くとき、それを萃点だとする捉え方ができるのである。これは、曼荼羅を立体的に、時間も組み込んで考える場合は非常に大事なポイントであり、曼荼羅の中に変化や動きを見る場合は、量的かつ質的な変化であるから、大きな意味を持つ。それに反応し、鶴見は、生から死へ、死から生へという質的変化の可能性が曼荼羅に投影されている（鶴見・頼富 2005：104-105）という捉え方を示す。

頼富は最後のまとめとして、胎蔵曼荼羅はどちらかというと、そこにある者たちが持っている機能を十分発揮できる、あるいは特色を生かすような共存といった棲み分け型を示すが、金剛界曼荼羅は九つの時系列の違う会が交替性を持ち、同じ仏が出てきても、期待されている内容、表現される内容が、その場面、場面で異なっているドラマ型であると解説している（鶴見・頼富 2005：166-168）。この二つのパターンを組み合わせると、多様な共存の型が創造できるが、曼荼羅の特徴として、一部分でも欠ければ成立しないという意味で全体性のバランスが重要となる。また、本来の曼荼羅は地面に描かれるもので必ず消されるが、それは人間が曼荼羅に永遠に執着してはならないからであり、仏教の無常思想がその背景にあることを鶴見に告げる。これは、物事の限界を認め、限りある命というものを大事にする思想を示している。「曼荼羅と萃点」は本書が終章で示す深化する内発的発展論への道筋において再度詳しく取り上げるので、ここで一旦解説を締めくくりたい。

調査地と調査方法及び調査日一覧

最後に、本書で行ったフィールドワークの概要を整理しておきたい。

第二章　宮城県南三陸町歌津伊里前地区

南三陸町では、二〇一二年八月二十、二十一日と十月二十六日と二十七日に歌津伊里前地区及び志津川において聞き取り調査を行った。また、二〇一二年三月三日の日本環境教育学会弥生集会における南三陸町関係者の発表の記録を取った。蜘瀧仙人さんやRQ市民災害救援センター[8]の関係者には、弥生集会後に都内で機会を得て聞き取りを行った。さらに、二〇一三年三月十七日に開催された日本学術会議主催の公開シンポジウム「災害と環境教育」における、南三陸町伊里前小学校の阿部教員や元契約会会長牧野氏などの発表や千葉正海・拓さん親子のビデオレターを文字化した。同年八月四日に開催された一般社団法人環境復興機構主催の「三陸の未来を語ろう――防潮堤問題から日本の未来を考える」集会での配布資料も参考資料とした。千葉拓さんのフェイスブックの内容の記録も本人の了承を得て使用した。

第二章で聞き取り内容を引用した方々（登場順）の氏名と調査日の一覧を次に記載する。牧野陽子さん（二〇一二年十月二十六日）、千葉正海さん（二〇一二年八月二十日、十月二十六日）、蜘瀧仙人さん（二〇一三年三月三日）、広瀬敏道さん（二〇一三年三月三日）。

第三章　宮崎県綾町上畑地区

綾町での調査は、二〇〇八年十一月、二〇〇九年一月、三月、八月、十月、二〇一〇年十月、十二月、二〇一一年十一月、二〇一二年四月の計九回（合計六八日間）行い、上畑地区で合計五六人（一二

人の小学生、八人の中学生、三六人の成人住民）の聞き取りを実施した。三六人の大人の年齢別構成は九〇歳代が一人、八〇歳代が三人、七〇歳代が四人、六〇歳代が五人、五〇歳代が六人、四〇歳代が一三人、三〇歳代が四人であり、そのうち女性は一七人である。加えて、他の地区住民が五八人、宮崎市民が一人、綾町役場職員が二人、教育委員会職員が二人、綾小・中学校教員が四人、清武町役場の職員が二人、任意団体（当時）「てるはの森の会」の職員が二人の、総計一二七人の聞き取りを行った。上記の聞き取りには、二〇〇九年からは講集団を新たな研究対象としたため、綾町八地区における延べ七三人への講に関する聞き取りも含まれる。このうち宮原地区では実際に頼母子講の参与観察を六回実施した。また二〇一〇年三月に上畑地区の壮年会及び婦人部の三二人に頼母子講に関するアンケート調査を実施した。郷田前町長の取り組みに関しては、郷田氏の家族の方々や、郷田町長時代に助役を務めた二人の職員の聞き取りも数回行った。二次資料は綾町立図書館、綾町役場、綾教育委員会などから収集した。この他、主な参与観察は、ふれあい調査、上畑ふれあいウォーク（地区内ツアー）、綾神社秋祭り行事、川中神社例大祭、上畑地区手作り文化祭、二〇一一年五月の綾町主催の照葉樹林サミットなどである。

本文と注で引用した方々（登場順）の氏名と調査日の一覧は次の通りである。第三章――中村貴幸さん（二〇〇九年八月四日）、三輪喜久雄さん（二〇〇九年三月十五日）、押川文幸さん（二〇〇九年一月十七日）、小西俊一さん（二〇〇九年一月十三日、三月十四日）、宇都武士さん（二〇〇九年三月十七日）、榮福保さん（二〇〇九年一月十四日）、有村五男さん（二〇〇九年一月十八日）、榮福学さん（二〇〇九年一月十五日）、宇都重男さん（二〇〇九年十月十七日）、榮福三奈子さん（二〇〇九年一月十一日）、児玉俠志さん（二〇一一年十一月二十五日）、池上忠身さん（二〇〇九年一月十三日）、海老原正利さん（二〇一〇年十月十五日）、松永光弘さん（二〇〇九年一月十八日）。第四章――浜田倫紀さん（二〇〇九年十月十五日）。

第四章　千葉県市原市の八幡敬愛講と上高根敬愛講

市原市八幡宿で活動をする八幡敬愛講の集会に、二〇一二年十一月八日と二〇一三年一月八日の二回訪れ、参与観察と聞き取りを行った。集会した人数は一回目が二五人、二回目は二八人だったが、聞き取りをした行人は二回に渡って計一〇人である。二回目には新年に八幡敬愛講を訪れていた正傳坊の神官の聞き取りも行った。五井地区で活動している上高根敬愛講は二〇一三年二月三日の集会に訪れ、当日の二〇人ほどの参加者の参与観察と聞き取りを行った。また補足調査として、二〇一二年七月には山形県鶴岡市羽黒手向の大聖坊の坊主《ぼうしゅ》の聞き取りをした。山形の出羽三山信仰に関しては、大井沢の湯殿山神社の宮司の聞き取りも加えた。山形の端山信仰については、山形の郷土史家の千歳栄氏の聞き取りも二〇一一年十月に行った。そのほか二次資料としては、千葉の講集団の関係資料や文献を千葉県市原市生涯学習部ふるさと文化課や千葉県立中央博物館の学芸員から入手し、同博物館のデジタルミュージアムの「梵天にみる房総の出羽三山信仰」サイトも参考にした。

第四章で引用した敬愛講の講員（登場順）の氏名と調査日の一覧は次の通りである。八幡敬愛講（二〇一三年一月八日）――（アイウエオ順）上木原政文さん、高澤和夫さん、中村義男さん、山中喜久司さん、吉住光正師。八幡敬愛講（二〇一二年十一月八日）――（アイウェオ順）石橋栄太郎さん、稲葉武男さん、上木原政文さん、高澤和夫さん、中村義男さん、山中喜久司さん。上高根敬愛講（二〇一三年二月三日）――大鐘芳男さん、佐久間憲一さん、佐久間正吉さん、鈴木清治さん、永野尚生さん、永野喜光さん、長谷川康司さん。大聖坊の星野尚文師（二〇一二年七月二十六日）。

第三章と第五章　山形県西川町大井沢地区

大井沢地区における聞き取り調査は、二〇〇九年八月、九月、二〇一〇年二月、二〇一一年一月、五月、十月、二〇一二年七月の七回、合計四四日間に渡って総数四七人（二三人の男性、二一人の女性の合計四四人の住民と、二〇一二年五月に、三人の大井沢小中学校の元教員の男性）を対象とした。

自然学習が二〇〇七年に実質的には終了し、自然学習の現場の参与観察が不可能であることを踏まえ、調査方法としては、住民や教育委員会関係者や元教員達の聞き取りの内容といった一次資料や、大井沢自然博物館への訪問調査、大井沢の地域づくり関係の会議への参加や参与観察によって、自然学習の資料や文献などの歴史的な二次資料の裏付けを可能な限り行った。その際、調査ではカバーできなかった、子ども達の学びの膨大な記録と豊かな感性が凝縮されている自然学習の研究文集である七冊の『峠の小鳥』や三二冊の『文集カモシカ』が重要参考資料となった。これらの資料が大井沢自然博物館や西川町立図書館に大切に保管されていたことは特記しておきたい。

以下は本文と注で引用した方々（登場順）の氏名と調査日の一覧である。第三章――佐藤正富さん（二〇一二年七月三十日）、志田忠儀さん（二〇〇九年九月十六日）、前田武さん（二〇一一年一月十六日）。第四章——志田菊宏さん（二〇一一年一月二十日）。第五章——佐藤征夫さん（二〇一〇年二月二十一日）、松田富士雄さん（二〇一一年一月十八日）、小山裕子さん（二〇一〇年二月二十〇日）、小林彰さん（二〇一一年五月九日）、奥山育男さん（二〇一一年五月十一日）、志田忠儀さん（二〇〇九年九月十六日）、斎藤和夫さん（二〇一一年五月九日）、志田悌二郎さん（二〇〇九年九月十九日）、佐藤浩美さん（二〇一〇年二月二十四日）、志田龍太郎さん（二〇一〇年二月二十一日、二〇一一年十月八日）

終章　岩手県陸前高田市と宮城県南三陸町

震災関係で、南三陸町調査と連関して陸前高田市でも二〇一二年八月と十月の二回の調査や参与観察などを実施した。

以下は終章で引用した方々（登場順）の氏名と調査日の一覧である。河野通洋さん（二〇一二年十月二十五日）、及川博道さん（二〇一二年十月二十六日）。

尚、本文中のカッコ内の年齢表記は原則として聞き取り調査時の年齢とする。引用文や会話文への筆者による補足は〔　〕で示した。また本書は「内発的発展論」を中心的な理論的枠組みとしていることから、文献からの直接引用の場合は除き、“Sustainable Development”の「持続可能な開発」という一般的な日本語訳の表記を「持続可能な発展」という表記に統一することをあらかじめ断っておきたい。

注

（1）「内発的ＥＳＤ」や「共育」という用語の詳細は第一章の3を参照されたい。

（2）ポランニー（1966=2003）によれば、当時の生物学者たちは、すべての生命現象を、無生物を制御する規則である物理学と化学に基づいて、機械論的に説明しようと試みており、彼はそれに対し、「創発（emergence）」の概念で反論を試みている。まず、非生物から生命が誕生したということは、「何ごとも成し遂げず、何ものにも依拠せず、したがって過ちを犯さない」レベルから、「成功したり、失敗したりしつつも、何ごとかを成し遂げる過程を持つ」レベルへ創発したことを意味する。したがって、生命体が誕生するときには、無生物には存在しない、ある原理が稼働し始めているのに違いない（Polanyi 1966=2003：79）、とポランニーは考えた。よって、より高位のレベルは、下位のレベルでは明示されない過程を通してのみ、出現できると考えられる。

（3）このことはそもそも文法や文字に無知である子どもの言語習得過程においても暗黙知が作用していることを示唆しており、後述するヴィゴツキーの「文化的―歴史的発達理論」とも強い連関がある。

（4）セン（1993：31）による機能の定義は「人の状態の一部、特にその人が生活を送るにあたって成し遂げたりする行為や状態などの様々なことを示している。ある個人の潜在能力とは、その人が成し遂げる様々な機能の選択可能な組み合わせであり、そこから人は望ましい機能の集合を選ぶことができるのである。このアプローチは、生活とは様々な行為や状態の組み合わせであるという観点に基づいており、quality of life は人が価値を見出す機能を達成する能力という観点から評価されるべきである」（筆者訳）となる。

（5）佐藤仁は「所得に代表される財やサービスの存在そのものは手段にすぎず、発展がもたらされているかどうかは、それらの財を活用して、人々がどのような行為（doing）や状態（being）を実現しうるかである。人がおかれている個人的・社会的条件は多様であるから、手段の評価に固執すると、手段を目的に転換する能力の有無を見過ごしてしまう。つまり、財の保有という『手段』や財を利用した後に結果として発生する『効用』ではなく、それらの財が人になにを可能にしてくれるか、という手段と目的をつなぎ合わせる『自由』に焦点を合わせるのである。実際に実現されている行為や状態を機能と呼べば、それを実現する力が潜在能力である」（佐藤仁 1997：11）と解説している。

（6）佐藤は「途上国における現場レベルでの選択肢の広がりを決定しているのは、個人の能力もさることながら、その人が生活している共同体のまとまりや力が必要である。特に農村地域における生活条件は共同体の資源運用能力、政府との交渉能力など個人のレベルを超えた集合的な能力が個々人の生活の質に深くかかわっている。重要な資源のアクセスが共同体（例えば、村）を単位としているという事実だけでなく、個々の選択肢が共同体の秩序や文化に影響されているとすれば、こうした社会的側面はとくに重要であるが、センは残念ながらこの点に触れていない」（佐藤仁 1997：14）と、指摘している。

（7）センによれば開発とは、すなわち人々の潜在能力を拡大することである（佐藤 1997：11）。

（8）ＲＱはレスキュー（救助）の略称。

第一章

「発展」と「教育」をいかに捉え直すか

――内発的発展論の視座から――

1　発展の「持続不可能性」を水俣から見つめる

はじめに

本書は社会の発展とそれを支える教育について再考を試みるものである。まず社会の発展とは何かを問う時に、発展の中心である人間そのものについての考察を避けて通ることはできない。発展を望み、創っていくのは人間なのだが、そもそも人間は時に失敗し、人間同士で争うこともあれば、革命を起こしてそれまで築いてきた国家や社会を否定することもある。そして生きるということは死と背中合わせでもある。そして、言うまでもなく、人間が完全に依存している自然的環境も不確実なものである。そうなると、不完全である人間で構成されるゆえに揺れ動き続ける社会と不確実な自然環境と、発展との関係性についても考える必要がある。このように、決して安定することなく変動していく現場で持続可能な発展を希求するとき、どのような知識や能力がそのプロセスを支えるのだろうか。これらの問いが本書を貫徹している。だが、誰が何のために何を持続するのかによって、持続可能な発展の内容も変わってくるに違いない。さらに持続可能な発展の内実によって、その発展を支える教育の内容も当然変わってくる。

日本における自然的環境の不確実性の代表的なものを挙げるとすれば、地震や津波といった自然災害である。しかし、二〇一一年三月十一日に起きた東日本大震災は、自然の禍と同時に人工の禍をもたらした。後者の禍である東京電力福島第一原子力発電所事故による放射能被害は、健康被害のリスク回避のための避難生活を多くの人々に余儀なくした。近代化の中で、特に工業化を推し進め、大量生産による物質的、経済的豊かさを目指していく際に、原発はその大量生産を軸とした産業に欠かせないエネルギー源として推進され、また原発技術に象徴される高度な科学技術を生み出す人材育成としての教育が社会的に体系化されてきた。しかし、科学には、それがもたらす便利さと表裏一体となって、リスクが常につきまとっている。そのリスクを福島で実際の原発事故へと導いた引き金は、自然災害の確率や規模を低く想定してしまった人為的ミスでもあった。人間も不完全であり、ミスをするというリスクを抱えている。そのリスクを抱えた不完全な人間が、さらにリスクと表裏一体の科学技術を軸とした経済発展を展開するとき、そうした発展は果たして人類に明るい未来をもたらしてくれるのか、そして持続可能なのか、という問いが浮上してくるのは当然のことだろう。では、昨今国連や政府が提唱する「持続可能な発展」とは、どういうことを意味するのだろうか。

歴史を振り返ると、水俣病に代表されるような公害や環境問題が日本のみならず世界各地で起き(1)、自然を傷つけ、人間の心身を傷つけ、胎児性水俣病のように次世代の未来をも傷つけてきた。そうした反省に基づき、国際的にも持続可能な発展という概念が出てきたわけである。ところがこの概念は、大量生産、大量消費、大量廃棄に依存する資本主義や市場主義といった巨大システムからの脱却はせず、むしろそのシステムを最大限に利用し、「より緑な成長」(Eckersley 2004 : 72)を追求することによる解決、言うなれば近代化のグリーン化を目指すものだった。換言するとエコロジー的近代化である。これはドイツの社会学者であるフーバー(1985)によって初めて導入された概念とされ、その後スパーガレン(1997)やモル(1997)などの研究者によって広く普及していった。エコロジー的近代化とは、環境保全と経済発展は両立するという前提に立って持続可能な発展を目指すことであり、環境規制の強化、環境税の導入、環境に配慮した技術革新の促進など、ドイツや北欧諸国の政策に代表される。一九八七年に国連が設置した「環境と開発に関する世界委員会(ブルントラント委員会)」の持続可能な発展の概念もこれを起点としている(深井 2005)。一九九二年の地球サミットでの「環境と開発に関するリオ宣言」においても、エコロジー的近代化の思想の片鱗はうかがえる。(2)

だが、立石(2011 : 193)は環境保全と経済発展の両立は言葉で言うほど簡単ではなく、技術開発は大きな不確実性を抱えていることを指摘する。事実、ノーベル生理学・医学賞をとったスイスの科学者ミュラーが発明したDDTの功罪を始め、CO_2をほとんど排出せずクリーンなエネルギーを供給するとされる原子力発電が生み出す放射性廃棄物問題など、その例は枚挙にいとまがない。立石(2011 : 193)は、環境問題が解決するかどうかは技術が進むかどうかによって決まるという技術決定論に陥るべきではないとする。環境問題のことは科学技術の専門家に任せておけばよいという発想につながってしまうからである。大きな不確実性を伴う技術開発がより健全に進むには、社会の側からの働きかけや問題提起が不可欠である。さらにエコロジー的近代化は、技術革新の不確実性が生み出しかねない、水俣病患者が体験したような社会的差別や断絶、孤立や家族や共同体の崩壊といった社会的な問題に答える用意ができていない。そこには社会的な持続可能性についての配慮が欠如していると言えるだろう。

それでは、さらなる経済発展によって、社会福祉財政を豊かにし、民間の社会福祉事業を拡充して社会福祉サービスを充実させれば、エコロジー的近代化でも持続可能な発展が実現できるのだろうか。そうした解決策に対し、結局近代化をどれだけグリーン化し、技術革新の不確実性から生まれる社会的問題を補償や福祉といった社会福祉サービスで補おうと試みても、巨大な「システム社会」を前提としていることに変わりはないということを指摘した緒方正人の議論を次節で取り上げたい。

「魂のゆくえ」における緒方正人の証言

父を水俣病で亡くし、自分自身も発病し、甥や姪も胎児性水俣病にかかって生まれてきたという背景を持つ緒方正人は、水俣病認定や国家賠償請求訴訟のための患者運動で、チッソや行政と長い間闘ってきた。ところが、自身の証言である「魂のゆくえ」(2000)によれば、緒方は一九八五年に認定申請を取り下げている。その理由の一つとして、水俣病事件の本質的な責任の行方を追及していたからだと述べている。

チッソが水俣病事件における加害企業であり、国や県がそれを擁護して産業優先の政策を進めてきたことは紛れもない事実であり、その意味で三者とも加害者であることは構造的な事実である。だが、そうした構造的な責任は本質的なものなのかという疑問を緒方はずっと抱いていた。その奥には、人間の責任という大きな問題があるという気がして仕方がなかった。ところが、その問いをいくらチッソや県や環境庁や裁判所に問いかけても、相手はコロコロ入れ替わり主体が見えてこない。投げた問いは結局肩透かしを食らって自分に跳ね返ってくる。問われていたのは加害者だったはずなのに、「お前はどうなんだ」と自分が問われた。「チッソとは何なんだ、私が闘っている相手は何なんだ」ということがわからなくなった状況を、緒方は「狂った」と表現する。狂いながら考えたその先にたどり着いた答えは、巨大な「システム社会」だった。

「システム社会」とは法律であり制度であるが、それ以上に、時代の価値観が構造的に組み込まれている、とんでもない恐ろしい世界だと感じた。「このまま行けばその仕組みの中に取り込まれてしまうという危機感があったから、そこから身を剥がねばならない」と思い、認定申請を取り下げたのである。恐ろしい「システム社会」から身を剥がし、改めて「チッソというものは、もう一人の自分ではなかったか」と緒方は思うようになった。お金やモノや産業に象徴されるような「豊かさに駆り立てられた時代」に生きている自分は、日常生活すらも大きく複雑な仕組みの中にあって、そこから抜けようとしてもなかなか抜けられない。車やテレビや冷蔵庫を持ち、プラスチックの船に乗っている自分がいる。チッソのような化学工場が作った材料で作られたもので囲まれている暮らしは、まさにチッソ的な社会だと気がついた。水俣病事件の加害者はチッソであるが、時代の中では私たちも「もう一人のチッソ」なのである。「近代化」や「豊かさ」を求めたこの社会は私たち自身ではなかったのか。

世の中は、問題が起きるとそれを処理する仕組みを作ることだけには懸命だった。審議会やら制度やらを作り、値切りに値切った挙句の和解金なり補償金を払う。率直に事実を認め心から詫びることはめったにない。責任の意味、内容が仕組み化され、人々の「魂のゆくえ」がないがしろにされている。その意味で、水俣病事件は非常に普遍的な問題提起をしていると緒方は考える。薬害エイズやスモンや戦争の問題も同じではないのか、と緒方は問う。水俣病患者やその家族たちが長い間泣きの涙を流し続けてきた、その人たちが求め探してきたものは「魂の救い」であり、自分もそれを一番探してきたのだと緒方はその思いを吐露する。この「システム社会」に魂が閉じ込められ、制度化された患者として存在するのではなく、一人の人間として、そして生きた魂としてもう一度不知火の海に帰ることが大事なのだと。この証言の最後で緒方は次のように語っている。

私は今、水俣病患者として水俣病を語っているわけでもなくて、水俣病患者として生きているわけでもありません。私の願いは、人として生きたい。一人の「個」に帰りたいということの一点です。水俣病事件の四〇年、戦後五〇年、私たちを支配し、まるで奴隷下に置くかのようなこの「システム社会」が肥大化してきて、自分の命の源がどこにあって、どういうふうに生きていくのか、もうわからんごとなってしもうたそのときに、生まれ育った不知火の海と、そこに連なる山々や天草の島々、その連なる命の世界の中に、自分がひとり連なって生かされているという実感をともなって感じたとき、本当に生きているという気がするわけです。（緒方 2000：201-202）

人間が肩書化し、最終的には匿名化していく、この実体のない「システム社会」は、昨今ではネット社会へとさらに拡大している。制度やネットの中で自分が匿名化するとき、問題が起きても自分の責任も匿名化できる。取り返しのつかない過ちや失敗が起きても、責任を次々と顔のない制度や仕組みに転嫁できるから、「ひとごと」の世界を生きているのである。一方、取り返しのつかない過ちを自らの身体や生活に引き受けざるを得なかった当事者にとっては、問題とはリアルな「じぶんごと」であった。緒方がチッソの担当者や行政の担当者と向きあってリアルに問いを投げかけても、問いは彼らをすり抜けて実体のない「ひとごと」の世界へ吸い込まれていく。その虚しさに、緒方は「自らの呪縛を解き、そこからいかに脱していくのか」（緒方 2000：196）を自分に問うた。

緒方はシステムの中に人間を組み込んで人間を匿名化させ、「顔」を喪失させている社会のあり方を批判しているのであって、「システム社会」で生きる人々を批判しているのではない。彼らは、自分たちがそこに組み込まれているということにすら、気づかないで暮らしているのかもしれないからである。「システム社会」の主役はシステムであって、人間はその脇役でしかない。だからこそ緒方は「小さい時に親父を殺されて、チッソをダイナマイトで爆破してやりたいと思っていた自分が、今、チッソに対してほとんど恨みを持っていません。そして私は、チッソや行政の人たち、あるいは水俣病被害が拡がっていく当時、特にチッソに加担したといわれる人たちを含めて、ともに救われたいと思います」（緒方 2000：201）と語れるのである。「ひとごと」の世界である「システム社会」で生きる人間も、緒方のように「じぶんごと」の世界へ戻った人間も、同じ今を生き同じ空気を吸っていることに変わりない。ただ、「ひとごと」の世界のみしか知らず、そこで生きている人間と、「ひとごと」の世界も「じぶんごと」の世界も両方知っている人間は明らかに生き方も考え方も違ってくるだろう。緒方は、その両方の世界を知り、「じぶんごと」の世界を選択した。そして今生きている世界を「命のつながる世界」と呼んでいる。

「もうひとつのこの世」を希求して

一九八九年七月から村井吉敬率いる「ピープルズ・プラン二一世紀オータナティブ委員会」が主催した、オータナティブな社会を目指す人々による「ピープルズ・プラン二一世紀」という会議が日本全国で展開され、そのまとめの会議が八月十九日から二十四日にかけて水俣で行われた。そこでアジアはもとより、世界中から参加した先住民や、農民、労働者、知識人たちが、日本各地から駆けつけた参加者と共に全員で大合唱したのが「じゃなかしゃばばほしかよ」という歌である（鶴見 1998b：149）。「じゃなかしゃば」は水俣弁で「こげんじゃなかしゃば」、つまり「こんなじゃない別の世の中」

を意味しており、「じゃなか」とは英語のオータナティブに相当するだろう。

これら草の根の人々が「じゃなかしゃば」という言葉を使ったのは、社会改革を起こして、現行の「システム社会」を新たな制度と仕組みに変え、自分たちの理想とする社会に変革していくことが、彼らにとっての問題解決ではないことを示唆している。それでは「システム社会」という一つの支配構造が単に新しい支配構造にとってかわられるだけであり、それは彼らが目指すところではない。では彼らは何を目指しているのか。それは、「システム社会」が優勢となっているこの世においても、自分たちが生活する現場で自然との共生と地域の自律性を追求し、同様の生き方を追求する他地域の人々と連帯し、励まし合いながら独自の発展を歩み続けることである。水俣病患者をはじめ「ピープルズ・プラン二一世紀」の会議に参加した世界各国の人々は、それぞれの現場で公害や差別問題などを通して、政治や経済の管理構造からなる「ひとごと」の世界と闘ってきた人々である。彼らが「じゃなか」世の中を目指すということは、現場の人々の「顔」が見え、「声」が響きあうレベルに根を張って、地域地域が対等な立場で「じぶんごと」の発展を追求できる世の中である。その時、自律的な地域や集団が連帯によって直接グローバルにつながることができる。これはヒエラルキー式にグローバルという全体性に組み込まれるのではなく、地域地域の多様な発展を対等に尊重する仕組みである。

水俣病事件を『苦海浄土』(1969)という著作で世に問うた石牟礼道子は、島原の天草四郎の乱について書いた著書『アニマの鳥』(1999)において「じゃなかしゃば」を「もうひとつのこの世」と言い換えているが、これは天草の不知火海の自然そのものを指し、キリシタンの生まれ変わりの希望が浄土真宗の信仰と交わり、天草の自然が浄土となる。「死んでゆく魂はやっぱりこの世をなつかしがるだろうって思うんですよ。なつかしいから生まれ変わりたいでしょう。いろんなせつない絆があって、それは人間だけでなくて、犬猫や虫や鳥や草木や、そういうこの世のもろもろの、秘められていた絆が切ないという意味で、生まれ変わりたいと思う時に非常に親密なイメージがある」（石牟礼・鶴見 2002）という石牟礼の語りには、水俣病を起こした現実の世界に身を置きながらも、もう一つの世界を希求する再生への思いが込められている。それは「システム社会」によって破壊され喪失してしまった「じぶんごと」の世界を模索しながら再生していく道筋である。そして、この再生の道を創る主体は、「システム社会」に組み込まれ、脇役として「顔」が見えなくなった人々ではなく、自分自身の「顔」を持って現場を生きる人々であり、再生への普遍的な願いを共有する集団でもある。それぞれが、この普遍的な祈りをもって、自分の可能性を最大限に生かして不知火海の自然という「もうひとつのこの世」において懸命に生き、その生きる知恵を次世代に伝え、命をつないでいくのである。それは、石牟礼にとっては、水俣病を全身で受け止めて生きていく患者たちや家族のすさまじくも清冽な生きざまを言葉や歌に託し、それを世の中に発信することであり、緒方にとっては不知火海で魚を採り、食べ続けることである。社会変動の一つの形としての公害事件と、その公害が起こした環境破壊という環境変動とに向き合い、苦しみ、抗い、狂いながら、地域の自然に根ざして命をつなげ、知恵をつなげていくこれらの人々の営みと、そのつながりに託す未来への希求の道筋こそが、本書の追求する持続可能性を内包する内発的発展の原点である。そして水俣は、同時に鶴見和子の内発的発展論の原点でもある。この水俣と内発的発展論の接点を次に見ていく。

水俣と鶴見和子

鶴見は一九六三年に渡米し、米国プリンストン大学の博士課程で社会学者のマリオン・リーヴィ教授に比較近代化論を学んだのち、帰国後に上智大学外国語学部教授になったが、そこで「近代化論再検討研究会」を発足させている。研究会のメンバーの市井三郎、山田慶児、櫻井徳太郎、色川大吉といった仲間と共に、近代化論に対抗するような「近代化じゃなかしゃば」の道筋を共に模索していたのである。鶴見は、一連の論文や講義活動の中で、徐々に近代化論や従属論の講義内容として内発的発展論の枠組みを形づけ、一九七六年三月に出版された『国際学――理論と展望』（武者小路・蠟山 1976）の中で鶴見が担当した「国際関係と近代化・発展論」の章において、「内発（土着）的発展論」という用語が初めて使われている。だが、この時点の内発的発展論は、近代化論における単系発展説から多系発展説への展開の可能性として語られ始めたばかりで、まだ体系としてのまとまりは持っていなかった。鶴見独自の調査や研究から立ち上げた、自前の定義による内発的発展論は『現代国際関係論――新しい国際秩序を求めて』（1980）に収録された「内発的発展論へむけて」という論文に初めて登場する。だが、「内発的発展論は水俣をモデルとして、水俣体験から出発した」（鶴見 1998b：33）と鶴見が語っているように、この論文に至るまでには一九七六年の不知火海総合学術調査における、鶴見と水俣病患者たちとの運命的な出会いを待たなくてはならなかった。この鶴見を水俣へと導き、内発的発展論の誕生を助けたのは、石牟礼道子のある行動だった。

水俣生まれの詩人の谷川雁が始めた文学運動である「サークル村」に誘われ、谷川を通して『思想の科学』[3]の地方での編集に加わった石牟礼道子は、この雑誌を媒介として近代化という言葉を耳にし、また林竹二が寄稿していた「田中正造論」の特集号をむさぼるようにして読み、思った。「ほんとにその時代の東京の学者や文学者、思想家、宗教家は、何をしていたんだろう、足尾をあんなふうにしてしまって、正造さんを助けずにって思いました。それで、水俣はずっと東京から離れているし、容易なことでは水俣に目を向けてもらえないだろうと、その時、覚悟を決めました」（石牟礼・鶴見 2002：119-121）。こうした経緯もあって、水俣病患者の運動を支援してきた石牟礼は、東京の学者たちに水俣病の実態を見てほしいという思いで、色川大吉と日高六郎に水俣の調査を依頼した。その結果、鶴見は翌一九七六年の不知火海総合学術調査団のメンバーとして調査に参加することとなる。

調査団が初めて水俣へ現地入りしたのは一九七六年三月だった。ところが最初の調査で鶴見は研究者仲間との修羅場を経験した。「緒方さんが『狂った、狂った』っておっしゃっていますけど、私たちも半分狂ったんです」と鶴見は東京水俣展セミナーでの講演で語っている（鶴見 1998b：18）。水俣病患者との出会いによって「これだけの人間の苦しみを『学術的に調査する』っていったいどういうことなのか。それで、私たちは自分たちが今までしてきた学問は、人間のほんとの苦しみに対して役に立たないのではないか」と、研究者たち一人一人が感じたのだった（鶴見 1998b：30）。その結果調査団の仲間は絶望的になって、お互い喧嘩を始めたのだった。だが、患者たちの訪問を重ねるうちに鶴見は自分が虚心になって話に耳を傾けるようになった。自分の学問によって社会を分析する社会学がここでは通用しなかった。逆に、むこうから話を聞いて、自分の学問をやり直すことを学んだのである。鶴見はこの経験から、人間は自然の完全な一部であることを学んだ。環境汚染だけが自然破壊でなく、人間の身体の破壊も自然破壊だと悟ったのである。

一方、鶴見が米国で学んだ近代化論は一切自然を排除した学問だったことにも気づいた。なぜなら自然によって社会システムを分析できないという前提で、社会の中の出来事は社会の中の出来事によって説明するように訓練されてきたからである。それをすべてやり直さなくてはならないと鶴見は目覚めた。この目覚めを鶴見は「コペルニクス的大転換」だと後に語っている（鶴見 1998b：467）。そして、近代化論をすべて否定するのではなく、この国際的な近代化論の土俵の上にどうやって自然と人間の関係を乗せることができるか。つまり、欠落点を補完していく、そうした理論を追求する新たな学問の出発点として水俣を位置づけ（鶴見 1998b：31-32）、鶴見は次のように述べている。

水俣から学んだのは、人間は自然の完全な一部である。したがって、自然を破壊することによって、人間は人間を破滅に導く、という今日ではあたりまえのことに初めて気がついたということだ。ひとたび破壊された自然を修復するのはむずかしい。しかし、人間と自然が共に生きる道を、日々の暮らしの流儀、技術、社会および経済構造等の中に掘り当てる努力をすることはできる。

そのような生き方を、わたしは水俣病患者さんたちから、実感として教えられた。患者さんのひとりひとりが、水俣病という未曽有の困難に直面して、おのがじし、個性的に、創造的にそれをのりこえて生きる道を、自力で拓り開いていることに感動した。この感動をどのようにして理論化して学問の土俵にのせていけるか。それがその後のわたしの原動力になっている。わたしはそれを内発的発展論と名づけて、死ぬまで育てていきたい。　一九九五年四月　（鶴見 1995）

鶴見は人間も自然の一部であることを水俣病患者との出会いから学び、地域独自の自然生態系に適合しつつ地域住民が自発的、内発的に発展を遂げていくあり方を、日本において内発的発展論として理論化していった。この、地域生態系と人々の内発性に基づく発展のあり方は、次に見ていくように、国連レベルでも一九七五年に報告書という形で議論されていた。タイミングとしては一九七二年の国連人間環境会議の数年後であり、明らかに、環境とのバランスを見据えた発展のあり方を国際社会も模索していた時期であったと言える。国際社会も「じゃなかしゃば」という、もうひとつのこの世を模索していたのである。

「もう一つの発展」に見る内発的発展の原型

時間をかけて近代化を先発した西洋諸国は内発的発展を遂げ、それをモデルに後発国が短期間に遂げる発展は外発的発展であるという発展の類型を作ったのは、社会学者のタルコット・パーソンズであるが、それから半世紀も前に夏目漱石は和歌山市での「現代日本の開化」と題する講演で「西洋の開化は内発的であって、日本の開化は外発的である」と述べており、同様の概念を既に生み出していた（鶴見 1980：189）。しかし、英語訳の「内発的」は「endogenous」[4]であり、もともとは生物学の用語である。それは生物やシステムの内部から生産されたものを意味する。西川（1989：3）によれば、この用語を最初に「自力更生」の意味で用いたのが、『今なにをなすべきか』（Dag Hammerskjold Foundation 1975）（原題は *What Now*）という一九七五年十二月の第七回国連特別総会に提出された報告書である。この報告書は内発的発展の定義を以下のように記述している。

もし発展が、個人として、また社会的存在として、解放と自己展開を目指す人間の発展であるとするならば、このような発展は事実上、それぞれの社会の内部から発現するものでなければならない[5]。それはある人間の集団が持つ自然的環境や文化遺産、彼らを構成する男性や女性の創造性であり、それらが集団のメンバー間のやりとりや、あるいは他の集団とのやりとりによってより豊かになることにかかっている。それは発展様式と生活様式の自立的な定義を前提とする。これが内発的で自立的発展の意味である。

（Dag Hammerskjold Foundation 1975：34）（筆者訳）

この報告書では“Another Development”、即ち「もう一つの発展」という概念を、経済成長重視という価値に則り第三世界の国々を「低開発」と類別する西欧モデルの「発展」への対立概念として提示している。つまり「もう一つの発展」はこれまでの経済発展が軽視していた環境と持続可能性を重視している。(6) それは一九七二年にローマクラブによって出版された『成長の限界』や、一九七二年のストックホルムにおける国連人間環境会議、一九七四年のココヨック宣言(7)などの環境にかかわる出来事や文献にも言及していることからも明らかである。さらに、自立と結びついた内発的発展の概念は、このココヨック宣言が発端であったことは特記に値する。その後、『今なにをすべきか』の報告書の流れに沿って出版された、『もう一つの発展――アプローチと戦略』(Nerfin 1977) という本においては、「もう一つの発展」は、前述の第三世界の目線というより、より地域に根ざした目線で事例研究も編集されている。そこでの定義はニーズ重視であり、内発的かつ自立的で生態系的に健全でもあり、構造変革を土台にすると叙述されている。そして、これまで「貧困」のラベルを貼られてきた途上国を先進国が開発援助で経済発展させる、といった図式を一八〇度転換し、産業化された先進諸国においても新たな意味で内発的発展が必要であることを示した点では画期的であった。さらに、ユネスコも一九七〇年代の中期計画において内発的発展についての研究プロジェクトを導入し、以降八〇年代まで多くの研究を出版している。こうした一連の流れをもってしても、先進諸国が環境に配慮した「持続可能な発展」に本腰を入れて取り組むまでには、結果的に一九九二年の地球サミットまでの長い年月を要した。

さて、鶴見 (1989:56-57) は、ネーフィンがさらに後の論文 (Nerfin 1986) において「もう一つの発展」

を社会運動として明確に位置づけ、「第三システム（the third system）」という用語を提唱したことに着目している。ネーフィンによれば、現在の社会は政治権力である第一システムと経済権力である第二システムからなっているが、いずれも核戦争の脅威も世界の飢餓も解決する能力がなく、これらの危機から脱出する道は「人々が自分自身を発展させ、自分たちの持っているものを発展させるために、自分たち自身を組織すること」であり、そのような「人々および人々の連合体の力が、政治権力又は経済力の奪取を目指さない時に、それら連合体は、第三システムを構成する」と定義している。こうした権力の奪取を目指さない人々の連合体は、多様な動機から成立し、例えば平和、女性解放、環境保全、消費者運動、そして、地域内自助としての内発的発展が挙げられており、内発的発展は多様な第三システムの一つとされている。そして鶴見はネーフィンが第三システムという造語によって、内発的発展を権力の奪取を目指さない運動として特徴づけ、権力を目指さないことによってかえって有効性を持続させることができるという逆説的な主張をしていると解釈する。こうしたネーフィンの主張する非権力的な発展の立ち位置は、以下に展開する鶴見の内発的発展論と相通じるものがあると言えるだろう。

鶴見和子の内発的発展論と「伝統の再創造」

鶴見（1989）は西洋型近代化論に対抗して内発的発展論を提唱したが、この近代化をけん引してきたのが、緒方の呼ぶ「システム社会」を形作っている国家主導の管理型発展であり、その財政を支える資本主義や市場主義であることは疑いもない。この認識を共有しつつも、内発的発展論という理論には二つの流れが存在する。一方は宮本憲一（1989）を筆頭とする、西川潤や保母武彦ら経済学者たちによる政策を軸とする内発的発展論であり、他方は経済学者の玉野井芳郎や鶴見和子による、生態系やエコロジーの視点を組み入れ、住民の主体性を軸とした内発的発展論である。(8) 鶴見が内発的発展論を提唱した背景には、玉野井芳郎（1979）の地域主義の思想がある。玉野井は地域主義を「地方主義」と識別するために「内発的地域主義」とも呼んだが、それは地域住民が、その生活と発展の形を自ら決定するという自治を可能にする単位を示すためであった。水と土という生態系的生活環境の中で命を生みだし、育て守る単位は決して大きくない。鶴見はそれを「限定された実態としての小地域の概念」とし、それを基礎としながらも、タイの仏教社会主義のような自助運動をイメージし、社会運動的な広がりを持つ地域のあり方を追求した（鶴見 1989：48）。そして、『漂泊と定住と』（1993）において内発的発展の単位としての地域を、バーナード（1973）の三つのコミュニティ概念である「場所」「共通の紐帯」「社会的相互作用」を用いて、柳田国男論として再解釈することで、内発的発展の地域とは、定住者と漂泊者と一時漂泊者（いわゆるＵターン者）(9) とが相互作用することによって、新しい共通の紐帯を創りだす可能性を持った場所であると捉え直している（鶴見 1989：52-53）。

ここで、鶴見が「内発性」を強調する背景を探ってみたい。そこには二つの理由があると鶴見は述べている（鶴見 1989：47-48）。まず一つ目は、近代化の先発国を内発的発展者と見なし、後発国（非西洋社会）はその手本で近代化を遂げるという近代化論に対抗し、後発国であっても内発的発展がありうることを示すためだった。端的に言えば発展は二者択一で分類されるものではなく、多元的で多系的な発展があるのみという主張である。

「内発性」を強調する二つ目の理由は、これまでの物質生活の向上の側面に限らない発展、言うなれば、精神的覚醒と知的創造性をとおして人々が社会変化の主体となることができると主張したいからであった。その実践事例として、前述の仏教に根ざす自助運動や、水俣の再生運動における自然と人間の共生の思想の復活などを挙げている。このように、地域における文化遺産（伝統）と、地域住民の自己変革と主体性を重んじるという意味で鶴見は内発性を強調しているのである。ところが、一般的には発展とは経済発展段階説[10]（Rostow 1960）のように、すべての国が米国社会の産業発展を最終目標として、そこに到達することを目的とすることを必然視するような決定論的なモデルである。そこで鶴見は、次のような独自の非決定論の内発的発展を着想している。

内発的発展とは、目標において人類共通であり、目標達成への経路と、その目標を実現するであろう社会のモデルについては、多様性に富む社会変化の過程である。共通目標とは、地球上すべての人々および集団が、衣・食・住・医療の基本的必要を充足し、それぞれの個人の人間としての可能性を十分に発現できる条件を創り出すことである。それは、現在の国内および国際間の格差を生み出す構造を、人々が協力して変革することを意味する。

（鶴見 1980：193）

続いて鶴見は、この目標を達成する経路、つまりプロセス自体も内発的であることを、「それぞれの社会および地域の人々および集団によって、固有の自然生態系に適合し、文化遺産にもとづき、外来の知識・技術・制度などを照合しつつ、創出される」（鶴見 1980：193）という表現で示している。さらに、先進国と発展途上国という発展程度の比較を当然のように行っている現状に対し、「地球的規模で内発的発展が進行すれば、それは多系的発展であり、先発後発を問わず、相互に、対等に、活発に、手本交換がおこなわれることになるであろう」（鶴見 1980：193-194）と、多様性に基づく対等な発展の視座を述べている。鶴見の内発的発展論は偶然にもネーフィンの「もう一つの発展」概念と多くの共通点を持っているが、西川潤（1989）は鶴見の内発的発展論を「自己の社会の伝統の上に立ちながら外来のモデルを自己の社会の条件に適合するように創りかえてゆく発展のあり方」と定義している。このことが示しているのは、内発的発展には「伝統の再創造」、換言すると文化遺産、またはもっと広くいえば伝統のつくりかえの過程が重要である（鶴見 1989：57-58）という鶴見の認識である。鶴見は「伝統」を世代から世代へと継承される「型」あるいは構造と定義した。詳細にいえば、伝統とは「ある集団・社会において、歴史的に形成・蓄積され、世代をこえて受け継がれた精神的・文化的遺産や慣習」（松村編 1995）である。

鶴見（1989：58）はグールド&コルブ（1965：723-724）による「特定の集団の伝統の中に体現される集団的な知恵の蓄積を強調する」という解釈に言及し、伝統を次の四つの型に類別している。第一は、

「意識構造」の型であり、世代から世代へ継承されてきた考え、信仰、価値観などの型が含まれる。第二は、世代から世代に継承されてきた「社会関係」の型である。例えば、家族、村落、都市、村と町との関係の構造等が含まれる。第三は、衣食住に必要なすべてのものを作る「技術」の型である。第四は、「感情、感覚、情動」という側面の型である[11]（鶴見 1999：33）。

さらにこれらを土台に鶴見（1989：59）は「地域の小伝統の中に、現在人類が直面している困難な問題を解くかぎを発見し、旧いものを新しい環境に照らし合わせてつくりかえ、そうすることによって、多様な発展の経路を切り拓くのは、キー・パースンとしての地域の小さな民である」と述べている。「伝統の再創造」という概念は、為政者などの権力者たちが掲げる一種の理想的な状態を目的化するような固定的な発展の捉え方ではなく、動的で創造的なプロセスまでも含めた発展概念を提示しているという点で鶴見の独創性を物語っている[12]。

しかし、地域経済学の視点で農山村地域の内発的発展のあり方を追求した保母（1996：123）は、鶴見の内発的発展論の抽象性を批判し、内発的発展の目標に至る経路やその目標を実現する社会モデルが「多様性に富む社会変化の過程」というとき、そこでは政策論が消えていると指摘する。おそらく、宮本や保母の内発的発展論の立ち位置と鶴見のそれとの決定的に違うところが、政策の有無であると考えられる。「私は自分の欠落点がよくわかっている。国家論がない、権力論がない。それはだめなの。だから実用にならない」（武者小路・鶴見 2004：99）と武者小路公秀に訴えるように語る鶴見の理論的立ち位置は、決定論とは逆の社会変動といった不確実性を重視する社会学やプラグマティズムを理論的な土台に据えている。「内発的発展は一つの普遍的モデルを持たない」という鶴見の視角をもってすれば、多種多様で形にはまらない非決定論の発展が各々の地域から出てきて当然なのである。ゆえに鶴見の内発的発展論は、為政者や政策論者にとっては計画も枠組みもない、非実用的な理論となる。

事実、初期の論文（鶴見 1980, 1989）においては、鶴見は内発的発展をあらゆる不条理な格差を是正する発展を目指す市民や住民による社会運動の視点で捉えていた。そうした運動は権力や制度の壁に妨げられることも多々あり、不確実性に左右されるが、水俣病が起こした健康被害や地域社会崩壊の実態を目の当たりにしたからこそ、鶴見は経済力や権力によらない住民主導の社会変革の必要性を痛感したのかもしれない。また、「もうひとつのこの世」を地元の自然と共に再生していく田上義春や杉本栄子など、水俣病と闘う人々の主体的な自助の取り組みに大きな感銘を受け、彼らを「内発的発展の担い手」（鶴見 1998b）として社会変動論と重ねあわせて捉えることもあった。水俣体験を出発点とした鶴見の内発的発展論だが、鶴見の人生で最も大きな転機が一九九六年のクリスマスイブに脳梗塞で倒れたのちに訪れる。半身不随になった鶴見は、弱者である当事者として内発的発展論を身をもって捉え直し、生命そのものの持つ内発性に目覚めていく。そして、身体的な限界を乗り越え、多様な専門分野の識者たちとの対話の形で内発的発展論のさらなる深化を目指していったのである。

2　ＥＳＤという問題解決型教育の出自と課題

「持続可能な発展」概念の生い立ち

晩年の鶴見和子が見据えていた、生命そのものの内発性に根ざした発展には、緒方が真に生かされていると感じる「命のつながる世界」に秘められた、生命の持続可能性という摂理が重なって見えてくる。本書は、この生命を軸とする内発的発展を支える創造的な教育の要素を生活世界の現場から探っていくが、その対比として、本節では、まず国連が提唱する「持続可能な発展のための教育」、即ちＥＳＤという問題解決型の教育の出自とその課題を把握することから始めてみたい。

ＥＳＤと呼ばれる教育の英語の綴りに埋め込まれているＳＤは「持続可能な発展」（以下本項では引用を除きＳＤと略記）であるが、この新しい発展概念が出現する引き金となったのが、いわゆる地球環境問題だった。世界初の環境に関する国際会議とされる「国連人間環境会議」は、一九七二年六月にスウェーデンのストックホルムで開催された。この会議を提唱したスウェーデンは、自国の努力のみでは解決できない、国境なき環境汚染に対する危機感を持っていた。サッシュ（1992=1996：45）によれば、その頃スウェーデンは酸性雨、バルト海の汚染、鳥や魚の体内に蓄積された殺虫剤ならびに重金属などの産業廃棄物の濃度の上昇問題を抱えていた。かくして各国が経済成長を目指して開発に邁進している矢先に、国境を越えた「地球規模の問題」という新たな範疇に属する課題が登場したのである。こうして、環境汚染の加害者と被害者のような単純な対立の構図を打ち砕き、誰もが被害者であり加害者となりうる複雑さを極めた環境問題が、「開発」という希望に満ちた言葉に影を落とし始める。このことは、緒方の「チッソは私であった」という言葉にも象徴されるだろう。その後、ブルントラント委員会によるＳＤの定義を含んだ報告書『地球の未来を守るために』（1987）（原題は *Our Common Future*）が発表された。この報告書によって、もはや環境、あるいは自然資源への配慮なき「開発」は人類の発展を持続可能にしないという、「環境」を組み入れた発展観の認識が国際的にも共有されることとなる。

そして、『地球の未来を守るために』が出版されてから四半世紀以上経った二十一世紀初頭の現代、世界情勢は大幅に変わってきている。特に一九八八年に国連によって設立された「気候変動に関する政府間パネル（ＩＰＣＣ）」によって提示された地球温暖化の問題は、経済成長に対する人類の姿勢を根本的に問うことになった。国連人間環境会議から二〇年後の一九九二年の地球サミットでは、ＳＤという用語が公式に紹介され、そこで策定された行動計画である『アジェンダ21』の本質的な部分をになう概念となった。『アジェンダ21』の第三六章（教育と研究）にはＳＤに必要な個人レベルの変革を教育によって促すという発想が明記され、後述するＥＳＤという教育を生み出す土壌となった。

この地球サミットの一〇年後に開催されたヨハネスブルグサミットの正式な名称は「持続可能な開発に関する世界首脳会議」であり、こうしてＳＤは、国連が開催する政治的なフォーラムのレベルでの主流概念となっていく。

しかしながらＳＤという概念に対する懐疑的な見解も当然存在する。ＳＤを全面的にうたっている地球サミットで採択された「環境と開発に関するリオ宣言」の第一原則には「人類は、持続可能な発展への関心の中心にある」（筆者訳）（UNCED 1992：9）と記述されているが、これについて「自然界はそもそも人類の物質的必要を満たすために存在するといった道具主義的な前提に支えられている」（筆者訳）（Selby 2006：357）といった批判もある。そして、二〇〇二年のヨハネスブルグサミットにおいては、グローバルな実施計画の策定の過程での政治的駆け引きにおける、南（発展途上国）の北（先進国）に対する反撃も相まって、少なくとも人間側の問題も認識され修正されることとなった。その背景には、経済的かつ社会的格差の問題を単に南北問題として捉えるのではなく、経済発展を遂げた先進諸国の国内にも存在する経済格差を、社会的に脆弱なグループの問題と兼ね合わせて捉えるという認識があった。同様に、今日、貧困が環境劣化の唯一の原因とは言えず、先進諸国における西欧的生活様式である大量生産、大量消費、大量廃棄も大いに関与しているということも認識されている。[13] その結果、環境保全、社会開発、経済開発という相互に補強しあう三つのアプローチを柱としてグローバルな努力が求められ、先進国も発展途上国も、国の発展の程度にかかわらず共にこの世界を持続可能にするための役割を担う責任を持つことがサミットで示された。こうして、発展途上国の「貧困」が発展を持続不可能にしていると主張していた先進諸国も、発展途上国と同じ土俵に上がらざるをえなくなったのである。こうした背景をふまえ、次にこのSDの概念を組み入れたESDの出自についてみていきたい。

環境教育からESDへ

ESDという語に埋め込まれているSDという概念が、一九七二年のストックホルムにおける「国連人間環境会議」以来定期的に討議され、練り上げられてきたにもかかわらず、それに付随する教育としては環境教育が推進され、二〇〇二年のヨハネスブルグサミットでESDが提唱されるまでに三〇年という時を要したのはなぜだろうか。その理由は、SDの概念を提示した最初の二つの文書、つまり『世界保全戦略』(IUCN・WWF 1980)と『地球の未来を守るために』(1987)が「環境」を強調したからであると考えられる。これらの文書においてはSDの実現のためには、自然資源の限界を超えない利用による「環境」の管理、換言すると「自然資源の賢い利用」が必要不可欠だと考えられた。さらに、子どもや大人に「環境とのかかわり方」について重点的に教育するという意図はベオグラード憲章[14]やトビリシ宣言[15]に色濃く表れている。結果として、SDの実質的内容を促進するための教育を本格的に吟味する転機は、SDから「持続可能な生活様式」へと焦点を移した『かけがえのない地球を大切に』(IUCN・WWF・UNEP 1991)を待たねばならなかった。この移行は個人が有意義な生き方を追求する一環として「持続可能な生活様式」を目指すことを最優先課題とし、産業革命以来人間社会を引っ張ってきた価値観、つまり貧困克服のために物質的かつ経済的富を蓄積することに福利を置く価値観を乗り越えることを意味している。こうした「持続可能性」の捉え方の変遷を経て、主体としての人間が客体としての環境の問題を解決する教育という、これまでの環境教育の立ち位置を一八〇度転換し、そもそも環境問題をひきおこすような人間社会のあり方や、人間の価値観のあり方の変革の必要性に着眼したのがESDという教育の革新性であると考えられる。その意味でESDは必然的に社会変革に向かって前進していくことを目指す教育である。

だが、この革新的な教育が提唱される前に、まず環境教育の変革の試みがあった。一九九二年に開催された地球サミットとその公式文書である『アジェンダ21』の第三六章は、持続可能性の価値観に照らし合わせて環境教育の方向性を変える必要を認識し、そのフォローアップとして「テサロニキ宣言」[16]（UNESCO 1997）が一九九七年に発表された。ここには「リオの地球サミットにおいて国際社会が認識したにもかかわらず、それから五年たっても〔環境教育の方向性を変えるという〕十分な進展が見られない」という批判的な見解が反映されており、宣言の一部には、どのように教育を再構築するのかという方法が示されている。引用すると、「概して、教育の持続可能性への方向づけはすべての国のフォーマル、ノンフォーマル、インフォーマル教育のすべてのレベルを巻き込むことである。持続可能性の概念は環境のみならず貧困、人口問題、健康、食糧安全保障、民主主義、人権と平和などを含んでいる。持続可能性は、結局は文化の多様性と伝統的知識が尊重される道徳的かつ倫理的要請そのものである」（筆者訳）（UNESCO 1997：2）とあり、地球サミット直後の一九九二年十月にトロントで開催されたＥＣＯ－ＥＤ会議[17]で最初に創案されたＥＳＤの包括的アプローチを反映している。

このようにして「環境・社会・経済」の間の断ち難い関係性を認識したうえでの持続可能性の概念が着想され、「環境」を軸とした環境教育からＥＳＤへのシフトが起きた。これに関してユネスコもＥＳＤを環境教育とは区別し、「ＥＳＤは環境教育と同等にみなすべきではない。後者は確立された分野で、人類と自然的環境との関係やその保護や保全の方法、さらに自然資源の管理や世話を適切に行うことに焦点を置いている。よって持続可能な発展は環境教育を包含し、さらに社会文化的要因や構成や貧困、民主主義や生活の質といった社会政治的な問題などの包括的な文脈のなかでそれを捉えることになる」（筆者訳）（UNESCO 2006：17）と述べている。ＥＳＤはついに二〇〇二年のヨハネスブルグサミットで公式に宣言され、国連主導で世界的に進行中の「万人のための教育」のプログラムや国連ミレニアム目標の二番目のゴールである、「初等教育の完全普及の達成」などの世界的な取り組みをも含む包括的な教育の代名詞となった。

ＥＳＤの定義

さて、二〇〇二年のヨハネスブルグサミットの重要な意義は、ＳＤを推進する政治的アジェンダと、「持続可能な生活様式」を掲げる市民アジェンダとの食い違いを「経済開発」、「社会開発」、「環境保全」

という相互関連しながら補強しあう三つの柱の上にＳＤの概念を打ち立てることで調整したことであり、そのプロセスに当たっては「地域レベルはもとより、国家レベルやグローバルなレベルで取り組むべき」（UN 2002：1）としたことにある。しかしながら、その核になる要素は個人の「価値観と行動の変革」であり、それが前述の三つの柱（分野）の中心に据えられなくてはならない[18]。それを受けて、ローカル、リージョナル、グローバルなレベルでＥＳＤを促進するという目標を掲げ、二〇〇五年〜二〇一四年を「国連ＥＳＤの一〇年：UN Decade of Education for Sustainable Development（UNDESD）」（以後ＤＥＳＤと略記）とすることを日本政府がヨハネスブルグサミットで提唱し、二〇〇二年の国連総会で採択された。

ＤＥＳＤは複雑で広範囲にわたる事業であるが、その全体としてのゴールは「持続可能な発展に本来備わっている価値観を学びのすべての局面に統合し、すべての人にとって、より持続可能で、公平な社会づくりができるように行動を変革することを促す」（筆者訳）（UNESCO 2006：4）ことである。前述の国連総会でＤＥＳＤを推進する国連のリードエージェンシーに指名されたユネスコは、「国際実施計画（International Implementation Scheme）」（2005a）を策定し、コミュニティ、国、リージョン、国際社会などのすべてのレベルにおいて、この事業に参加するパートナーが寄与するための枠組みをその計画に反映している。翻って日本に目を向けてみると、日本政府はＤＥＳＤが始まった二〇〇五年になってＤＥＳＤの国内実施実施計画作成のために関係省庁連絡会議をようやく立ち上げ、「国連ＥＳＤの一〇年促進事業（2005-2014）」を翌年に策定した。こうして、ＤＥＳＤにかかわる中央省庁の補助金に支えられ、初等から高等教育機関までの学校や、NPO、企業や地方自治体、コミュニティなどが活動を実施し、相互にネットワークを形成しながら組織的境界を乗り越え、より広範な地域でのESDの促進を目指してきた。二〇一四年はDESDの最終年であり、十一月には「ESDに関するユネスコ世界会議」が名古屋で開催され、この一〇年間に世界中で展開されたESD推進事業や活動の成果と課題が総括され、今後のESD普及の方向性が示された。

ESDは多領域を横断するような包括的教育であり、自ずとその定義は広範なものとなるが、次のユネスコの国際実施計画のESD-J(19)による日本語訳からの引用をもって、ESDの定義を改めて確認しておこう。

ESDは、あらゆる人々が、地球の持続可能性を脅かす諸問題に対して計画を立て、取り組み、解決方法を見つけるための教育である。これらの重要な諸問題の多くは、リオ・デ・ジャネイロにおける「地球サミット」で確認され、さらに二〇〇二年に南アフリカのヨハネスブルグにおける「持続可能な開発に関する世界首脳会議(WSSD)」において再確認された。個々の国々やコミュニティに対し、直接影響を及ぼすこれらの持続可能性にかかわる世界規模の諸問題を理解しそれに取り組むことがESDの中核である。これらの問題は、持続可能な開発の三つの領域である環境、社会、経済に起因している。雇用、人権、ジェンダー、平和、人間の安全保障などの社会問題と同様に、水や廃棄物といった環境問題はすべての国に直接影響を及ぼす。また、あらゆる国々が、貧困削減、企業責任とアカウンタビリティのような経済問題にも取り組まねばならない。HIV／AIDS、移民、気候変動、都市化など、世界中の関心を集める大問題においては、持続可能性の三領域において、複数の領域にかかわっている。これらの大問題は非常に複雑であり、解決方法を見出すには、現在および次世代のリーダーと市民のための、広範囲で精巧な教育戦略が必要である。地球の持続可能性を脅かす複雑な諸問題に対処するための教育が、ESDの課題である。

(UNESCO 2005b：175)

ここで定義され、説明されているESDは主に「地球の持続可能性を脅かす複雑な諸問題に対処するための」多様な分野の教育である。これを起点として多文化共生教育、ジェンダー教育、平和教育、人権教育、開発教育と、ESDはありとあらゆる教育を包含しながら複雑化し、一つの教育概念としての一貫性が疑問視されてきている。こうした問題点もふまえ、ESDを文脈に埋め込み、ばらばらなテーマに一貫性を持たせて子どもたちの理解を向上させるための教育現場の真摯な取り組みも多く存在する。[20] しかし、現行のESDに対して、こうした教授法や学習法、学融合の次元では解決できない、より根元的な問いもいくつか提起されている。それらの内容を次に見ていきたい。

ＥＳＤの問い直し

地球的な諸問題を解決するための教育として国際社会の期待を背負って登場したＥＳＤだが、それに対して国連主導のＳＤの政治的な矛盾を指摘し、地域に根ざした環境教育やＥＳＤを模索する研究者も少なくない。「地域に根ざす」というアプローチ自体はＥＳＤの国際実施計画や日本政府の国内実施計画にも反映されているが、そのアプローチはどういったものなのだろうか。

国際実施計画は、「目標とするのは、持続可能な開発に内在している原則と価値観について十分に情報を得た上で、地方に根ざし、文化的にも適切な価値観を創造することである」(UNESCO 2005b：175) との記述に加え、「地方のニーズ、認識、状況に基づく」(UNESCO 2005b：192) 等をＥＳＤの主な特長として挙げている。とはいえ、ここで扱われている「地域に根ざす」アプローチは、あくまでもＥＳＤという国際的に認識された教育概念を、地域レベルまで戦略的に上意下達式に地域の文脈に沿って普及し、新たな価値観を創造していくことであり、現場から内発的に立ち上がってくる教育及び学習のあり方とは根本的に異なっている。

他方、国内実施計画の「ＥＳＤ実施の指針（1）地域づくりへと発展する取り組み」においては、地域においてすでに多くの活動がＥＳＤの観点を踏まえて実践されているとし、これらの既存の活動において、将来世代や国内外の他の地域とのつながりを大切にするなどのＥＳＤの原則や価値観を重視し、持続可能な地域づくりへの取り組みへと発展させることが大切であると述べられている。この記述は、実際はＥＳＤを上から普及しなくても、現場から内発的に立ち上がってきたＥＳＤ的な地域づくり活動が存在するということを、日本政府も認識していることを示唆している。その典型例として、ＥＳＤの普及が始まる遥か以前、一九五五年から実施されてきた兵庫県豊岡市でのコウノトリの保護と野生復帰の取り組みや、山形県朝日町のエコミュージアムなどの活動がＥＳＤ事例として挙げられることがあるが、このアプローチは、ややもすると後づけでＥＳＤのラベルを貼っていると批判をされても仕方がないだろう。このような地域に根ざしたＥＳＤの取り組みは、なぜ上から普及されずに内発的に立ち上がり、そこにはどういった学びのメカニズムがあり、それは上からのＥＳＤとどういった相違や類似点があるのか、といった説得力ある分析も考察もなされていないからである。そうした考察をしていたなら、ひいてはＥＳＤを上から普及する必要性に疑問を呈することに結びついていたかもしれない。

さらに、日本の環境教育が自然保護教育や公害教育の現場から出発しており、現場での実践を基礎にボトムアップで築かれてきた一方、ＥＳＤは国内の教育実践と離れた場所で企画され、トップダウンで現場に導入された（原田 2009）という見方も否めない。つまるところ『アジェンダ21』に謳われるＳＤの実現を妨げる障壁は、ＳＤそのものがかかえる重層的な問題に起因する国家間（及び各国内）の複雑な利害対立にある。小栗（2005）はこの構造的に矛盾を抱えた、国家を単位としたＥＳＤに対抗する動きとして、政策論として語られるＥＳＤを教育論として捉え直し、地域に軸を置いて

ＥＳＤ論を展開していこうとする一連の欧米のＥＳＤ論者たちの国際的な研究動向を紹介し評価している。[21] 日本においても、地域の視点で持続可能性に結びつく教育やＥＳＤの必要性を唱える研究者は少なくない。[22]

3　ＥＳＤ再考の三つの視座

教育学としての内発的発展論

以上のＥＳＤの議論を踏まえたうえで、本節では内発的発展と連関した「生活世界」「内発性」「変化」の三つの視座でＥＳＤを再考することによって、内発的発展を支える、より現場に根ざした創造的なＥＳＤのあり方を探っていくことにする。その道しるべとして、鶴見がどういった教育を内発的発展論において思い描いていたのかをまず押さえておく必要がある。

鶴見は、生前最後となった二〇〇六年四月二十九日の赤坂憲雄との対談において、「内発的発展論というのは、社会学よりも教育学なんです。人間のひとりひとりの可能性を実現、顕在化していく、伸ばしていく。それが教育です」[23]（赤坂・鶴見 2007：235）と語っている。いうなれば、鶴見は人間の可能性が育む「創造性」による人間の成長を内発的発展の基軸に据えているのである。そこでは、創造的行為を生み出す人間の潜在的可能性という「内発的」なものを引き出す教育が重要な役割を担っている。さらに、鶴見（1998c：21）は共に学び合うという意味の「共育」という言葉を講演や小論文で頻繁に使用している。鶴見の内発的発展の定義や、内発的発展の過程に欠かせない「伝統の再創造」の意味するものを深く探求していく時、学校教育に囚われない、創造的で、相互的な、生活世界の「共育」の重要性がそこに内包されていることが見えてくる。よって本書は生活世界の視点から教育を「共育」に置き換え、内発的発展の過程において人々が共に学び合い教え合い育つという意味に加え、この共に育つプロセスにおいて学習と教育が一体化している状態を示す用語として採用することにした。

「生活世界」の視座からのＥＳＤ再考

前述した「テサロニキ宣言」（一九七七）に加え、「ボン宣言」[24]（二〇〇九）、「トビリシ宣言」[25]（二〇一二）の三つの宣言すべてがＥＳＤはインフォーマル教育を含むことを明記しているにもかかわらず、実際のＥＳＤの普及方法も実践も圧倒的にフォーマル教育とノンフォーマル教育に集中している。確かに、インフォーマル領域では教育も学習も自発的、偶発的に起こるので、システマティックな普及が困難であることは想像に難くない。[26]だが、昨今地域づくりとＥＳＤとのリンクが着目される理由の一つは、インフォーマル領域にこそ人間による発展の営みの基本となる学びと教育の原点があるからであり、フォーマルやノンフォーマル領域では提供できない共育が、人間の成長を軸とする発展のために重要な役割を担っていると筆者は捉えている。その根拠を以下に述べていきたい。

「共育」という用語の必要性を筆者が切実に感じた理由は、生活世界というインフォーマル領域の学習や教育のありようを各地の現場で数年かけて見てきたからである。この生活世界においては、その日常においてかかわる他者（人、モノ、自然など）から学ぶ過程が埋め込まれている。かかわる他者が人であれば、意図的に教えてもらうのでインフォーマル教育と言えるだろう。逆に、かかわる他者が人間以外のもの（本、生物など）であれば、それらは教育する意図を持たないので、能動的に学ぶインフォーマル学習と呼べるだろう。では、親がする行為を子が模倣して学ぶのは教育なのか、学習なのかという疑問が生まれる。さらに教えようとしても言語化・文字化できないような職人技を弟子にどうやって伝授するのか。この場合、師匠は弟子に「やってみせる」しか教えようがない。この徒弟制度における非言語・非文字による教え方を「教えない」教育として研究したのがレイヴ&ウェンガー（2003）であり、徒弟制度から正統的周辺参加という学習理論を打ち立てたのが野村幸正（1991=1993）である。また、子が思うように解答できないでいる宿題を、親が手助けをして解答に導いてやるとき、親は教育をしているのか、あるいは子の学習を手助けしているのか。ある程度明確に教えるものと教えられるものが区別可能なフォーマルやノンフォーマルの教育や学習と異なり、インフォーマルな生活世界での教育や学習は、教えながら学んだり、「教えない」で教えるといった徒弟教育や、人の行為を模倣して学ぶなど[27]、それがどこまで教育なのか学習なのかといった境界線がはっきりしない部分があり、非文字の方法を介した教育や学習も含まれている非常に奥深い世界である。生活世界とは「教育」や「学習」のように文字化する限界を感じるような、人と人、人とモノ、人と自然のかかわりが生みだす、まさに有機的なやりとりに満ちた世界と言えるだろう。

こうした有機的なやりとりからまず連想されるのが子どもの遊びである。第三章の上畑の事例でも詳しく扱うが、遊びにおいては、子どもとモノとのやりとりや、子ども同士のルールのやりとりなどが活発に起き、インフォーマルな学習と教育が同時に立ち上がってくることもある。この意味で子どもの遊びは人間の学びの原点なのかもしれない。文化人類学者の岩田慶治（1986）は、東南アジアの諸民族の生活文化の研究をし、子どもたちの遊びの身体運動（触れる、押す・押される、ゆらゆらする、まわる、指差す、向かい合うなど）が農耕の仕事や作業、村の儀礼や行事に見事に埋め込まれ、遊びが仕事と一体化している世界を示している。この、遊びと仕事・労働作業との一体感や、自然と人間との一体感のなかで全体作用している伝統的農村社会の人々の生き生きした日常生活に、本書が追求する内発的発展のあり方のヒントが見えている。つまり、科学的思考はあらゆるものを形式化し、分類し、あいまいなものを分析、還元してつきつめていくことでその属性を明確に把握してきた。そうした論理的思考と近代化が伴った現代社会は仕事と余暇・遊びを分断し、生活の場、仕事の場、教育の場、レクリエーションの場という風に生活を分断してきた。岩田が指し示す東南アジアのムラ社会には、現代社会が失ってきた生活と環境と仕事と遊びの一体感に包まれた中でのやり取りに融合された教育と学習や、それらが醸し出す生き方の包括性のようなものが現れている。

翻って、現代社会の教育のあり方は包括性の対極に位置づけられる。学術においては教育学が体系化され、教育の基礎・理論、方法・技術、実践、教科など、多様な専門分野に類別された「学」が確立しており、知の領域が細分化されてきた。また、二十世紀前半までは、ジョン・ワトソンの行動主義や、ダーウィンの進化論の影響を受け、「すべての行動は環境によって決定されている」（O'Donohue & Ferguson 2001=2005：62）とする、徹底的行動主義を提唱したスキナーなどによる機械論的アプローチによる学習理論が心理学を席巻していた。ところが、その機械論的学習理論の対極に位置する「文化的―歴史的発達理論」（Vigotsky 1931=2005）を唱えたのがロシアの発達心理学者のヴィゴツキー（一八九六―一九三四）である。ヴィゴツキーの大きな功績は、人間を人間たらしめる精神的な発達を文化的・社会的環境や教育との文脈の中で捉えようとしたことである。

ヴィゴツキーの理論は、柴田義松（2005:400）の簡潔な解説によると二つの基本命題に基づいている。一つは人間に特有な高次の精神活動（随意的注意、論理的記憶、概念的思考など）はすべて記号であり言語である「精神的生産の道具」を媒介として行われ、この「道具」も人々の社会的共同活動の中で歴史的に形成されてきたということである。この道具の習得にともなって、子どもの精神活動は根本的な変革と発達をとげるのである。第二の基本命題は、上述した高次の精神活動は、初期には人々との共同活動のなかで発生する外的な「精神間的（interpsychical）」過程であるが、やがて人々の交わりのなかで個々人の「精神内的（intrapsychical）」過程に転化するということである。よって、人間は周囲の人々という「外」からの働きかけによる共同作業の過程で言葉を発達させ、「内」における論理的思考や道徳的判断などをするようになり、社会の文化遺産を習得するのである。

「文化的―歴史的発達理論」は、子どもと他者とのかかわりが生み出す生活世界の共育が、人間にとって基本的な精神活動の発達と文化習得に大きく寄与していることを示唆している。母親のみならず、多くの人々の参加によって子どもが育っていく生活世界は、体系化を軸とするフォーマルやノンフォーマルな領域では提供できない、生活世界における豊かなかかわりの共育のあり方を指し示している。結論として、インフォーマル領域である生活世界においてはＥＳＤを「共育」のアプローチで捉え直す必要がある。

「内発性」の視座からのＥＳＤ再考

さて、上述の「精神的生産の道具」としての言語を文字化したものや記号や図形などは形式知と呼ばれ、学校教育で体系的に伝授され、社会生活を営むには欠かせない知識の総称であり、その代表的なものに科学知がある。だが、実は我々の生きる世界の知識を形成しているのは、序章でも述べた形式知と暗黙知(Polanyi 1966=2003)の両方であることを認識している人は少ないかもしれない。今日の我々は意識するしないにかかわらず、これら両方の知を習得し使い分けながら生きている。序章でも詳しく解説したが、暗黙知は他者が管理することのできない自発的な学びの構造を持っている。おそらく人類が文字を発明する以前は、すべての知は身体に根ざしていたはずであるし、現在においても言語を学ぶ以前の幼児もそうである。

事実、暗黙知と本書のテーマである「内発性」は深い関連があり、それは暗黙知の英訳である tacit knowing の tacit が「潜在的な」という意味も持つことからも、人間及び生命が潜在的に持つ可能性が内発することと関連していると推測できる。鶴見は自身が脳出血で倒れた後、歌が噴出したという経験から「ああ、内発性というのは私の中から出てくる」と気づいた。つまり「最初に内発――手本を内から生む――と考えたときには、地域ということを考えた」が、今度は「地域からもう一つ段階をおろして、個というものの内発性に気づいた。だから今度は、目標は一人一人の可能性を実現することというふうにおいた」(中村・鶴見 2002：107)のである。こうした人間の内発性は、不確実性と折り合う際に必要とされる創造性を生み出す、暗黙知の構造に深く関与している。そこで、次に鶴見と識者たちとの対談の内容を通して、まず内発性と創造性とのつながりを探り、そこから暗黙知に関連させて解説したいと思う。

『自己創出する生命』(1993)を著した中村桂子は、鶴見との対談の中で、「発生」は英語では development で、まさに内発することであり、写真の現像とも訳されるように、目に見えないが本来そこにあるものが顕在化してくることを意味し、一つの軸の上で伸びてくのではなく中にあるものを開いていくものであると説明する。それゆえに、それぞれの生き物がうちに持つものを最大限に発現することが内発性であり、その意味では、カエルはカエルとして、ニワトリはニワトリとして、その存在価値があり、そうした多様性が生かされていくのが内発的発展ではないかという見解を示している（中村・鶴見 2002：110-111）。さらに、鶴見は川勝平太との対談で、今西錦司（1990）の生命観が中村のそれと一致することにも目が開かれる。一頭一頭、一匹一匹、何億何兆という数の個体に対し、一頭一羽全部違い、すべての個体がパーソナリティと、それが属する社会と文化を持つという今西の生命観は、アニミズムの理論化であると川勝は解釈する。それを聞いた鶴見は「私、いまになって、はじめて内発的発展論が個体の生命というものと深く結びついていることがわかったのよ」（川勝・鶴見 2008：165-166）とその心の内を吐露している。

さらに、自己創出と創造性は深い関係を持つ。自己創出とは自己のうちにある可能性が発現することである。川勝平太は鶴見の著書の『鶴見和子曼荼羅』の第九巻によせた解説（川勝 1999）において、内発的発展論の分析対象や方法論を整理して一二の特徴を挙げている。そのなかでも二つの特徴に着目してみたい。まず川勝が挙げた第三の特徴として、内発的発展論は創造の過程を対象としており、「創造とは自己の内にある可能性が発現することである。みずからのうちにある可能性がたちあらわれてくる。最近の言葉で言えば創発（emergence）である。潜在している生命の力、自己の可能性が自覚され、それが顕在化してくるところに真の創造のいとなみがある」と述べている。さらに、「発展は与えられるのではない。自己の内にある生命力や可能性を自覚的に創発させる自己啓発の努力である」として、内発的発展論はそうした過程の理論化と方法論に取り組んだ、創造の理論であるとまとめている。さらに第五の特徴として、内発的発展とは外部との接触によって内部の生命力や可能性が顕現してくる過程であり、可能性の自覚であることから、アイデンティティを探求する方法論であると述べる。

そして、自己の可能性の発現という力が自覚され、人間が自立することから、内発的発展とは人間の自覚の深まりであり、社会的自立・精神的自律の高まりであるとする。

遡って鶴見は、三浦梅園、柳田国男、南方熊楠といった、実在の思想家の独創的な理論や思考を生み出した、自然や外来の理論などとのぶつかり合いによる創造性や、多様な文化や人々、多様な世代間の学び合いである「共育」こそが、核戦争や地球環境問題という危機が迫っている現代が必要とする教育であると述べている（鶴見 1988）。しかし、南方や今西の研究を進めるに従って、創造性の源は異質なもののぶつかりあいだけではなく、この二人が慣れ親しんだ森や山々から創造的な研究を生み出したように、「実は人間と自然とのつき合いの中から創造性が生まれる」と一九九二年の人間学会学術大会の講演で述べている。そして、半身不随になって以降は、明らかに、より根源的な自然や生命の原理のレベルで創造性を捉えようと試みていた。

それは、二〇〇二年に実現した、国際的な免疫学者である多田富雄と鶴見の往復書簡の形での対話からも明確に見てとれる。鶴見は多田の著書『生命の意味論』（1997）を読み、人間の生命そのものが創造の過程であり、それを全体として司っているのがスーパーシステムであると理解する。[28] だが、スーパーだからそれが完璧なシステムであるかと言えばそうでもない。例えばＤＮＡは同じものを創る性質と変わる性質という矛盾するものを同じ構造の中に見事に持っているが、このことを多田はＤＮＡの「あいまいさの原理」と呼ぶ。その非常に多くのあいまいな部分、つまり多義性をそれぞれの後天的な経験によって生成発展させるとき、予測不可能なものが新しく出てくる。[29] それが「創造」

だと鶴見は捉えた（多田・鶴見 2003：67-68）。

最後に多田は、「超越」にみる創造性ということを、科学哲学者ポパーの「階層性」の原理で突き詰めていく。個体というスーパーシステムは、様々な階層から成っており、下層の細胞から臓器、個体と上層へ連続するが、臓器をいくら調べても、個体そのものの理解にはならない。上の階層の事物は下の階層のルールに拘束されてはいるが、下の階層の現象を解析しただけでは上の階層の行動を説明できない。このことから多田は、遺伝子やゲノムの研究を総合して、個体という全体を研究する必要を唱える。言い換えると、階層を超えながら成立する体制を知る「超越の原理」を探求するということである。階層を超えるとは、下の階層にはなかった体制を発見するから、以前のルールには依らない新しい次元の現象を作り出すこと、つまり創造を伴う。「創造」とは無から有を生じることではなく、新しい関係性の出現となる。生物は進化の歴史の中で、常にこの階層を超えることを行ってきたのである（多田・鶴見 2003：122-125）。

さて、序章で紹介したポランニーも『暗黙知の次元』（1966=2003）で「階層性」の原理を用いて「創発」という次元に辿りつくメカニズムを解き明かしているが、この「創発」が「超越」に相当することは明白である。言うなれば、創造性を生み出す原理が暗黙知のメカニズムに秘められているのである。生活世界を生きるとき、人間がある対象（モノ、コト、人）を知るということは単にその名称や百科事典的な意味を記憶することではなく、その対象と自分とのかかわりが生みだす多義的な意味を自分の体に刻み込むことである。つまり、知ることはかかわることと一体化している。その結果、知る対象と自分との関係性が、生きることの意味と一体化していくのである。[30] 現代社会は記号化された知識で満ち溢れ、その知識のやりとりや、組み合わせと伝達の作業ばかりに囚われ、記号化された対象そのものを包括的に知るような深いかかわり方をする機会が薄れてきてしまっている。この包括的な知は、環境変動や社会変動によって揺れ動く生活世界を生きるために必要となる創造性を育む原動力として、いかなる人も潜在的に持っている可能性として捉えられるだろう。その可能性を内発させるという創造的な行為の源とは、本人がモノやコトや人と親密にかかわり、多種多様な知識を自分の生き方に意味付与していくことであり、そこに生き方の豊かさや幅が生まれる。本書が着目するインフォーマル領域の生活世界の共育は、主に非文字の領域であるので、その分析を暗黙知の理論を用いて行い、この包括的に対象を知り自分と一体化するような知から捉えたＥＳＤのあり方を、次章から事例を用いて提示してみたい。

「変化」の視座からのＥＳＤ再考

現在世界中で普及されているＥＳＤが、既成の学校教育の範疇を超え、伝統文化の伝承など、インフォーマル教育と呼ばれる分野の教育も内包しつつ、発展の持続可能性を目指す新しい教育概念を持っていることに筆者は関心を持ったが、ＥＳＤを普及する行政や学校、ＮＰＯなどの組織のＥＳＤ関係の資料を読む限り、環境教育を含め、社会教育、人権教育、平和教育、識字教育など、色々な分野の教育をＥＳＤは次々と取り入れている。そうすると、私たち一人一人がこれらすべての分野の知識を網羅して学ばないと社会を持続可能に発展させられないのか、という疑問も生まれる。この問題は、逆にどういった教育がＥＳＤではないのか、というＥＳＤとＥＳＤでないものとの境界線がぼんやりしているから生じるのであり、ユネスコによるＥＳＤの文献や定義をいくら読んでもその境界線は見えてこない。これは〇〇教育といった、教育内容でＥＳＤを固定化して捉えるときに生じてしまう混乱であり、このアプローチには明らかな理論的限界がある。

他方、鶴見（1989：58）は、内発的発展には「伝統の再創造」が必要であるとし、それは伝統という、古くから伝わる型を新しい状況から生じる必要によってつくりかえることを意味している。こうしたダイナミックな変化を繰り返し創造していく持続的な発展のかたちが内発的発展であるとすれば、固定化された教育では対応できない。一体どういうことなのか。筆者は鶴見の内発的発展論を何度も読み返してヒントを探し、結果、発想の転換を迫られた。つまり、ＥＳＤを含め、既成の教育概念を乗り越えなければならないという結論に至ったのである。従って、ＳＤを支えるのは〇〇教育である、といった固定的な教育の捉え方ではなく、発展の道筋というメタレベルで、発展過程の変動に寄り添って変化するような、動的なものとして教育や学習を捉える必要がある、と考え方を転換したのである。

そこから、まず人間として生きていくためには必要不可欠な、発展の変動に左右されない一貫性のある基本的な共育でありながらも、発展の過程で生じる社会変動や環境変動[31]の際に外来の知識や知恵、技術などの要素を外から取り入れながら、変動を乗り越えていく知恵を生み出すためにダイナミックに変化する共育として、平常時の「静的」な動態と変動時の「動的」な動態という二つの動態を持つ共育を仮定した。それは環境や社会の変化に寄り添って共に変化していく共育である。ここから「持続可能な発展のための内発的共育（Endogenous Education for Sustainable Development: EESD）」を探求していくことになった。これ以降、表記の便宜上“Endogenous”の部分だけを日本語で「内発的」と転換し、残りの英語の部分をＥＳＤとして「内発的ＥＳＤ」という略称を使用する。しかし、これは既存のＥＳＤを内発的なものに転換するという意味ではなく、あくまでも「持続可能な発展を支える内発的な共育」という意味を持つ。ここで内発的ＥＳＤという表記による誤解を招かないように、以下三つの点を確認しておきたい。

- 「内発性」は本来生物学用語だと説明したが、生物個体の内部から生まれ出ること（自己創出）を意味し、個体の主体性と直結している。このことから内発的ＥＳＤも、その教育的、学習的営みにかかわる個人や集団の主体性と直結している。
- 「内」という概念はそれ自体では意味をもたない。必ず「外」という概念と対になって意味が生まれる。生物個体も生きていくために、必ず外とのやり取りが必要となる。外から内への作用が内を変化させ、内から外への作用が外を変化させ、こうした相互作用によって生物個体は主体的にダイナミックに成長していく。これと同様の論理で、内発的ＥＳＤも、様々な契機において、外来の教育的なものとの作用でダイナミックに変化する。その変化する動態を「動的」な内発的

ESDであると定義する。

●外とのやり取りをすることにより生物個体のアイデンティティが無くなることはないように、外来の教育的なものとの作用で変化しても、内発的ESDが主体性を失うことはない。内発的ESDはそれにかかわる個人や集団が持つ主体性によって維持され続けるのである。換言すると、内発的ESDは「根を持つ教育」である。それが根ざしているのは制度でも機関や組織でもなく地域の住民たちの主体性なのである。

内発的発展論は近代化による一元的で均質的な発展ではなく、地域の風土と文化伝統に根ざした多元的な発展のあり方を示しているが、多元的ゆえに多様性に富んでいる。その発展の多様性は実は地域の「内」のみに起因するのではなく、地域の人々が内発的に取りこんでいく「外」の要素や、「外」とのかかわりからも生まれてくるとも考えられるだろう。不知火海総合学術調査の報告書の中で、鶴見は水俣という地域における川本輝夫を萃点とした「ながれ」(漂泊者)と「じごろ」(定住者)との合力に加え、水俣地域以外の人々や支援者集団(漂泊者)と水俣病患者たち(定住者)との合力という、折り重なる「内」と「外」のかかわりのダイナミズムに着眼し、それこそが内発的発展の萌芽だとみている(鶴見 1983：204-213)。こうした有機的で変化に富んだ動的な発展の営みに寄り添う共育は、制度の中ではなく生活世界を押し開いて見ていく必要があるだろう。従って、第二章からは現場へと移行し、内発的発展とそれを支えるインフォーマル領域である生活世界の共育や共同性のありようを、四つの事例を通して探求していきたい。

注

（1）一例を挙げると、カナダのオンタリオ州北西部のインディアン居住地において、リード・ケミカル・エンド・パルプ会社によるワビグーン河の水銀汚染の例がある（鶴見 1998b：144）。

（2）例えば、第九原則には「各国は、科学的、技術的な知見の交換を通じた科学的な理解を改善させ、そして、新しくかつ革新的なものを含む技術の開発、適用、普及及び移転を強化することにより、持続可能な開発のための各国内の対応能力の強化のために協力すべきである」と記されてある。（出典：環境省 http://www.env.go.jp/council/21kankyo-k/y210-02/ref_05_1.pdf 二〇一三年十一月二十六日閲覧）

（3）一九四六年に武谷三男、丸山眞男、鶴見俊輔、鶴見和子の四人で始めた同人誌。後に渡辺慧、都留重人、武田清子、市井三郎が加わり八人となった。

（4）Endogenous（内発的）とは①成長、あるいは細胞の深層組織から発生する成長のこと〈*endogenous* plant roots〉、②生物あるいはシステムの内部から生産されること、または合成されること〈an *endogenous* hormone〉。（出典：Merriam Online Webster Dictionary Homepage. www.merriam-webster.com/dictionary 二〇一〇年四月十六日閲覧）

（5）ここまでの一文は西川の文献（1989）からそのまま引用している。

（6）しかしながら、この報告書の「もう一つの発展」のビジョンはあくまでも国家レベルの発展を視野に持ち、これまでの発展途上国に対する先進諸国の開発援助戦略の見直しを迫る意味合いを持っていた。この意味で「もう一つの発展」は、国家がいかに国民の自発性や主体性を育成していくべきかといった、父権主義的なバックボーンを持っていたことは否めない。

（7）一九七四年にメキシコのココヨックで開催された国連環境計画（UNEP）と国連貿易開発会議（UNCTAD）によるシンポジウムで採択された公式声明。

（８）宮本、西川、玉野井、鶴見は共に一九七九年発足の上智大学国際関係研究所の国連大学受託研究プロジェクトのメンバーであった。この研究会の主要なテーマが内発的発展であったことからも、日本における内発的発展論の最初の学術的議論は、この研究会に端を発すると言っても過言でない。

（９）柳田（鶴見 1993：242-245）は、当時の時代背景から、次の七つの漂泊者の例を挙げている。①信仰の伝播者、②技術者集団、③芸能者集団、④山人（前代の土着民―縄文人が信頼の征服者である弥生人の支配から逃れて山地で漂泊するに至ったという柳田の仮説による）、⑤旅人、⑥職業としての一時漂泊、及び職業を求めての一時漂泊（行商、出稼ぎと共に、国内外の移民も含む）、⑦外来のカミガミ。

（10）伝統的社会は産業革命によって離陸し、やがて大量消費社会へと成熟していくという典型的な離陸モデルとして捉える理論。

（11）『内発的発展論』で伝統の三つの型を示した後、一九八九年一月の上智大学での最終講義において、鶴見は日常生活の様々な行為を通して見ることができる四つ目の感情、感覚、情動という側面の型を加えた。

（12）補足として、鶴見が内発的発展のプロセスとして提唱する「伝統の再創造」は、鶴見の著書『漂泊と定住と』（1993）において、柳田国男の定義する七つの漂泊者（注（９）を参照）、いわゆる「よそ者」と定住者とのかかわりについての考察に深く関連しているが、鬼頭秀一（1998）による「よそ者」の四つの類型（①当該地域やその地域から地理的に離れたところに暮らしている人。②外から当該地域に移住してきて、その地域の文化や生活をよく理解していない人。③当該地域やその地域の文化にかかわると自認する人たちによって「よそ者」のスティグマを与えられうるし、また実際に与えられている人。④利害や理念の点において、当該地域の地域性を超え、普遍性を自認している人。加えて、いったん地域から外に出た人が「よそ者」的視点を獲得することもあるとしている）も、現代の文脈における「伝統の再創造」にかかわるよそ者と定住者の関係性についての示唆に富んでいる。

（13）一例として、「持続可能な発展のためのヨハネスブルグ宣言」（UN 2002：2）の第一一条項でも「我々は、貧困撲滅、消費と生産パターンの変革、経済と社会発展のために自然資源を保全し管理していくことが持続可能な発展の包括的な目標であり必要不可欠な条件であるという認識を持つ」(筆者訳)と謳っている。

(14) この憲章はベオグラードで一九七五年に開催された「環境教育の国際ワークショップ(The International Workshop on Environmental Education)」において作成された。

(15) 厳密には「環境教育に関するトビリシ政府間会議の宣言と提言」と呼ばれる。

(16) 地球サミットから五年後に、ユネスコとギリシャ政府主催でテサロニキで「環境と社会に関する国際会議――持続可能性のための教育とパブリック・アウェアネス」が開催され、そのとりまとめとして出された宣言。

(17) ユネスコが開催した World Congress for Education and Communication on Environment and Development の略。

(18) しかしながら、「ボン宣言」(注(24)を参照)では理念的な三つの柱には一切触れず、「人びとの多様なニーズや現実の生活環境と関連付けながら、ESDは、新しいアイデアや技術と同様に、地域の文化に組み込まれている実践や知識に解決策を見出し、活用する技能を提供する」とあるように、より現実的なものと取り組む姿勢が見られる。

(19) NPO法人「持続可能な開発のための教育の一〇年推進会議」の略称。

(20) 例として国立教育政策研究所は平成二十年度から二十二年度の三年間をかけて「学校における持続可能な発展のための教育(ESD)に関する研究」を実施し、『最終報告書』(2012)を刊行している。その中で日本各地の小中高校の教員たちのモデル的ESDの実践例を挙げながら、ESDを学校の学習指導過程に適切に導入していくための方法論を指し示している。

(21) その一例としては、国際自然保護連合の教育コミュニケーション委員会(IUCNCEC)が中心となって製作した著書 *Education and Sustainability: Responding to the Global Challenge* (2002) に名前を連ねる、John Fien, Daniella Tilbury, Bob Jickling, Rosalyn Mckeown などの研究者たちである。

(22) こうした日本の研究動向については拙論の「持続可能な発展のための内発的教育（内発的ＥＳＤ）」(2013) で詳しく記述しているので参照されたい。
(23) この人間の可能性の実現については、『かけがえのない地球を大切に』の中の「開発の真の目的は、（中略）人間にその可能性を悟らせ、自信を持たせ、尊厳を持って満ち足りた生活を送らせる過程である」(IUCN・WWF・UNEP 1991：9) という記述とも相通じるところがある。
(24) ＤＥＳＤの中間年会合としてドイツのボンで開催された「ＥＳＤユネスコ世界会議」の宣言。
(25) 一九七七年にグルジアの首都トビリシで開催された「環境教育に関する政府間会議」の三五年後に再び持たれた「持続可能な開発のための環境教育政府間会議」の宣言。
(26) 例えば「ボン宣言」の第一五項においても、メディアを通じたインフォーマル学習の促進を言及する程度にとどまっている。
(27) 三省堂の『広辞林（第六版）』（三省堂編修所編 1983）には「まねぶ」は「学ぶ」という漢字が当てられ、注釈には「真似ると同源」とある。
(28) スーパーシステムは、要素そのものを自ずから作り出し、システム自体を自分で生成してゆくシステムである。要素も関係も初めから存在していたわけではない。作り出された関係は、次の要素を生みだし、それを組織化してゆく。組織化されたものは、そこで固定した閉鎖構造を作り出すのではなくて、外界からの情報に向かって開かれ、それに反応してゆく。反応することによって、自己言及的にシステムを拡大していく（多田 1997）。
(29) さらに、多田はアポトーシス（細胞死）が、新しい細胞の生成に役立っていることを指摘している（多田・鶴見 2003：69）。つまり生と死は二項対立ではなく、ヒトは生と死の循環によって生きているのであり、創造と破壊とが絡み合いながら新しいものが生まれ出てくると言えるだろう。
(30) 例えば、漁師がサケを「知っている」ということは、サケという名前だけでなく、サケの生態や習性、漁の時期や方法、調理方法から味の特徴はいわずもがな、そのプロセスにある、漁の苦労や喜び、料理して味わうおいしさといった感情や感覚もすべてをひっくるめてサケを「知っている」ことになり、それが漁師にとってのサケの意味となる。サケの知は漁師の生と一体化しているのである。

(31) 社会変動や環境変動については、本書では歴史の教科書に載るような大きな変動にこだわらず、鶴見(1989：59)が地域を単位とした小規模の変化と呼ぶようなレベルにも適用する。

第二章

危機が顕在化させた現場の力

——宮城県南三陸町歌津伊里前——

1　海の恵みと禍と共に生きる人々

はじめに

東日本大震災は、現代のテクノロジーを総動員した形で、様々なメディアを通して映像や音声で実況され記録された。だが、各々の現場で、被災の前後に何が起き、誰がどういった行動をとったのか、といった詳細は人々の語りの記録からたどっていくしかない。本章は、宮城県本吉郡南三陸町歌津《うたつ》地区伊里前《いさとまえ》という小さな漁村集落が大震災による津波で被災した前後に起きたことを、当事者である何人かの人々の語りから再現することを試みるが、これはあくまでも筆者が選択した情報に限定された中で再構成された事例であることを最初に断っておきたい。とはいえ、伊里前の人々の語りは、我々に多くのことを示唆している。即ち、四季に富む美しい自然と共に、台風、洪水、地震、津波といった荒ぶる自然と常に対峙せざるを得ない環境変動の激しい日本において、「生死にかかわる危機にどう対応するのか」、「非常時にはどういった行動が求められるのか」、「その時どういった知恵や知識、能力が役に立つのか」、「復興のために何を優先するのか」「どう自然と折り合っていくのか」「震災の

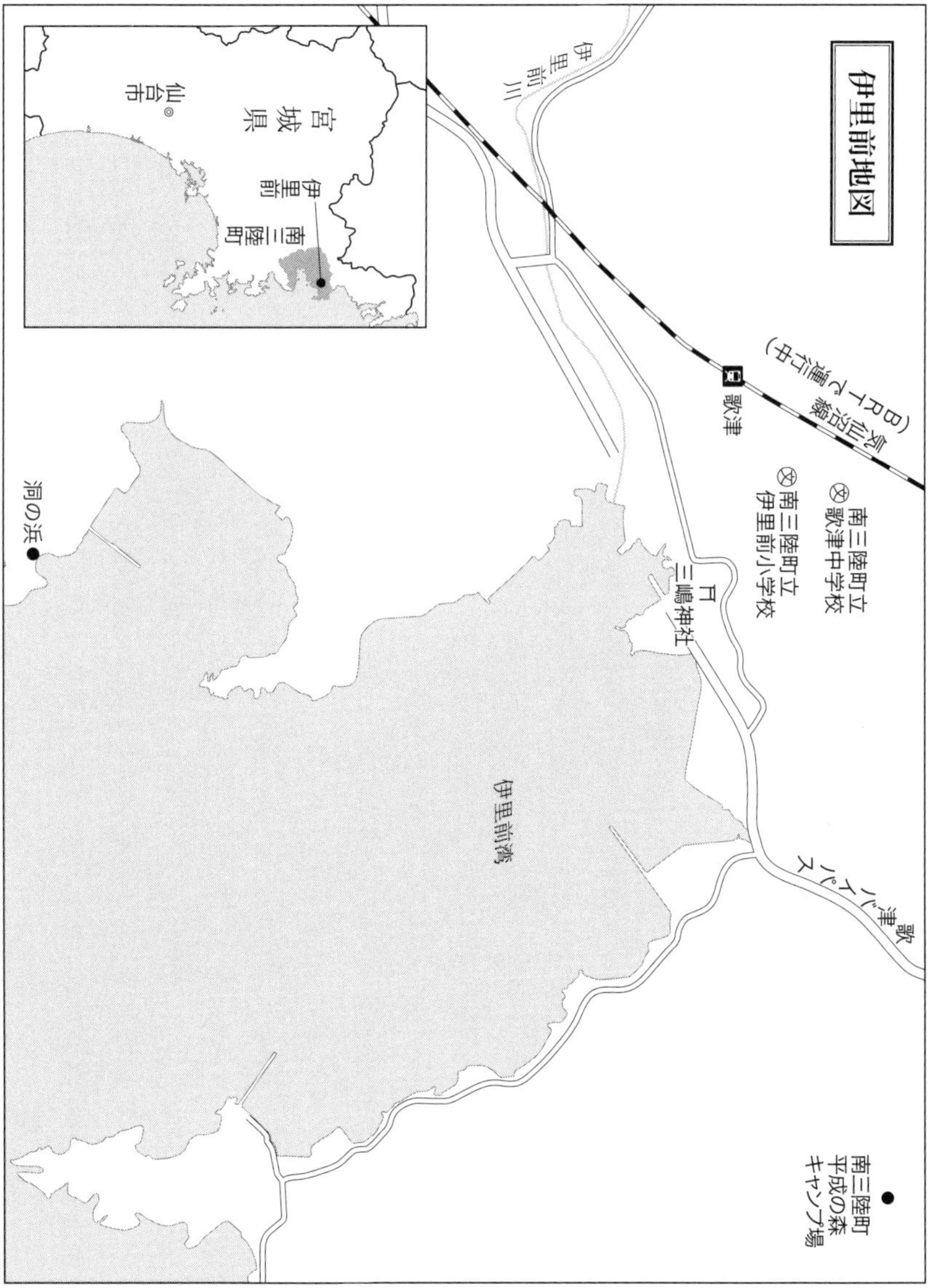
伊里前地図
宮城県
仙台市
伊里前
南三陸町
伊里前川
気仙沼線（BRTで運行中）
歌津
南三陸町立
歌津中学校
南三陸町立
伊里前小学校
三嶋神社
伊里前湾
歌津バイパス
洞の浜
南三陸町
平成の森
キャンプ場

教訓として子どもたちに何を教えるべきか」といった問いかけへの、説得力ある内容を提供しているのである。この章を出発点として、伊里前の現場から見えてきた重要なテーマを整理し、それぞれのテーマに連関する別の事例を第三章以降で展開していくことにしたい。

南三陸町歌津伊里前の概要と契約会について

南三陸町は、宮城県の北東部、本吉郡の南端に位置し、東は太平洋に面し、三方を標高三百〜五百メートル級の山に囲まれ、海山が一体となって豊かな自然的環境を形成している。また、沿岸部はリアス式海岸特有の豊かな景観を有し、日本有数の養殖漁場であり、南三陸金華山国定公園の一角を形成している（南三陸町企画課 2010）。歌津は、以前は歌津町だったが、二〇〇五年に志津川《しづがわ》町と合併し、南三陸町となった。歌津のシンボルでもある田束山《たつがねさん》（五一二四メートル）は古くからの山岳信仰の霊山であり、奥州藤原氏ゆかりの経塚も残る。また、地区を流れるおもな川は全長約一三キロメートルの伊里前川である。伊里前は歌津の中心部にあたり、被災前にはＪＲ気仙沼線の歌津駅があり、駅前には小規模の商店街がある集落だった。近くの丘には被災を免れた三嶋神社が残っている。

歌津が南三陸町に二〇〇五（平成十七）年十月一日に合併した際に歌津町長だった牧野駿《まきのしゅん》さん（合併当時六七歳）は、以前伊里前契約会《けいやくかい》という講[1]のリーダーもしていた。牧野さんによると、二〇〇五年当時南三陸町の人口は一万八六〇五人だったが。大震災後の二〇一二年三月時は一万五一七〇人と減少した。津波によって南三陸町全体で七九二名、歌津では一一九名が亡くなったが、そのうち伊里前で亡くなった人は三二名だった。四一〇世帯ある伊里前では、流出家屋が二六七世帯。残った世帯一八七世帯は全部高台で、山手のほうに残っている。この四一〇世帯の中に、七七人の伊里前の契約会メンバーがいた。この七七人の会員のうち七四世帯が家屋を全部流された。残ったのが三世帯で当時高台にあった。残りの七四世帯は避難所や仮設住宅に入ることとなった。

まず、この事例において重要な役目を担った伊里前契約会について基本的な説明をしておく必要があるだろう。契約会は東北地方各地で今でも残っている伝統的な契約講のことである。牧野駿さんによれば、伊里前契約会は伊里前の地に宿場町を作るため元禄六（一六九三）年に町上げした際に成立した。その結果、当時三三軒からなる町割りによる整備した宿場町ができたという。この町割り当時から続く旧家三三戸によって伊里前契約会が結成されており、その町割りの完成記念として、元禄六年十月二十七日に田東山の神霊に奉納したのが伊里前獅子舞の始まりであるとされている。伊里前契約会は四年に一度の三嶋神社の大祭を執行し、この獅子舞の保存団体として継承活動も行ってきた。今回の津波で獅子頭は三つ流されたが、祭り復活のために鳴子の太鼓が一個寄付されたという。契約会の他に分家による講もいくつかあるが、やはり契約会が最も大きく権威がある。

八組から構成される七七の会員を持つ契約会は、総会で推薦された会長と二人の副会長、会計、幹事が二人、山林部長と芸能部長から成る総勢一六人の役員がいる。山林部長は、契約会所有の五〇町歩の山林の管理を担当する。この山林の木は、切って地域のために使われる。昔は契約会の山の木を売ってお膳を買ったこともあり、その際は、その山を「お膳山」とも呼んだりした。社務所もあって、契約会はそれを仕切っている。芸能部長は祭り関係を担当する。契約会は春と秋の年二回総会を行う。春の総会において二年に一度会長を皆で選ぶが、持ち回りでなく、同じ人を何度選んでもよいことになっている。そして、会員の息子が結婚すると父親は引退し、息子が後を継ぐ。伝統的であると長老支配の組織のようにとられがちだが、「若手でも、それに関する意見はなんでも出していいし、しゃべれる状況。同等の権利だよ」と元契約会会長の千葉正海《ちばまさみ》さん（五六歳）は説明する。また、契約会のメンバーが亡くなると、会で四万円、つまり会員一人につき五百円ずつだしてお悔やみ金を喪主に渡す。葬式は会長と組長及び、喪主が所属する組の人が皆出ることになっている。

　契約会は一般的に閉鎖的だと言われているが、それは地域の自治と深くかかわっているからである。千葉正海さんは、その閉鎖性の原点は部落の相互扶助の仕組みであった「結い」[2]にあるという。歌津ではそれを「結《ゆい》っこ」と呼んでいる。「ずっと昔のね、狩猟していたころの生き方からね、人間が定着して集落ができ始めてから助け合いしていたと思ってる。そのころは寿命も三〇年ぐらいだったろうなあ。だから、一緒にやってこそが相互扶助で、こっちでは『結っこ』っていいます。冷害でコメも地域から無くなってって、明治、大正、昭和って品種改良してやっと米が食えるようになった。最近まで貧困の生活で助け合ってきた。契約はよそ者を入れねえってのは、混乱を避けるためだと思うね」と歴史的な文脈で契約会を捉える。

　地元の主婦の牧野陽子さん（六〇代）によると、元禄六年の伊里前契約会の発足と時を同じくして、女子《おなご》契約会も誕生したという。この女子契約と区別するため、伊里前契約会は男契約と呼ばれている。長男は結婚すると自動的に契約に入り、嫁は女子契約に入る。年に二回、春と秋に男契約の集会の次の週に女子契約も集会をする。被災前は小牛田《こごた》の山の神神社(3)に年一回の代参をし、定期的な契約集会の前には伊里前の根岸の山の神神社に必ず拝みに行っていたという。しかし、根岸の神社も津波で流され、今はない。この女子契約が活躍するのは十月の伊里前のお祭りである。お祭りの時は太鼓役や、警察や指導隊などの人々が衣装の着つけに会員の家にやってきて、女子契約の主婦たちが着つけ、彼らを食事でもてなしたものだった。「今はね、空しい気持ちです。悲しいとか、つらいとかでなくて、空しいという気持ち。これが現実なんだって。無力を感じると言うか。それでもね、昔の御近所さんとか、契約の人に会うと気持ちがなごむんです」と、最後に牧野さんは被災者の胸の内を語ってくれた。

伊里前住民の被災から復興への道のり

ここから、伊里前において、二〇一一年三月十一日に起きた東日本大震災による大津波に見舞われた際に起きたことを、千葉正海さん（震災時五五歳）と息子の拓《たく》さん（震災時二五歳）の二家族の行動を中心に追うことで再現し、その後の伊里前の地域共同体による復興の道のりを、聞き取りによる一次資料や、関連したシンポジウム、集会における発表の記録やウェブサイトなどの二次資料を中心に再

構成してみる。(4)

大津波の予感

千葉正海さんは、三月十一日の大地震があった後、津波が襲ってくる前に船で沖に出た。船を津波から守る方法である。この行動の背景には、正海さんの息子である拓さんの予感があった。千葉さん一家は先代からカキ養殖を始めており、三月十一日当日の早朝から拓さんは両親と従業員との四人でカキ剝きの作業をしていた。その時拓さんの脳裏に三日前の震度五の地震のことがよぎった。その時以来、彼は嫌な耳鳴りに襲われていた。「あの地震が引き金となって、今度はでかいのが来そうだなあ」という予感がした。カモメが大群となって空を舞っていた。不吉な予感がした。そこで、もし津波が来るような状況になったらどうするかをその場で家族と従業員で話し合った。その結果、父親の正海さんは船に乗って沖に出て、拓さんはフォークリフトやカキ作業をするのに大事な道具を高台に持っていき、自宅にいる妻と生後五か月の娘を避難場所に連れていくことになり、母親と従業員はすぐ避難するという段取りとなった。

実は、このように、家族が各自ばらばらになってでも避難するという発想には、「てんでんさんこ」という伊里前に伝わる言葉に込めた先人の知恵が生かされている。「だから、ほんと、一番肝心なのはやっぱ『てんでんさんこ』っていう、本当の意味。とにかく家族が同じところにいがなくたって、それぞれが生きてれば何日かたって会えっから、とにかくそれぞれ生きるために、家族が振り向かないで、皆それぞれの判断で上に登るっていうことで」と拓さんが三月十一日の出来事を回想しながらその言葉の意味を説明すると、父親の正海さんも「よくそういう時に、手を離したのなんだのって言ってる話があっけども、それはね、その人が一生悔やむかわかんねえけどね、そうじゃないんだ。誰しもそういう風な局面に陥ったらそうならざるをえないんだから。これは津波もあっけどもね。マグロ船だの、北洋船だの、そういうところで経験してる人も言ってんだ。最後に、『生きたい』という気持ちの人たちが助かって、海さ見てああダメだって思った人はほんとにもう終わり。だから原点が、今たっくん〔拓さん〕がいったとおり、いかなる防災訓練、いかなる金かけて陸上でやったってね、最後には家族がてんでんばらばらでもいいから高台さ逃げろと」とその意義を強調する。

そして、その大地震が午後襲ってきたのだ。拓さんは話し合った通り、従業員と母親にすぐ高台に避難するように叫び、父親が船上で凍えないように家から毛布と練炭を持ってきて父親に渡し、舟が沖へ向かうのを見送った。そのあと予定通りフォークリフトと道具を高台に移動し、妻子を連れて車で避難場所の伊里前小学校へ向かった。小学校は海抜約一五メートルの高台にある。そこから海を見ても何も変化がなく静かだった。そこで消防団員の一人と、商店街に降りて、逃げ遅れている人に避難するように叫んで回った。それから歩いて車を駐車した高台に向かっているときに、有線から津波襲来中という張りつめた声が聞こえてきた。あわてて車に飛び乗り、伊里前小学校よりさらに一〇メートル高い場所にある歌津中学校に車を置き、小学校へ降りていくと、町の景色が砂埃で見えなくなっていた。

小学校の校庭と同じ高さにある公民館の屋根がバキバキと音を立て壊れ始めた。中学校に上がって小学校を見下ろすと、校庭の車は津波に押し流されていた。妻と母親と娘を連れて、さらに高台へ逃げた。そこには従業員も避難していて無事を喜び合った。町を見下ろすと、そこは茶色の海の海底になったようだった。その茶色の海が濁流となって引き始めた。家々がどんどん海に運び去られ、その途中にある防波堤に引っ掛かり、こっぱみじんになっていく。その様子を見て泣き崩れる人もいたが、ほとんどの人はただ茫然とその様を眺めていた。

避難場所の歌津中学校は避難した人でごった返していた。電気はないが、皆が持ち寄った懐中電灯でほんのり明るかった。庭では男たちがドラム缶に薪をいれて燃やしていた。軽トラックのラジオから、南三陸町全域と連絡が取れないと聞こえてきた。皆無言で火にあたっていた。その時、ある漁師仲間が、水平線上に船団を組んで光が集まっているのを確認した。拓さんも丘に上がってそれを確認した。「おまえの親父は大丈夫だ。きっとあの船団の中にいる」。その漁師仲間は自信を持って拓さんに言った。その夜は高台にある一軒家に家族と共に世話になった。余震と寒さで全く眠れなかった。

生き残りをかけた船出

伊里前集落で津波襲来前に舟で沖に出た漁師は正海さん一人だった。しかし、正海さんはほかの漁師にも声をかけていた。「舟さ出した人は俺の部落にはいない。ついてこいよって言ったけっども、俺は行かねえって、そういうこと。お前はお前で、ちゃんと高台さ皆連れて行けよと。だから、ここが大切なのさ。いつどこにいようとも、家族として避難場所をきめておく」。小型船で沖へ出る際に養殖施設のいかだなどにひっかかったりすれば、津波から逃れられなくなる危険もある。「かかったらば、まあ、あきらめる。プロペラさいってしまったらば、なんぼエンジンがかかったって、なんしたたって、舟が動かなければ、もう、本当に最後の決断することだね。いっちゃわるいけど腰縄もって、綱さズボンにまいたりしとくよ。あとあと探したりなんだりしねえように。そんぐらいほんと思うよ、綱もって、腰さまいて一晩明かすようなもんだよ」と覚悟の上で船を走らせた。危機の際の即座の判断力と決断力が生死を分ける。その判断力をどうやってつけるのか。「自分の自己判断を、一生涯のいつそれをするかっつうのは、あと自分が経験して、この自然と向き合っていくなかで経験してねえと覚えられねえっす。それをいつも、とにかく頭さおかねえと。いつも体さおいとかねえと。そうすれば何とかなる」と正海さんは語る。

第一波から第二波と、次々と襲ってきた津波がようやく一段落し、次の日正海さんは自分の舟と共に伊里前に戻ってきた。何十年も出入りした海岸だからこそ、船をつける場所を見つけることができた。そして陸に上がったとき、忘れていたことがよみがえった。「帰ってきて、俺、岸壁さつけて、あの小学校まで行く時のさ、あの砂の海の匂いとさ、昔なら薪とかなんとかで、囲炉裏かまどの匂いっつうか、あの焦げた廃材のような匂いとさ、海の泥臭さの匂いのまざったっつうのは、俺、これ過去になんか嗅いだことあんなあ、というのを思い出したよな。昭和三十五（一九六〇）年のチリ津波だ。ヘドロというか、海の匂い。おかしいもんでね。忘れてたものが匂いでね。そうして歌津橋の上のがれきの上をこう歩きながら、いや、なんでやこれっていう。一人で声に出して言うだけだ。これ、こうかまえて、カッパ着たまま。な、なにやこれ、このざまって。まさか人まで。浦島太郎みてえなもんだ。こんなになってるとは思わねえしさ」。一晩経って戻ってみると、自分の故郷はがれきの山と化していたのである。

小中学校の避難

阿部正人教員（震災時四四歳）は、大震災の当時伊里前小学校で四年生の担任をしていた。阿部教員によれば、当時の校長は、別の地域出身だったが、宮城県は三七年周期で大地震が起きているので、海辺の学校に赴任が決まった時、そろそろ大地震と大津波が来ると予想していたそうだ。そして赴任した時、過去の震災や津波の経験者から話を聞いて廻ったという。明治の大津波が描かれている絵を美術館から借りて、全校生徒に見せて授業もした。それだけ意識が高いリーダーだった。(5)

そしてその時がやってきた。阿部教員のクラスは六時間目の授業で、社会科のテストをしている最中だった。大きな揺れで皆机の下へもぐる。停電になった。教頭が校庭から叫び、全員で校庭に避難をした。校庭には亀裂が入っていた。低学年は下校した後だった。小学校が避難所だったので地域の人たちも上がってきた。避難した子どもたちは上着を着ておらず、阿部教員は上着を取りに戻れと校長から指示を受けて、上着を取りに二往復した。低学年の子どもたちは町民バス、JR駅、公民館と全部ばらばらに避難していたが、地域の人たちが連れてきてくれた。全員揃ったところで、三時七分に、高台への避難をするように校長が指示を出す。全員で小学校から高台の中学校に避難した。しかし、そのあとで大きな津波がやってきて、さらに高い場所へ避難した。避難の際、JRの線路をまたぐ道を渡っている最中に、下に津波が通っていくのが見えたという。高台の下にあった保育所の子どもたちは、土手のような藪を這い上がって逃げてきた。阿部教員はそのたくましさにびっくりしたと語っている。全員無事で助かった。「ええ、その時に見たことは、まあ、校長先生の危機意識が大変素晴らしかったなあと思います。連動地震という知識があったようでした。揺れながら、これは連動だなと思ったらしいです。で、一〇メートルくると頭にあったらしいので、すぐもう高台に避難ということでいきました。で、地域の協力で皆助かりましたし、あと校長先生は、高台避難のあとも、地域の人が家庭に帰してくださいという風に言ってきて、そこで喧嘩になったんですけども、うちの校長は頑として返しませんでした。それは大正解だと思います」と校長の決断力や行動力を振り返る。また、中学校の校長も的確な行動をとっていった。「NPOとの連携とか、医療機関を受け入れたりとか、本当にこう、その場その場の決断力で、すごくいい状況を作っていったなあと思っています」と阿部教員は評価する

契約会の奮闘

正海さんによると、偶然にも震災前の二月に、災害時に班編成して行政との連絡を取り、自主的に行動できるような自主防災会を伊里前に設置し、伊里前契約会の会長が自主防災会の副会長を兼ねる

ということが伊里前会の役員会で決定されていた。その自主防災会の役員編成を三月十二日の土曜日にやる予定だったという。結果的に三月十一日の津波で伊里前は被災してしまった。避難所で、当時契約会会長だった正海さんが、契約会のメンバーと共に避難所運営を始めたのは自然な成り行きだった。「ただその中で、なんで契約会が主導的になったかっつうのは、その自主防災の俺がトップでいる配下に、だいたい契約会のメンバーがはいってたわけさ。ダブってるわけさ。そしてあの物資置き場にいる連中のなかで、俺の同級とか、そういう人脈がいたわけさ」。だが順風満帆ではなかった。「しかしながら、だから反発が強かったわけさ。なんだ契約の奴ら、またここでも主導権握んのかって。だから俺言った。お前やれ。お前がこれだけの人材を動かせっかって。お前がこれだけの人にさ、食べ物与えられるかって。ん、黙ったよ」。契約会で培った組織力をしのぐようなものは他には無かったのである。そこには、子どものころから培ってきた仲間関係があった。「同級でも、その配下にでも、俺のそのガキの頃からの生きざまを見てる仲間がいっぺえいたんだよ」。

正海さんが海から戻ってきて一日二日も立たないうちに、元町長の牧野さんから、町を契約会が所有する山に移転しないかという話が出てきた。中学の裏の契約会の土地である。会長だった正海さんは、役員に電話をかけて集まってもらい、本来は五月に総会をするところだが、状況が状況なので三月中に臨時総会を招集した。四一人ほど集まったという。集会で、裏山を国に提供し、高台に造成することを過半数で賛成してもらった。それから正海さんは避難所生活をし、物資運営もしながらその手続きに着手した。ところが「町ではどうのこうの言うんで、国でやってくれって言っても、国もわかんね。六月、七月になると阪神淡路のような集団移転でやっていこうって案が出てきて、骨子を出して説明してる時に、事業主体が南三陸町で千億の事業を始め出した。国が、時間たってこういうことを国直轄でやりだしたのさ。宮城、岩手、福島とか含めて。内容も変わった。町は力がねえし、金もねえ。地域の声と言っても国の言い分も聞くわけで、ドングリの背比べ」と、伊里前の高台移転がとん挫してしまった理由を指摘する。

さらに、避難所運営にあたっても行政の動きは鈍かった。結果として、中学校に避難していた人たちの対応は区長に任せ、物資搬入作業や管理をやった。「今言ったけど、自主防災の組織を立ち上げていた。住民はわかんね。しかし、幹部の俺は指示出していたから。で、やっぺと。そして、両区長が避難民の世話。俺が逆に物資の親分でやれと。そのなかでもまた別に分けて、お前とお前とお前と、これは責任持ってやってくれよとたのんだのさ。組織を作ってしまったわけさ。でなかったら、皆自分の言いてえこと、自分の言われてえことやったらばとんでもね。安否確認からなにからすべて、お前たちが今までやってきた業務をやれと。わかったと。俺はこの人たち使って、とにかく水、油、これを供給すっからと。一回手伝ったけども水汲み毎日五トンずつだ。大変だった。不平不満いわねえでよくやった」。

その後正海さんは、阿部教員からＲＱ市民災害救援センター（以後ＲＱと略記）と「くりこま高原自然学校[6]」を紹介され、なかなか支援物資の来ない歌津にＲＱボランティアセンターを設置することを決断した。四月九日のことである。阿部教員は、実は二〇〇八年の岩手宮城内陸地震の際に、くりこま高原自然学校で苺ヘタとりのボランティアに関わっていた。そこで、日本で最初の自然学校だと言われている「ホールアース自然学校」の創設者でありRQを立ち上げた広瀬敏道さんにも出会っている。その時の自然学校の自分の学びの経験が今回生かされたと実感した。そして自然学校の機能は、震災の時に有効に活用されるとの信念で、正海さんに紹介をしたのである。一方、正海さんは社会福祉協議会が設置したボランティアセンターを既に志津川で目にしていた。「すべてを見たときに、歌津もこういうふうな発想はしなくてはと。それで歌津中学校上の、物資の拠点集めるとこ、集合所つくってくれと頼んでみたら、こっちは道路が悪いからだの、機材が、トラックがねえから、ようせんって話さ。だから俺がやんなくてはなあと思った。そうしたらそういう風な状況を作ってくれた。土地の提供者も使ってくれって」。そして、国連のWFP（世界食糧計画）から提供されたテントを歌津中学校上の敷地に四月二十三日に立てて、そこを歌津RQボランティアセンターにしたのである。

一見、正海さんのリーダーシップで、契約会が避難所運営や高台移転にかかわったようにも見えるかもしれない。だが、子どものころから契約会の動きを見ていた正海さんは、「ああ絶対、何のときも、契約会はこれまで洪水とか災害を乗り越えてる」と、今回のことは当然の成り行きであることを示唆する。「俺がいつも言うとおり、台風とかね、山津波って、山からの被害の時には、杉切ったり、財産を出して、ご飯作ったり、桟橋作ったりつうふうなことさは、契約会が全部提供してた。今の壊れた防波堤も、昭和の戦争、戦中か戦後に作ったんだ。その時にも地区にお金をだした」と述べているように、契約会のそうした災害時の危機管理の役割を見知り、経験してきた若い世代が、次第に役を担う世代へと移行し、正海さんのようなリーダーが生まれ、また契約会を引っ張っていくのである。

現場から立ち上がってきたESD

阿部教員は以前、気仙沼市立百瀬小学校の教員として九年間、その後鹿折小学校で三年間、ESDの活動に携わっていた。気仙沼市は全国でもESDの先進モデル地域として知られている。気仙沼市内の小学校は当時、小泉小学校をのぞき、すべてがユネスコスクール[7]だった。その後阿部教員は伊里前小学校に転任する。だが、その学校の授業にはESDの片鱗もなかった。とはいえ、南三陸町は地域が狭く昔ながらの農漁村で、結いや講の仕組み（伊里前では契約会）が残っていた。そこで「契約会、なんか面白そうだなあと。これはずっと脈々と続いているということは、なにか持続可能なヒントがあるだろうと思って。もう春休みのうちにですね、町を歩いて、契約会ってなんですかって、いろんなところに聞いて歩いて、インタビューをして、よし、これはなにやら授業になりそうだと思っていた」が、当時小学四年生の担任だったので、これに取り組むのは小学五〜六年生だと思い企画を温めていた。震災以前の総合的学習の時間は、漁協や水産会社、公民館との連携したプログラムで、三年生はホタテや椎茸、四年生はワカメ、五年生はカキ、六年生は歌津の未来というテーマだった。

このように、学校教育におけるESDを知り尽くしていた阿部教員は、被災後自らが避難所生活を送りながらも、職業上教育的なまなざしで避難所での活動を見ていたが、それは地域主体の避難所運営による「まさにESDの実践」さながらの現場であり、驚きの連続だった。まず、被災当日から、地域の被災を免れた家々からおむすびが避難所に届いた。その夜には避難所に明かりがあった。地域の人が発電機を持ち込んだのだ。そして建設会社からスタイルフォームという断熱材が持ち込まれた。そういうことを皆で取り組む地区だと実感した。夜になれば何人かが組んで夜周りをし、会議をした。被災後間もない時に、契約会のリーダーが歌津の元町長さんから高台に移転しようと提案されたと知った時は、それにすぐ合意した正海さんの政治判断力は凄いと思った。

三日目の朝、地域の人たちはまだ食べるものがないのに、竹を切って箸を作っていた。ナイフがないので包丁でやっていた。常に先を読んでいたのだ。最低避難民五百人分作らないといけないと言うので千本以上必要になる。阿部教員も拾ってきた包丁で手伝った。「自分たちでなんとかするという姿勢を見て、地域の人たちはクリティカルシンキングがすごいな」と感じた。さらに契約会のメンバーたちが避難所運営を話し合う現場を目にした。「まあ、すごいなあと思ったのは、契約会の方々が話し合いをする状況をちらっと見たんですが、彼らは全員円くなって、この次どうするという話をしているんですね。そういう状況が、ああ、なんかこれは教育に何か使えるかもしれないないという頭で、学校運営をしようと思いました」。そうした話し合いの結果、小学校のホワイトボードには、三月十三日の時点で既に多くの情報や実行すべきアクションポイントが書かれていった（図2―1）。契約会の人たちは自分たちで課題を見つけて解決する。「これは文部科学省で言っている『生きる力』[8]と一緒だな」と阿部教員は納得した。

そしてRQや自然学校と契約会との四月九日の出会いは、阿部教員との信頼関係がつなげた三つ

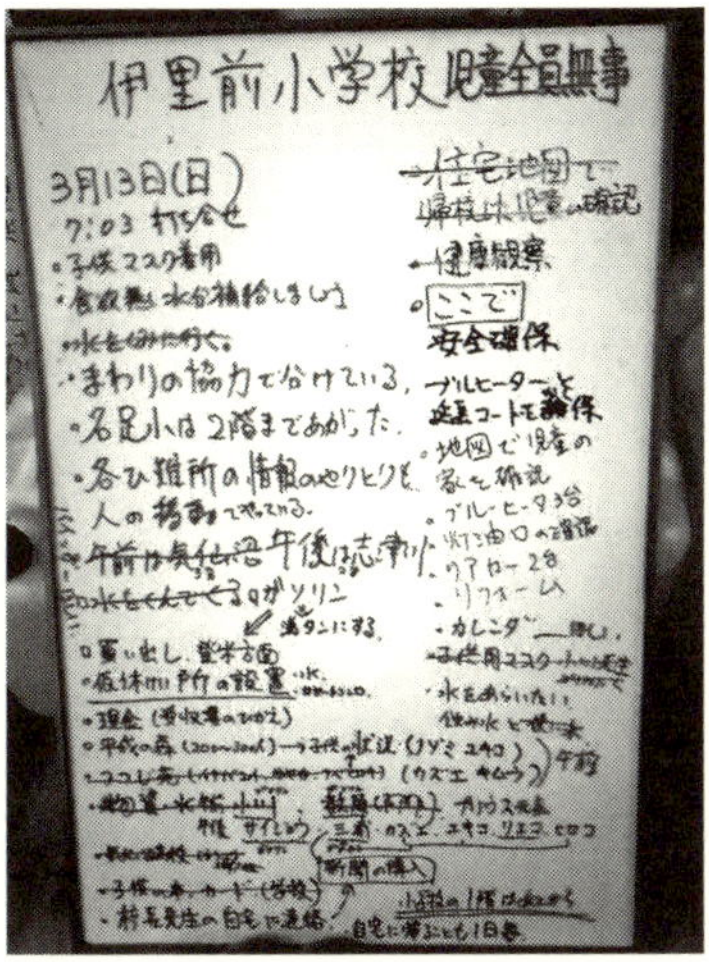

図 2–1　2011 年 3 月 13 日の避難所のホワイトボード
出典：阿部正人さん撮影（同日）

の組織の全く異質な出会いだった。一つは江戸時代からの歴史を誇る伝統的組織であり、一つは東日本大震災をきっかけに三月十七日に立ち上がったばかりのRQという現代的なボランティア組織であり、もう一つのくりこま高原自然学校も一九九五年設立で、自然体験学習という新しい実践をしている組織であり、震災が無ければ伊里前とつながる接点は全くなかった。そして、阿部教員はそこから「新しい融合が起きてきます」と、RQや自然学校と契約会の出会いから生まれた新しい展開を「融合」と表現する。

　ボランティアの人々が歌津に入ると、住民たちは「最初にまず学校と神社を片付けたい」と希望した。みんなで伊里前小学校のグランドをきれいにし、神社をきれいにする。そこから復興を始める地域の姿に阿部教員は心を打たれる。歴史的に言っても、歌津で津波復興に外部からボランティアが参加するのは初めてであり、ここに地域住民とＲＱの協働の復興という新しい伝統が生まれた。さらに「契約会の方々がですね、子どもたちのためにやっからと、今までどおりわかめの養殖体験をすると五月の段階でいうんです。何もないんです。何にもない、ゼロからです。で、子どもたちは本当にゼロから、共に復興を進んでいくという状況を学ぶことができました。ぼくはよっぽどすごいものだと、そのほうが」と語る阿部教員は、まさに未来を漁師たちと一緒に作る感じがしたという。

　このような形で、自ら課題を見つけて、自ら行動し、孫、ひ孫のことを考えて行動していた契約会は、阿部教員の目からは、未来を見つめ、互いに尊重し合って合意形成しながら進んでいるように見えたという。そして、クルトハーン[9]がいうところの実行型市民、つまり「自分自身が地域社会の一員であり、自分自身の力で社会をよくすることをやり遂げる力をもつ人」のイメージが契約会の人々に重なったのである。やっと五月から学校が再開した時、阿部教員は子どもたちに「君たちの地域の大人たちはこんなにすごいんだ。自分たちで課題を見つけて行動する誇り高い人たちなんだ。だから君たちも、もっと勉強していこう」と語ったという。

歌津てんぐのヤマ学校と小学校の授業の融合

伊里前ではもう一つの新しい融合が起きた。ＲＱでやってきたボランティアである蜘瀧仙人《くもたきのりと》さん[10]が始めた「歌津てんぐのヤマ学校」と伊里前小学校の授業の融合である。蜘瀧さんは二〇一一年の六月にＲＱの個人ボランティアとして伊里前に入った。これはその二か月前の四月に、正海さんから子ども遊びのボランティアがほしいとの要望があり、RQ代表の広瀬さんが伊里前小学校に訪れてみると、四月に赴任してきた兵頭校長が自分の古い友人だったという偶然もあって実現したものだ。

最初は親たちの希望で、子どもたちのサバイバル・キャンプをしてほしいということで始めた。キャンプは、海からほど近い隠れ谷の棚田の跡地を整備して作った「さえずりの谷」で実施し、そこが、毎週土日や長期休暇に子どもたちが集まる新たな遊び場となっていった。蜘瀧さんが天狗のお面をかぶって子どもたちと一度遊んだら、ある男の子が天狗の絵を描いて、そのキャンプのことが子どもたちの間で話題になったという。その後、ヤマ学校のプログラムの紹介をしに蜘瀧さんが小学校を訪問した時、「私が天狗です」といったら、教頭も校長も「素敵ですね」と前向きに反応してくれた。「二人ともヤマ学校を子どもの頃経験していたので共感してくれたと思いますね。でなければ、突然天狗です、と学校に入っていけば変人扱いされていたでしょ」と蜘瀧さんは笑いながら振り返る。日本全国、ヤマ学校という言葉はある。沖縄にもヤマ学校、ウミ学校がある。これらは自然の中の子ども達の遊び場を学校にもじったものである。ただ、ヤマ学校をするということが、本来の学校をさぼるというマイナスのイメージがあり、反対をする住民もいたが、最近は再評価されるようになったという。蜘瀧さんはその年八月には歌津に住み着き、ヤマ学校を持続していくことを決意した。住居は「さえずりの谷」に設置した野外テントだった。二〇一一年十二月にRQの活動は終了したが、そこからヤマ学校に新しい展開が起きる。その頃に、学校は町めぐりという授業をやっていたが、先生が子どもたちにどこに行きたいかと聞いたら、RQの「さえずりの谷」に行きたいと言った。それで、それを授業にしようということになったのだ。その背景には五月八日に再開した小学校の事情もあった。

兵頭校長によれば、南三陸町の小中学校は宮城県の中で最も遅い再開だったという。それまで水も電気もなかったためだ。以前の自然体験活動は海を使っていたが、震度四や五の余震が続き、地盤沈下が一メートルも起きていた。体験させてくれる大人たちも被災したり、亡くなったりしている。さらに他より一か月遅れの学校再開が追い打ちをかけた。そのギャップを埋めるために授業時間数が増えたのである。また同年、学習指導要領も変わり、授業時間数が増えた代わりに野外教育の余裕が無くなっていった。「地域の教育力が学校に入ってくる余裕がありません。ゆとり教育がシステム化される前に空中分解をしました。そういうのを取り入れて、学校でやれる範囲で取り組むと、子どもたちにとって学校は楽しい場所になると思います。これはいろんな人が学校に関わることで地域づくりにつながりますよね」と語る兵頭校長は、被災後、子どもたちと外遊びをしてやる余裕のない地域の大人たちのかわりに、ボランティアでヤマ学校をしてくれる蜘瀧さんに期待をかけていた。蜘瀧さんはそれについて、「子どもたちがヤマ学校を続けてくれたので、親に信用されたと思う。それと、兵頭校長が転任する際に、PTAで表彰してくれたんですよ。感謝状で表彰してくれて、それでだんだん認められたんだと思いますね」と述べている。

学校側によるヤマ学校への理解と、蜘瀧さんの地道だが継続的な活動が保護者たちの信用を勝ち取り、学校の授業に取り入れられるようにまでなったのである。実際、蜘瀧さんは「さえずりの谷」まで子どもたちを車で送り迎えする親や祖父母との会話を通じて、地元の人がかつていかにヤマ学校をやってきたかを理解したという。「昔の遊びを思い出した、と子どもを迎えにくるじいちゃんばあちゃんが話すこともあったんです。やっぱ祖父母から孫のラインが大事で。舟も、父親が舵をきって、じいちゃんが孫にあわび採りの技を教えるわけです。祖父母が技の伝承者なんです。おじいちゃんに三歳ぐらいから連れていかれて、いろいろ覚えたという大人は多い」と実感した。そういうことで、地元の名人も契約会長などに紹介してもらい、ヤマ学校では活用している。皆、子どもへの文化伝承には熱心だという。

震災後、被災した東北地域の子どもたちへの遊びの支援は珍しくない。RQ代表の広瀬さんは、「今、全国の自然学校が福島の子どもたちを受け入れてるんです。福島キッズといって、夏休み、春休み、週末とかに受け入れます。名前は元気もりもり隊とか、のびのび隊とかありますが、そもそも中越地震の時からそういった活動が始まったんです。今回も子ども元気村とか、いろいろイベントをやりました。伊里前とかでもやったんですが、単発だったんです」と、発想は素晴らしいが地域に定着できない支援の課題を指摘する。蜘瀧さんも「兵頭先生は僕が腰を落ち着けてやってくれるということがわかったんで、いろいろな人に紹介してくれたんです。いろいろなボランティアは単発でくるので、学校は断ることも多いんです。やっぱり継続的にいることが大事なんで」と認識する。兵頭校長は子どもの自然体験の学びを持続させることに意味があると考えており、「私は外部からのお金や助成は全て断っています。いつか止めることになるからです。あの時は助成があったからこの授業ができた、というのでは、予算ありきで継続がありません」と述べているように、子どもの学びの持続可能性を軸においているのである。

それでは、蜘瀧さんのヤマ学校の内容とはどういったものなのだろうか。本人からの聞き取りや、「歌津てんぐのヤマ学校」のブログの説明から次にまとめてみた。

●小学校の授業　三年生、四年生を対象に二〇一二年四月から平日の課外授業をやっている。コースを考えて、田束登山とか、生き物学習などをやっている。フィールドでは、カモシカにあったり、サケをとったり化石を発見したりできる。また、河童伝説を覚えたりする。

●さえずりの谷での遊び　子どもたちとは「どら風呂」という、ドラム缶に薪で風呂をたいたり、いろいろなプログラムを行う[11]。野草を食べたり、竹で器を作ったり、伝統行事を地元の老人から教わったりする。子どもたちも鶏と遊んだり、そのあと殺してさばいて食べたりということをする。肉も皮も内臓も脚も、全部調理して食べることを学ぶ。最初は怖がっていても、子どもの順応性は高いという。

●川遊び　シロウオ（白魚）は春告げ魚と呼ばれている。シロウオはハゼ科で、シラウオ科のシラウオとは違う。川の中にザワという、石を使ったシロウオ用のわなを作るという伝統漁法がある。この石のザワとザワの間に網を投げて魚を取る。これは水位が低い時のみできる漁法なので、魚を取りつくすことはない。津波で流されたので、一からザワを組みなおす試みをやっている。そのために、川の掃除をする必要がある。主にガラスとかごみだが、ごみは拾っても繰り返し流されてくる。しかし、蜘瀧さんは、子どもたちと掃除を続け、とうとう二〇一二年四月末にシロウオがもどってきた。今は、子どもたちが飼育をしている。こうして川の環境を守ることを覚える。ただ、学校では津波の来た場所に行ってはいけないというルールがあるが、民間でやるには問題がないという。川遊びのルールとしては、津波を想定して、避難道を確保しながら遊ぶようにしている。

●山道を覚え、古道を復元させる　伊里前はどこでも川のそばに丘があり、そこには古道や木出し道がある。沢ごとに道があって、山菜取りなど、地元の人が使っている道である。そういうところにかつてはヤマ学校があった。そういう道を地元の老人に聞いて探し、藪を刈って整備している。震災後は猿田彦神社を「サルの高台」と呼んで避難場所にし、子どもが体で避難道を覚えて、地図にし、名前をつけるようにしている。また、仙台と気仙沼を繋ぎ、歌津を通っている気仙街道は今回の大津波が達しなかった高さを走っていることがわかった。海沿いの道が壊滅的な打撃を受けて「陸の孤島」と化した歌津では、こうした古い山道を記憶している世代が、緊急時のアクセス路として使ったという証言もある。三陸のリアス式海岸地形では、大量運送流通ができる平らなハマの道と、起伏があり昔は馬での最短コースとしての狭いヤマの道が両方あって、後者がいざという時のバックアップになっていたが、薪炭が使われなくなり、森の中の小道は荒れて通れなくなってしまった。蜘瀧さんは「いざという時、そういう道が大事だべなあ」と災害時の必要を見直す声を最近地元で聞き、復元に挑戦する決断をした。以前は子どもたちのヤマ学校の場だったという気仙街道を、子どもやハイカーやマウンテンバイクが通るようになれば、「高台の道」が復活するだろう、という願いを込め、かってヤマ学校で遊んだ世代の地元住民から聞き取りして、「道跡」をたどる準備をし、気仙街道の「山の道復興プロジェクト」を開始したのである。

●浜で遊ぶ　入り江に小さい浜があって、洞の浜と呼ばれている。そこに山のほうから下りることができる。この山の伏流水が浜の海の中に湧き出ている。ここで千葉正海さん親子はヤマ学校をやっていた。今は、洞の浜までの山道をボランティアと一緒に整備している。ここらではアンモナイトやベレムナイトなどの化石が多く見つかることから、子どもたちの興味を刺激する遊び場としての洞の浜の復活を目指している。

ヤマ学校と危機対応能力

ここまで、伊里前での震災発生から、津波被災、被災後の避難所運営、小学校の再開とヤマ学校の取り組みといった流れで見てきたが、その流れを一貫して貫いているものは、ヤマ学校に象徴される子ども時代の遊びである。それは、避難所運営を一手に背負うことになった当時の契約会会長の正海さんの次の語りからも見えてくる、危機対応の能力形成の源としてのヤマ学校である。

リーダーシップ取る人って、行動がさ、一番手二番手をもう決めてんだ。どういう誰かが集まったってね、お前やれっつう問題じゃないから。もう決まってくんだから。だから子どもの頃、夕方仲間と別れっときね。お前たちら明日ここさ来て、これとこれを用意しろよ、次はこういう風な遊びすっとってふうな段取りしていたわけさ。わるいけど、俺はそういう風にまで段取りさせて、また明日集合かけんだよ。だけどそれがね、結局あの時に役立ったことなんだからさ。で、どういう風な文化的な生活を営むにしたってね、やっぱ民族の血筋っつのがあんだよ。ね、狩猟したり、魚取るなんかってさ。だからそういう風な経験をしておくと、ああいう時に役に立つ。遊び心のはずが、実は大変重大なことを、大事なことを身につけてたんだよ、たぶん。あの場所で一時的にそういう風な行動とれるってのはね、皆おのおのに遊んできてんだよ。同じような遊びしてんだよ。だからね、避難所ではみんな幼児期さ戻ってしまったんだよ。苦しいんだけっどもね、ちょっと楽しいっつうとこもあんだよ。言っちゃ悪いけどもね。そういえばなあ、がきの頃こうだったなあって思い出すところがあんだよ。

阿部教員も「言い方悪いけど、楽しかったですよね。ほんと変な話なんだけど、生きてる実感があるんですよね」と正海さんに共感する。そして契約会の避難所運営の奮闘ぶりを逐一見てきたことで「歌津の方々はなぜ動けるのか。僕なりに定義づけると、小さい時に遊んでいたからだろうと思います。五〇代の方々が中心に動きましたが、高度経済成長前の、外遊びしていた世代です。頭を使って仲間と一緒に野外で遊んだ人たちです。社会性ある遊びとか自然遊びは大切なのです。この大震災を通して、本当に大切だと思いました」と述べている。

こうして、実際の被災と避難所での経験から、大人たちは子ども時代の遊びの重要性に気がつく。そしてRQとの出会いを契機に、蜘瀧さんによる歌津てんぐのヤマ学校の活動が始まり、ヤマ学校の復活が実現した。そこには、またいつか地域を襲うであろう津波や、様々な災害や危機を乗り越える能力を子どもたちにつけてもらいたいという、地元の大人たちの願いも込められている。この意味でも故郷とは、たとえ都会に移住しても、毎年戻ってきて、この自然の中で自分の感性を育む場所だと正海さんは次のように語る。「いつも、何十年も思ってることはさ、ここ伊里前を故郷にしている、要するに集団就職とか仕事の関係で向こうに家を持った人たちがいるわけさ。横浜とか神奈川とかね、その人たちが盆正月帰ってくるわけさ。ね、そうした時に、子どもたちを連れてあの川べりを歩いたりね、あるいは家が漁師だと舟さのせて、櫂をもって舟をこがせたりする場面を俺は見てきたわけさ。ふるさとってのは、年取って、どんなにさっき言った文化的な生活圏にいても、結局ここにきて、この匂いを嗅いだり、あるいは触ってね、感性を育てる場所なんだよ。そういう感性、感受性がなければ、ああいう風な災害時には何も役たたねえよ。今、だから、こういうことを言う人たちがほんとはもっといなくてはね」。

ヤマ学校の危機

ところが、歌津のヤマ学校の未来に危機が迫っている。宮城県による巨大防潮堤事業が三陸沖海岸

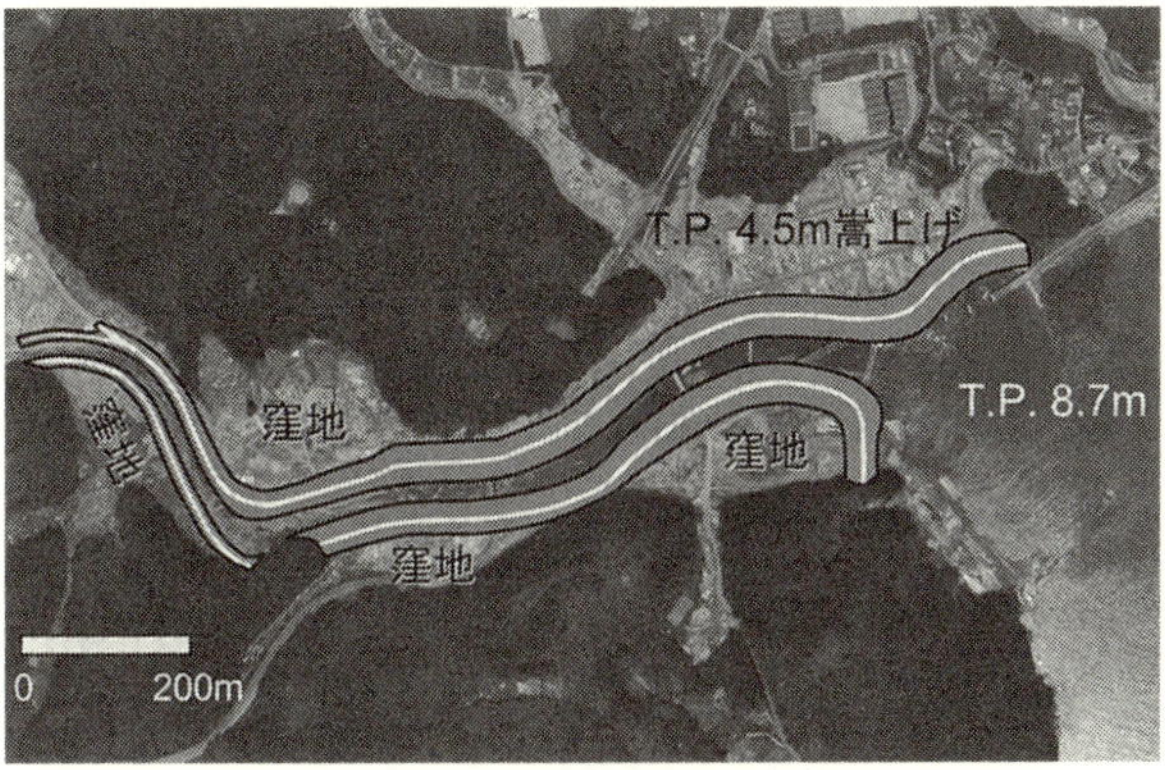

図 2–2　伊里前の防潮堤計画

出典：横山（2013）の図 14 より

のほぼ全域で計画されているのである。伊里前では、海岸線と伊里前川の両岸に、海抜八・七メートル[12]の堤防を建設する計画である（**図２―２**）。

岩手県、宮城県、福島県の三県には、海岸線延長役一七〇〇キロメートルのうち約三百キロメートルの海岸線に防潮堤（海岸堤防）が設置されており、そのうちの約一九〇キロメートルが全半壊したので、これを向こう三〜五年以内に「復旧」させ、津波から住民の生命・財産を守る計画となっている[13]。防潮堤建設はあくまでも「復旧」ということなので、環境アセスメントも住民合意も必要なく、平成二十七年度完了を目指している。しかしながら、横山勝英（2013：12）は、**図２―２**の伊里前の防潮堤計画のデザインの問題点を次のように指摘している。まず、今回の津波浸水区域の約二五％が堤防用地になり、活用可能な用地は七五％である。特に下流域は堤防による平地の専有率が大きく、上流の農地を守るためと考えるとバランスが悪い。また、伊里前川は河口汽水域のシロウオが名物であり、コンクリート製の海岸・河川堤防が環境に与える影響を懸念する住民も多いとする。「堤防高さは、環境保全、周辺景観との調和などに配慮して海岸管理者が適切に設定する」と国交省・農水省通知にあるにもかかわらず、伊里前の防潮堤計画には、そうした配慮が見当たらない。

拓さんは、自身のヤマ学校の経験から、既に地域が失っていた浜についての思いを語る。「そういう遊びの話って、どんな年代の人も話しするし、その時、俺たち子ども心に、やっぱりその遊んだ場所にいってみたくなるんですよね、子どもでも。みんなそういう風に目を輝かせて話すから。で、洞の浜っていう浜はたまたま残ってたんだけども、だいたいはないんですよ。ウナギ採ったところとか、皆で遊んだ場所がもうないんです。ないんですよ。で、そこに行ったときになかったりすっと、その時に感じる、なんかこう、劣等感ていうか、うん。なんか同じ遊びできなかったって言うか。同じ地元にいてなんで俺たち遊べねえんだっていうような、そういうのってあるんですよね」。そうした遊び場を大人たちが残してくれなかったという不公平感を実感するからこそ、防潮堤計画についても、その文脈で再考を迫りたいと考えている。「今回の防潮堤に関していえば、まさしくそういう場所がもう失われてしまうような形になってしまったら、自分たちの子どもたちに話したときに、その子どもたちにはその場所がないんですよね。その時の、その子どもたちの、親と離れていくような、そういう感覚っていうのは、自分も味わったから、ほんとはあってはいけないことだと思うんです。ここで、またそれをとんでもねえ形で、ああいう防潮堤という形で奪われれば、ほんとに俺たちも何を話していけるのか。自分がじいさんになったときにも、そういう環境を残していれば、孫ともそういう話ができるだろうし」。

県は、復旧だから住民合意は必要ないという前提で、住民には説明会と意見交換会を実施している。説明会と意見交換であるので、計画についての住民との協議ではない。しかし、自身も土木工学の専門家である横山（2013：12）は、これらの計画を見ると、宮城県北部の防潮堤整備は周辺に多様な影響をおよぼす新規大事業であり、単なる「復旧」の名目で土木技術的な視点のみから進める性格のものではないと指摘する。また、広瀬俊介（2013）は、「河川技術ノ秘訣ハ水勢ニ逆ハザルニアリ」と述べている三輪周蔵の『河川工法』（1927）の考え方や、高橋祐（2012：128）の緩衝帯としての前浜といった発想をヒントに、生態系を損なわず、自然の力に逆らわない津波対策の知恵を見、巨大防潮堤の代替として遊水池を設けるなどしたデザインを代替案として提唱している。

平穏無事な暮らしをする地域に突然降ってわいた開発事業に対し、住民が一致結束して反対運動を起こすことはよくあるが、一国の歴史においても未曽有の大震災と津波や身内の死を経験し、その後も長い避難生活を送り、疲労がピークに達しているタイミングで、住民たちが行政の復興計画に異議申し立てするには相当のエネルギーが必要となる。このように非常に困難な状況ではあるが、正海さんは伊里前のまちづくり協議会の会長として、住民との討議で今後のまちづくりのあり方を模索している。拓さんは地元の若手の仲間とこの協議会の下に「将来まちづくり部会」を立ち上げ、既に何度も集会を持ち、防潮堤のデザインを再考するような話し合いを住民の中で活発化していく努力をしている。防潮堤計画が高台移転や町づくり事業とリンクしていることから、防潮堤のデザイン見直しは、

＊「自然・景観・海産物」を次世代に残すために防潮堤のあり方の再考を願う陳情書

職住分離で人が住まなくなった伊里前地区に8.7mの防潮堤が必要でしょうか。水門の方が現実的ではないでしょうか。また、工事期間中、海産物にどのような影響を与えるのか心配でなりません。さらに津波が襲来したら堤防沿いに川を遡上し、今回被害のなかった地区まで甚大な被害が出ると考えられます。

次の世代に受け渡していけるような防潮堤のあり方について再考を願い陳情いたします。

陳情者　千　葉　　　拓
　　　　三　浦　光　治
　　　　伊　藤　孝　浩

＊　自然と呼応したまちづくりを叶えるために防潮堤のあり方の再考を願う陳情書

陳情者　南方から南三陸を想う会　工　藤　真　弓
　　　　志津川復興支援団　　　　鈴　木　豊　和
　　　　　　　　　　　　　　　　　　　　他６名

図 2–3　伊里前と志津川から町議会への陳情書

出典：『議会だより　みなみさんりく　No.28』（南三陸町議会 2013:7）

復興を遅れさせる要因となるといった否定的な見方をする住民も少なくない。また、本来なら漁業への影響を考えて防潮堤の見直しを求めるような潜在的な力を持っている漁師たちにしても、後継者もなく、津波以後漁を断念するものも次々と出てきた。そうした状況ではあるが、南三陸町の志津川と伊里前の若手の仲間たちは協力して、防潮堤計画の再考を迫る陳情書（**図2―3**）を町議会に提出し、採択されている。

拓さんが、まだ自身のカキ養殖も完全に復活できない中で、防潮堤問題に取り組む理由は、実はヤマ学校からさらに深く掘り下げたところ、つまり、「生命の原点」を突き詰めたところにある。震災で人生を考え、本来大切なものは何なのかと自問自答していたときに、伊里前川の存在にショックを受けたと彼は言った。水も電気もない時に「川は、すぐ、俺たちを利用して生きるんだぞというメッセージを送ってくれた」のだ。生活水に使えるぐらいきれいな水を川は提供してくれた。津波で自然の脅威を経験したが、同時に自然の恵みとありがたさをしみじみ実感した。豊かな自然と共に生きるという原点にもどってこそのヤマ学校であり、この自然の恵みによって、住民は自然の脅威と向き合いつつ、自分たちで生きていく術を手に入れられるのである。

2 歌津伊里前を出発点として――事例が示す三つの道筋

歌津伊里前の事例は数々の重要なことがらを示唆している。それらをまとめてみると三つの項目に集約できる。

第一に、生活世界における「自然と人」「人と人」のかかわりから創出される、知識や知恵及び能力である。歴史的に繰り返し津波を経験してきた地元の先人たちによる、「てんでんさんこ」という生き残りの知恵が今でも継承されているが、そうした海の禍、つまり自然のリスクと折り合う知恵や危機に対応する集団の能力は、子ども時代のヤマ学校での遊びが原点にあったということである。

第二に、「集団の共同性」と「地域の共同性」のあり方とその関係性である。講集団である契約会が伝統的に培ってきた共同性によって、東日本大震災で被災した際に、伊里前という地域の住民の生き残りをかけた危機対応能力を発揮した。

第三は、「伝統の再創造」である。震災という危機を契機として、ＲＱといった緊急支援活動をするＮＰＯや、被災後に伊里前に住みついて、子どもたちに自然の中での遊びを教えているボランティアの蜘瀧さんなどの「漂泊者」と「定住者」の地元住民との出会いが起こり、かつての子どもの遊び場としての「ヤマ学校」が「歌津てんぐのヤマ学校」という新しい形で再創造され、次第に学校教育や地域住民を巻き込みながら、地域を一体化する営みとしての意義を持ち始めている。

これら歌津伊里前の事例が指し示す三つの項目を出発点として、第三章以降の事例と連関させつつ、考察も踏まえてもう一度以下のように整理してみた。

生活世界における自然と人、人と人とのかかわり（第三章との連関）

危機は大きな変化の契機である。それは環境の変化だけではなく、自分自身が変化する契機になり、新しい学びの契機となる。何かや誰かに常に自分を守ってもらうという状況の下では、自分で自分の「生命を守る」能力は発達しない。言い換えると、自分の「生命を守る」能力を獲得するには、自分が守られていない状況にさらされる必要がある。自分が守られていない状況とは、結局のところ、自然的環境の真っただ中に身を置くことなのである。(14) 自然体験学習や自然学校であれ、ヤマ学校であれ、子どもの遊びであれ、自然に鍛えられて学ぶことの意義とは、二つあることをここで確認したい。一つは自然の「無為性」にある。そこには人間のような意図が存在しない。自然の中で遊んで怪我をしたり、虫に刺されて痛い思いをすることもあるだろうが、すべては自分が自然と折り合っていく能力をつけるための厳しい学びとして受け止めることができる。二つ目は、その厳しい自然とどう対峙していくかを指導してくれる先輩や、蜘瀧さんのような大人は、子どもにとっては頼もしい存在となる。自然と向き合う学びは、健全な人と人との人間関係を生み出すのである。

伊里前の事例に見るような生活世界における人と自然とのかかわりは、農山漁村の文脈では、生涯というスパンで見る必要がある。自然とかかわる学びは、子どもの遊びのみならず、海が荒れれば生死にかかわる漁の営みなど、自然と対峙しながらの生業、釣りや狩猟、キノコ採りなどの半生業、習俗といった多岐にわたる領域で起きてくる。第三章では、こうした自然と人、人と人の関係性が織りなす生活世界の共育に着目し、それを構造的に解き明かし、その共育の培う創造性や共同性の源を探っていく。

集団の共同性と地域の共同性（第四章との連関）

講の持つ多様な機能を達成するための共同性が培う集団の潜在能力、あるいは個人の潜在能力の集合は、地域社会に潜在している能力のプールとして捉えてもよいだろう。普段は定期的な集会、作業や行事を通しての交流に終始しているが、いざ自然災害などの危機が訪れたときには、講で培った共同性が持つ潜在能力を通して、その「潜在的可能性」が顕在化することを如実に示したのが、この伊里前契約会の危機対応の事例だと言える。契約会は歴史的にも山林の入会地を保持し、以前から自治的機能を持ってきたので、特に大きな力を発揮できたのかもしれない。こうした活動で蓄積してきた知識や経験に加え、情報にアクセスすることなども、緊急時には重要な要素となるが、その際も、メンバーの持つ情報は講で培った面識ゆえに信頼度が高く、早急な決断や行動につなげることができる強みも持ち合わせている。このことから、防災や災害の危機対応のみならず、地域の防犯対策なども、こうした講の仕組みから学び、防災や防犯に一見関係ないような地域の自発的小集団の日常的な交流活動を支援して、人と人とのネットワークや集団の能力形成を強固にしていくことも必要だと思われる。重要なことは、その共同性を支える人間関係や能力形成は、子ども時代の仲間との遊び、及び森林資源管理などの共同作業で培われたということである。この伝統的集団としての講の持つ潜在能力については、第四章の三山講の事例で詳細に取り上げ、また、一集団の共同性と、それらが多層的に存在する地域全体における共同性はどう関係するのかという視点も含めて見ていきたい。

伝統の再創造（第四章および第五章との連関）

震災前、伊里前小学校では、地元の漁師などの住民の力を借りて自然を生かした総合的学習を実施しており、小規模な地域ぐるみの教育の姿がそこにはあった。ところが、以前誰もがやっていたヤマ学校はいつのまにか姿を消していた。そして震災と大津波を契機に、RQや自然学校という外からの新しい要素が加わり、蜘瀧さんによってヤマ学校が復活した。ここで重要なことは、地域の復興の際に、住民がインフラでも産業復興でもなく、まず神社と学校の清掃を優先し、地域の精神的な拠りどころや未来の地域の発展を担う子どもたちの成長に希望を託したことである。こうした住民の価値観をふまえ、蜘瀧さんは単に自然体験を教えるのではなく、地域の文化や伝統、民間信仰の学びや歴史的な気仙街道の学びもヤマ学校に取り入れた。地元のヤマ学校という「伝統」が「再創造」されたのである。そしてその一部は小学校の総合的学習とも融合され、新しい局面を持つことになった。学校側も、この力は学校教育のみでは身につかない力であることを被災して実感したからこそ、ヤマ学校を支援した。そのためには、ヤマ学校の現場となる伊里前の山と川と浜や海を守ることが人づくりにつながってくる。つまり、人間だけでなく、自然的環境とそこに生かされている様々な生き物の「生命を守る」ことが、人の「生命を守る」ことになる。伊里前の防潮堤計画の見直しの陳情は、実のところは人と自然の共同体による陳情なのである。この「歌津てんぐのヤマ学校」の事例は、内発的発展のプロセスである「伝統の再創造」を示しており、「伝統の再創造」は第四章や第五章の「自然学習」の事例でも繰り返し立ち上がってくるプロセスとして注目したい。

注

（1）講についての詳しい説明は第四章の1の「講」の記述を参照されたい。
（2）日本の農村における労働交換による伝統的な相互扶助の仕組み。
（3）小牛田（兒子多、子牛田、金高田）山神：宮城県を中心に、福島・山形などに広く見られる。宮城県小牛田町の山神社を信仰し、安産・子育てを祈願する女人講（「小牛田山の神講」）によって造立されたもの。今で言えば「子育てサークル」かもしれない。（出典：道端の石碑たちホームページ、「石碑のいろいろ」、http://www.phoenix-c.or.jp/~billanc-/machikado/sekihi/setumei.htm 二〇一二年十一月三日閲覧）
（4）詳細は序章の「調査地と調査方法及び調査日一覧」を参照されたい。
（5）この校長は被災後三月三十一日に別の小学校へ転任している。

（6）宮城県栗原市栗駒山に拠点を持つ自然学校。

（7）ユネスコスクールは、一九五三年、ＡＳＰｎｅｔ（Associated Schools Project Network）として、ユネスコ憲章に示された理念を学校現場で実践するため、国際理解教育の実験的な試みを比較研究し、その調整をはかる共同体として発足した。世界一八〇か国で約九千校がＡＳＰｎｅｔに加盟して活動している。日本国内では、二〇一二年十二月現在、五五〇校の幼稚園、小学校・中学校・高等学校及び教員養成系大学がこのネットワークに参加している。文部科学省および日本ユネスコ国内委員会では、ユネスコスクールをＥＳＤの推進拠点と位置づけ、加盟校増加に取り組んでいる。（出典：ユネスコスクール公式サイト http://www.unesco-school.jp/ 二〇一三年八月二日閲覧）

（8）二〇〇八年に改訂された文科省の新学習指導要領は「確かな学力、豊かな人間性、健康・体力の知・徳・体のバランスの取れた力」（文部科学省 2010）である「生きる力」を育むための指針を核に据え、「総合的な学習の時間」の導入によって、子どもたちが教科書から離れ、地域社会の人々や自然とかかわりながら、様々な知識や情報を統合していく方向性を示している。

（9）一八八六年生まれのドイツ人の教育者。世界共通の大学入学資格を含む国際バカロレアに基づく国際教育組織、United World College の最初の一校である Atlantic College 創設に寄与した。

（10）本名は八幡明彦。被災地型自然学校「てんぐのヤマ学校」代表。元々は蜘蛛の研究者で、イソゴモリクモの論文を書いている。スパイダーマンと名乗る。震災後ＲＱ市民災害センターの活動に関わり、歌津に住民票を持つ。（出典：歌津てんぐのヤマ学校ブログ http://utatsu.blogspot.jp/ 二〇一三年八月三日閲覧）

（11）さえずりの谷で遊んだ子どもは「スパイダーは、ぼくたちにいろんなことを教えてくれる。マッチ三本だけでスギの葉に火をつける方法や、竹をのこぎりで切ってコップをつくる方法を、教えてもらった。それから、また津波が来てもにげられるように、山の中の道も教えてもらった。そのほかにも、海の水をくんで塩をつくったり、その塩で氷をひやして、いろんなあじのアイスをつくったりもした。どろんこをまるめて、灰のつぼに入れて、カイロをつくったこともあった。スパイダーはなんでも知っている」との感想を書いており、ヤマ学校での学びの内容が見て取れる。(出典：歌津てんぐのヤマ学校ブログ http://utatsu.blogspot.jp/ 二〇一三年八月三日閲覧)

(12) Tokyo Peil の略としてT・P八・七メートルとも呼ばれる。東京湾平均海面を基準とする。

(13) 国土交通省、「河川・海岸構造物の復旧における景観配慮の手引き」、平成二十三年十一月。(http://www.milt.go.jp/river/shinngikai_blog/hukkyuukeikan/tebiki/tebiki.pdf 二〇一三年八月五日閲覧)

(14) 宮城県のくりこま高原自然学校を主催し、震災後はRQ市民災害救援センターの現地本部長でもあった佐々木豊志は、コンフォートゾーン(Cゾーン)(難波 2006) という安定した場を自らの意思で出ることが自然体験学習における冒険であり、それは「初めての体験」、「未知の世界」、「先が見えない」、「結果が補償されない」、「容易に解決しない」、「不慣れ」、「居心地が悪い」、「不安」といった状態へ移行することだとしている(広瀬ほか 2013：76)。

第三章

生活世界から探る内発的発展

——宮崎県綾町上畑地区——

1　自治を育む人々

はじめに

日頃から遊びや生業などを通して対峙する自然から学ぶことが、自然災害の際の危機対応能力にもつながるということを示した伊里前の事例をふまえ、この章では、地域の自然や社会に根ざし、教え合い、学び合いが一体化したような基本的な生活世界における共育の実態を見ていくことにしたい。そのために、二つの中山間地域に位置する共同体の生活世界の扉を開いてみよう。

一つ目の地域は宮崎県綾町《あやちょう》の上畑地区である。実はこの綾町を内発的発展のモデルとして捉えている研究が二つある。それは保母武彦（1996）と池田清（2006）の研究である。しかし、筆者が最も興味を持ったことは、綾町が一九六五年に全国に先駆けて区長制を廃止し、自治公民館制度に一本化したという事実である。住民自治をほぼ半世紀も持続し、実施している地域共同体の生活世界から見えてくる教育や学習とはどのようなものなのかと、大いなる関心を持って調査に入った。

二つ目の山形県西川町の大井沢地区は、温暖で南国の穏やかな自然に恵まれた綾町とは一変し、半年以上も深い雪に閉ざされ、厳しい自然と向き合っている地域である。この大井沢の自然と住民たちと学校の協働で生まれたのが「自然学習」という大井沢小中学校独自の課外授業であるが、その独創的な活動と理念は、始めた当時から全国的にも注目を浴び、以後長年にわたって教育界でも評価されてきた。この「自然学習」については第五章で詳しく取り上げることにし、本章では、朝日連峰や出羽三山に挟まれた豪雪地域で、厳しくも雄大な自然と日々向き合って生活する大井沢の住民たちの「内なる創造性」の驚異の内実を解き明かしてみたい。

綾町の概要と歴史的背景

まず綾町を形成する風土と、風土が育む産業やその歴史的背景から見ておく必要があるだろう。綾町は宮崎県の東諸県《ひがしもろかた》郡に属しており、三方を九州中央山地国定公園の険しい山々に囲まれ、唯一その東側が宮崎平野へと開かれている。県庁所在地である宮崎市から約三〇キロメートルの距離にあり、鉄道のアクセスはない。綾町の中心はその北部を流れる綾北川《あやきたがわ》と南部を流れる綾南川《あやみなみがわ》の二つの川に挟まれてできた平地にある。照葉樹林の山々に囲まれ、温暖な気候の綾町は、典型的な中山間地域に位置している。

この綾町の発展の礎を築いたのが、一九六六（昭和四十一）年から一九九〇（平成二）年まで二五年間連続六期務めた郷田實《ごうだみのる》前町長である。郷田氏の政治的キャリアは、一九五四（昭和二十九年）に綾町の助役になった時から始まった。まさにその頃、宮崎県は綾川総合開発事業（一九五六―六〇年）に着手した。それは豊かな自然資源（森や川）を経済資源として商品化し、綾町外の地域の重化学工業資本の電力エネルギーとして利用することを目的とした事業であった（池田 2006：169）。ところが、町の期待に反して、綾川総合開発事業は地場産業の鮎漁を壊滅させただけでなく、町民一人あたり所得水準を上昇させなかったばかりか、町の構造を急激に変化させた。町の人口は事業関係の建設のために綾町外から転入してきた短期労働者も加わって一九五八年に一万二三二二人のピークに達するが、一九七〇年には七七四八人にまで急激に減少し、一九七〇年に過疎地域対策緊急措置法にもとづいて過疎地域振興市町村の指定を受けるにいたった（池田 2006：170）。こうして町民の多くは事業関係、特に森林伐採などの一時的な雇用を得るという恩恵に与ったものの、事業の終了とともに、これらの雇用は甚大な面積の森林とともに消えていき、失業と不況の問題のみが残された。事業は典型的な外発的開発であった。

自身が綾川総合開発事業を推進した反省もあり、郷田氏は綾町の再生をかけて区長制を廃止するという大胆な発想をし、一九六五年に全国に先駆けて自治公民館制度に一本化した。住民自治の力をつけるためであった。そして翌年町長に就任してからは、綾町の照葉樹林を伐採の危機から守って保護し、自然生態系農業（有機農業の先駆け）を推進する一方、陶芸や、木工芸、ガラス工芸や織物の職人の綾への移住を推し進めるために、数々の奨励策を行ってきた。また、酒造会社の工場や直販店も誘致し、さらに一九八三年に建設した吊り橋は奥山にある照葉樹林へのアクセスを可能にし、当時世界

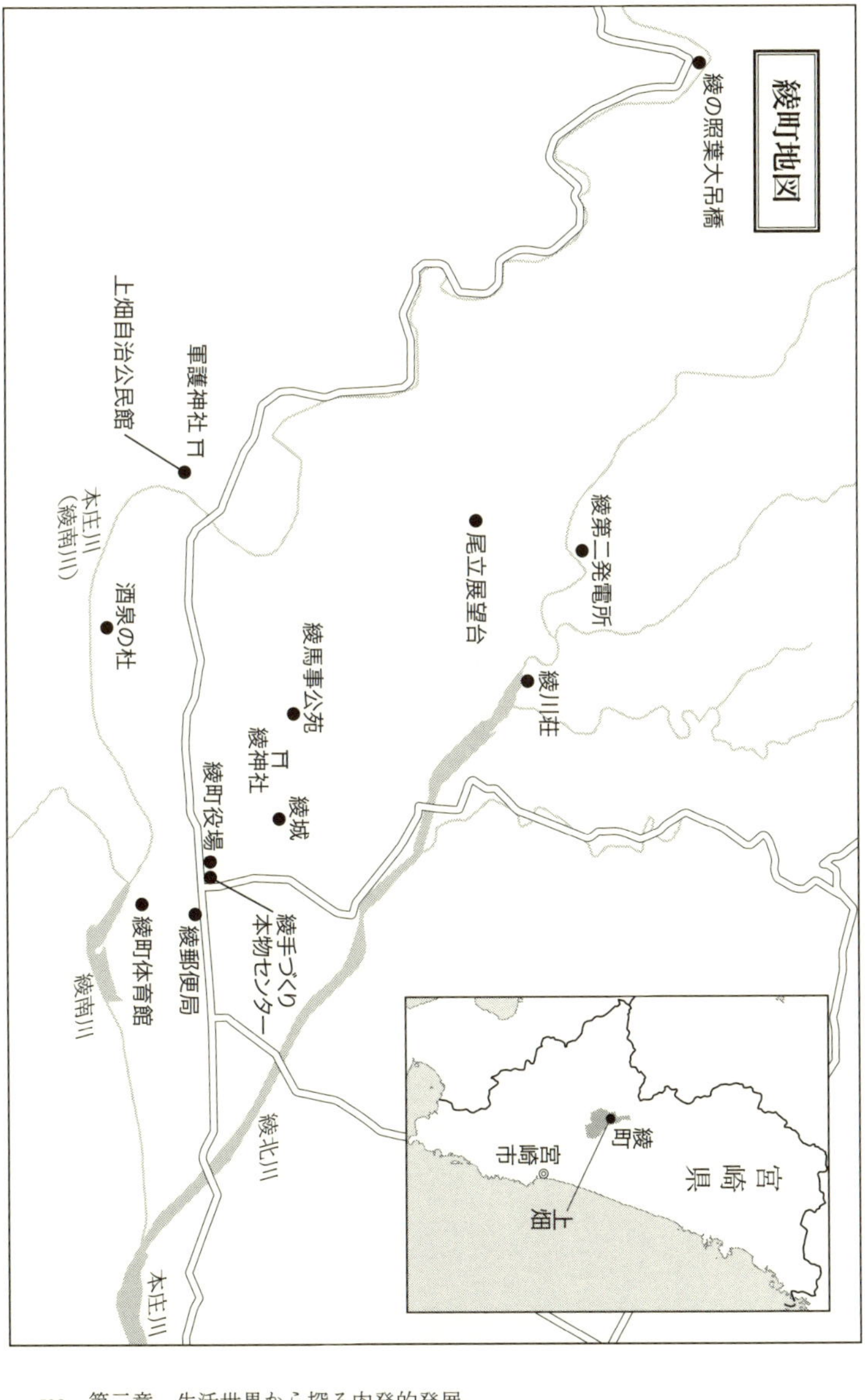
綾町地図
綾の照葉大吊橋
上畑自治公民館
軍護神社
本庄川（綾南川）
酒泉の杜
尾立展望台
綾第二発電所
綾馬事公苑
綾神社
綾川荘
綾町役場
綾城
綾手づくり本物センター
綾郵便局
綾町体育館
綾南川
綾北川
本庄川
宮崎県
綾町
宮崎市
上畑

で最も標高の高い（一四二メートル）歩行者用の吊り橋として有名になった。結果として、綾町を訪れる観光客の数は一気に増加していった。これらの施策は一見何の相互関係もないように見えるが、ほとんどは綾の地元の自然資源、つまり森林や土、地下水などを活用している。現在の前田穣町長もこの方向性を継承しており、その成果として綾町は日本で五番目のユネスコエコパークとして二〇一二年に登録されている。このことから、綾町の再生の成功を行政や為政者的な視点から捉え、内発的発展のための施策をもって成功した郷田氏の政治的手腕に負うと捉えることは一理あるだろう。しかし、郷田氏の業績はそのような視点の域を超えたところに位置している。そのためには鶴見和子の内発的発展論に立ち返らなくてはならない。

鶴見の内発的発展論から紐解く綾町の発展

第一章でも触れたが、鶴見（1999）は「伝統の再創造」の重要性を強調している。このことから、鶴見（1989, 1999）は「伝統」を世代から世代へわたって継承される「型」あるいは構造と定義し、伝統を「意識構造の型」「技術の型」「社会関係の型」「感情・感覚・情動の型」という四つの型に類別している。実際、郷田氏の施策を分析、考察していくと、彼は町づくりの手法として外部の要素にも開きつつ、これらの四つの伝統の型に従ってそれらを再創造していたことが見えてくる。

（1）意識構造の型　まず、郷田氏は、綾の森と川が育む「黄金のアユ」など、ローカルな文化や価値観を包括的に理解しており、独学で学んだ「照葉樹林文化論[1]」といった科学的知見をもとに、綾の照葉樹林を開発から守るために、伝統的価値観を現代的な自然保護の概念として再創造したのである。大吊り橋を建設したのも、観光のためというよりは、照葉樹林の森がより多くの人々に愛され、守られることを願ってのことだった[2]。

（2）技術の型　郷田氏は、伝統的技能にルーツを持った自然生態系農業や工芸を導入することで地元の農業や地場産業を再創造した。しかし、自然生態系農業促進の引き金となったのは、彼が書物から得た生態系に関する科学的知識だった。また、巨額のインフラ整備を必要とする企業誘致よりも、人間の技と創造性で勝負する工芸を重点的に促進したことも、住民主体の町づくりに価値を置く郷田氏の理念に負っている。

（3）社会関係の型　郷田氏は現代的な自治システムとして自治公民館制度を採用したが、彼のビジョンでは、それは伝統的な「結い」の精神と仕組み[3]の再創造だった。

（4）感情・感覚・情動の型　最後に、伝統的な踊りや祭りであれ、郷土料理であれ、農作業であれ、郷田氏は、常にそういった住民の創造性がもたらす楽しみに価値を見出しており、それがこの第四の型につながっている。郷田氏は、住民の手作りの農作物や工芸品を各自治公民館ごとに展示する手作り文化祭を毎年秋に開催し、それを町外にも開放することで、綾町民が広く宮崎市民や近隣の市町村からの住民と共に綾の「生活文化」を楽しめるようにした。

興味深いことに、郷田氏の発想や思想、ビジョンなどを住民が学んだのは、自治公民館制度という媒介があって可能になったということだった。郷田氏は自治公民館制度を利用し、数多くの寄り合いや会議に参加し、地元住民と議論し、話し合ったのである。あるとき、ある住民が私に誇るようにこう言った。「町政座談会っちゅうのは綾のユニークな文化でね、もう五〇年も続いちょりますからね」。綾の町政座談会も郷田氏が始めたものである。これは毎年恒例となっており、二二地区すべてで実施されるので、すべてを終えるには数カ月かかる。町長や役場の管理職メンバーが直接地区住民と膝を突き合わせて、町の基本計画や問題点、住民の福利厚生などについて率直な意見交換や議論を交えるのである。このように、議論や討論という形での学びが伝統となって自治公民館制度を今も支えている。

上畑地区の概要

上畑地区は綾町の西部に位置し、九五世帯、六五戸、二二八人の人口を持つ。(4) 郷田町長時代から自治公民館活動を活発に行ってきた地区として役場からも評価されてきたが、何よりも町の中心から綾南川で地理的に分離されているという独立性や自立性と、歴史的には旧綾村に隣接する旧入野村の集落として、独自の内発的発展を遂げてきた一つの地域共同体として捉えることが可能であり、内発的

図 3–1　上畑地区の春の風景
（2010 年 2 月筆者撮影）

ＥＳＤを歴史構造的に提示する優位性を持っていることを重視し調査を実施した。地区内は東班、西班、南班、坂下班の四班から構成され、人口構成は、二〇〇九年のデータによると、六〇歳以上が一〇八人で地区の総人口の四三％（綾町役場 2009）を占めている。のどかな田園風景を持つ上畑地区は典型的な農村集落と捉えられがちであるが、日本各地でも見られるように、上畑地区においても専業農家は少なくなり、兼業農家や自営業、サラリーマンが住民の大半を占めている。また、この地区は「綾の照葉樹林プロジェクト」[5]の拠点である川中地域の入口に位置している関係で、自然保護協会が全国で支援・実施している「ふれあい調査」[6]にも参加している。そして二〇〇八年から二年にわたる調査の結果「綾町上畑ふれあいマップ」を完成し、地区住民参加による地域づくりを積極的に推進している。

六つの生活機能から生活世界の共育を探る

インフォーマル領域の共育の質的内容の抽出方法や、分析の方法論については、明確なマニュアルもモデルもない。よって、特定の教育や学習の場が設定されておらず、地域内のあちこちで偶発的に起きている住民たちの学び合いや教え合いは、時間をかけ、できるだけ多く、しかも広範な年齢層の住民から丹念に聞き取りながら多様な教育や学習の内容を記録し、蓄積するという質的調査が中心となった。(7) この調査手法で浮上してきたのが、「自治公民館運営」「自然生態系農業」「遊び仕事」「家庭や地域の生活の規範」「子ども時代の遊び」「習俗」という、上畑地区の六つの生活機能である。この六つのカテゴリーをあえて「生活活動」ではなく「生活機能」と呼ぶことにしたのは、綾町民が郷田前町長時代から長い年月をかけ「生活文化」を大事にする町づくりを行ってきた土壌を反映するためである。その生活文化を創造し、持続していくために、地域共同体が価値を見出す様々な「機能」(セン 1992=1999)を達成していくことが、ひいては内発的発展につながっていると本書では捉えているからである。以下、実態が把握しにくい日常生活のやりとりの内実に迫るため、これらの六つの生活機能にかかわる共育の背景や内容を具体的に説明していく。

自治公民館運営

地区の自治は自治公民館活動への地区住民の参加と、自治公民館役員たちの無償奉仕に近い相互関係で成り立っている。このような人間関係は、後述する家族、班、地区レベルでの地区住民の多様な生活機能によって支えられているが、加えて自治公民館のクラブや部会がそのメンバー間の年齢の違いを超えた人間関係を育んでいる。初めて役員のメンバーになったものは「やりながら学ぶ」試行錯誤方式で任務をこなしていくが、必要な時は旧役員から先輩としての助言も求める。毎月の定例役員会では、熱心なメンバーが役員会の後も残って、時には真夜中まで役員会では深く詰めて話しあえなかった問題や、議題以外の非公式な問題について話しあうこともある。時折、異なる視点や考え方を持つ先輩や後輩の間で活発な議論や口論が起こることもある。「自治公民館の役は順番にほぼ回ってきますわ。自分ももうやった。お前もいい年やっちゃ、役をやれと言う風に回ってきますわ。役も慣れてくると言いたい放題になるし、意見もぶつかるしね。相手が年上だろうと言いたいことは言いますよ」と、当時子ども会の担当だった中村貴幸さん（四一歳）は語る。また時には、新任の自治公民館長が役員会の新メンバーの候補を考える時、将来地区のリーダーとして有望だと思う若い世代を選び、補助的役割からまず始めさせ、自分の任期の間に時間をかけて彼らを訓練していくこともあるという。

自然生態系農業

上畑地区のほとんどの農家は専業であれ兼業であれ、自然生態系農業、あるいは減農薬農業を行っている。農協による技術指導があるにせよ、そのような農業のやり方は試行錯誤を要するので時間的にも労力的にもかなりの負担がかかる。例えば上畑地区で最も大規模に農業を経営している農家では、多くの失敗を繰り返しながら、自分の耕作地に最も適したたい肥は米ぬかと綾町の錦原地区の牧場から購入する馬糞を混ぜて発酵したものだという結論に至ったという。馬糞は食物繊維が多いし、発酵温度が高く、たい肥のなかでも最もいいものだとされている。三輪喜久雄さん（五七歳）は、特に土づくりの大事さを強調している。「土んためには野菜の種類を替えんといけんのです。同じもんを同じ土でずっと作っちょると土には良くない。例えばしょうがを一度植えたら、四年は間をあけんといけんのですわ。そら体験でわかってくることで、失敗もしちゃったが。あと先代の言い伝えもあるけんね。そら農業をやっちょった親とか近所の農家の人々から学ぶんです。言い伝えは確かに一理あるんで先代の知恵に本当に感心しますわ。あとは飲み会などでも長老たちから助言をもらったりしてね。もちろん信頼する人にだけ相談しますわ。そうするとそれをつくるんならあん人に聞くんが一番いい、みたいな情報をくれるんです。商業ベースに限らず、自給自足の家庭菜園やっちょる人もいるけど名人は名人ちゃがね」。このように農業を営む人々は自らの経験を蓄積した知識や、文字や言葉では説明できない身体が獲得した知識を持ち、そういう農法や技術などを地域社会の中の特定の人々と情報交換している。

遊び仕事

上畑地区では、マイナーサブシステンス（松井 1998）と呼ばれる半生業の営みについての情報には事欠かなかった。鬼頭（1996）はそうした営みを「遊び仕事」と呼んでいる。自分の祖父が猟師であったという八四歳の長老格の押川文幸さんによると、上畑の住民はシカ肉や猪肉をずっと食しており、上畑の猟の歴史は八五〇年ほど前までにさかのぼるという。

現在上畑地区には猟を職業とする住民は一人もいないが、綾町には地元の猟友会があり、約三〇人の猟を趣味とする人々が所属している。そのうちの二人は上畑地区の住民である。その一人である小西俊一さん（五三歳）は、地元では名人と呼ばれ猟の仲間内で尊敬されていた父親から、猟の技術を継承している。しかし、その名人も二〇〇八年に八一歳で亡くなった。小西さんの話では、猟の新人は先輩から猟をするための生活知(8)を学ぶ。特に猟特有の言葉遣いを学ばなくてはならない。例を挙げると、ウジとはけもの道のことであり、ヘゴはシダのこもったところでイノシシが好んで寝る場所、マブシは逃げてきた獣を待ち伏せする猟師、勢子《せこ》は犬を使って獣を捕える猟師のことである。また、山中での目印となる木や岩、谷沢、土管などに特別な名前をつけて覚える。山の神の小さな祠や石碑、廃墟となったかつての炭焼き小屋なども記憶する。猟にはこのような知識と身体感覚を動員するが、視覚的に山の形を覚え、けもの道を認識することはもとより、猟のシーズンが十一月十五日から三月十五日までであるので、日の高さと位置を秋、冬、春などの季節ごとで覚えたりすることも重要になる。このようにして、猟の伝統的な慣習や実践などが世代から世代へと受け継がれてきた。

同様に上畑地区では綾南川での釣りは大変人気のある遊び仕事であり、地区内には多くのアユ釣りの名人がいることもわかった。名人の何人かはすでに亡くなっているが、その息子たちが後を継いで名人になっている。現役のアユ釣り名人である宇都武士さん（六四歳）の父、定男さんは、アユ釣りを遊び仕事ではなく専業とし、その稼ぎだけで四人の子どもを立派に養った。名人たちはたいてい自分の息子に釣りの手ほどきをするが、武士さんも父から手ほどきを受けた後、釣り道具づくりや釣りの技術を磨いてだんだん自力で釣りを始めたという。「小さい時から家の加勢をさせられましてね、その一つがアユかけで、中学一、二年のころにやっちょりました。おやじについていってね。最初はおやじの見まねをやっとったとが、最後は自分独自の釣りをするようになってね。さおも自分で竹を取って、焼いて、あぶら抜きをして細い竿をつくるけんど、これは一般の人が使う竿を見て自分でやってみるようになったんですわ」。

押川文幸さんも父親からアユ釣りを伝授された。「おやじから取り方を教わりました。子どもたちはいつもナイフをもってて、それでアユをさばいてわたをだしてましたなあ。当時は水車があったっちゃが、しらはえ[9]のころ水車のなかみぞあたりに、馬の尻尾でつくった釣り糸にいなごを針で通して、それたらしてアユを釣ってましたねえ」と懐かしそうに語る。宇都武士さんによれば、アユの質の良さは、石の苔で決まるが、それはおそらく山の岩盤が問題で、さらに石灰岩の多い川は大雨が降ってもすぐきれいになるという。最近の放流されるアユは産卵時期も早く、かつては一匹狼的な習性があったものが、いまは集団行動する習性へ変化しているとのことだった。このように、アユ釣りを通して、川や、川の石、川の水質やアユの質の変化についても住民は熟知している。

家庭や地域の生活の規範

親によるしつけを通して、子どもたちは規律や他人、特に大人に対する態度、基本的なマナーやあいさつの仕方などを学ぶ。上畑は基本的に農村集落であり、典型的な家屋形態は、世帯主の母屋を中心に、分家家族の家屋が同じ敷地内にあることが多い。この大家族的な環境の中で子どもたちは、親に限らず兄や姉、祖父母、叔父叔母や隣人などからも育てられていく。「悪いことをした子どもは叱りますよ。地区内だったら観光客の子どもを叱ることだってありますよ。昔は地区のみんなで子どもを叱ったもんです。子どものしつけは大人の責任でしょ」と小西俊一さんは地域のルールを語る。

農業の機械化や家電の普及以前は、たいていの子どもたちは親の手伝いをさせられていた。それらは、農作業はもとより鶏や家畜の世話や、井戸水の運搬、風呂焚きや家の掃除、ご飯炊き、さらに季節の伝統行事の手伝いなどであった。手伝いを通して子どもたちは農作業の「いろは」を学び、農村で生きていくための生活技能や家庭におけるルールや伝統のしきたりを学んでいた。現在でも上畑地区では家風として子どもたちに掃除をしっかり教える家族がいくつかあった。綾神社や上畑の軍護神社の神官をしている榮福保さん（七四歳）は「我が家では年末の大掃除は孫たちが丁寧にやります。小さい頃からそうじなどの手伝いをせんとこづかいもあげんかった。丁寧にやり方を教えたので、孫の掃除は上手だと皆ほめてくれるようになってね」とうれしそうに語る。

社会の最小単位の学びは、生きるための基礎的な技能と日常生活をおくる知識や社会性を身につける個人の形成を助け、地区住民の聞き取りから、そのことがひいては地区共同体の人間関係形成の土台にもなっていることもわかってきた。とはいえ、年配者たちの語る子ども時代とは違って、現在上畑地区に住む二〇人の小学生と中学生の聞き取りによると、およそ半分の子どもたちが家の手伝い（買い物や皿洗い、料理、風呂桶の掃除やペットの世話など）をしていることがわかった。子どもたちは学校の勉強や宿題に加えてスポーツクラブ活動でも忙しい。従って地域や家庭での教育と学校教育のバランスをどう取っていくかが課題であることが見えてきた。

子ども時代の遊び

今でこそ自然体験教育や森の幼稚園など、子どもを実際に自然的環境の中に置き、植物や生き物の観察をさせたり、自然の中での遊びを奨励することは珍しくなくなったが、いずれも大人の管理下にある教育環境で自然体験を「させて」いると言える。しかし、かつて子どもたちは自由に野山を駆け回って遊んでいた。

上畑地区でも、川や森に囲まれている地理的条件のおかげで、昭和四十年代頃までは子どもたちは自然的環境の中でのびのびと遊んでいたと有村五男さん（六〇歳）は回想する。[10] 川では父親や先輩たちから習って作った竹を使った罠でアユやうなぎを捕まえ、春には筍をとり、野草を摘んでお茶にして飲んでいた。夏には男の子たちは森の中で一、二泊のキャンプをすることもあった。そこでは子どもたち自身が竹や灌木や木の枝などを利用し、基地ごっこのベースとなる小さな小屋も作っていた。このように、遊びを通して子どもたちは自然と直接かかわるための基礎的技能や知恵を獲得していたのであり、「僕はね、災害などで電気、水道、ガスが止まって、食料のアクセスがなくなっても、ここで生き残る自信はありますよ。ナイフとマッチと塩さえあれば」と言う小西俊一さんの言葉は、それらは大人になっても身についていて失うことはないことを物語っている。

こうして地域に住む様々な年齢の子どもたちは、かつては群れをなして遊びながら人間関係づくりを学んでいた。年上の子どもたちが率先して年下の子どもたちにルールや遊び道具の作り方を教え、先輩に世話になった後輩たちは自分たちが先輩になった時に同様に後輩の世話をするという、持続する人間関係づくりが子ども時代に遊びの中で継承されていた。「当時は地域で子どもたちを見てくれてました。いたずらをすれば怒られたけどね。まだダムができる前の時代、泳ぎも先輩が指導してくれたし、溺れることはなかったです。そういう子どもたちの上下関係は自然にありました。ガキ大将には絶対服従じゃったけど面倒をよく見ていてくれましたね」と押川文幸さんはふりかえる。また、当時二〇代後半から三〇代前半だった子どもの父親の何人かは、川で泳ぐ季節になると子どもたちの世話にいそしんでいたという。榮福学さん（五〇歳）は次のような川遊びの思い出を語ってくれた。「川では小さい頃は監視などなかったがね。一二、三歳の小学校高学年の子がちゃんと下の子たちの監視をしていたもん。ひこおいちゃん、よしおいちゃん、ともこのおやじなんかが子どもたちの水泳の特訓をしちょったなあ。瀬口のおっちゃんは台風の後の濁流に子どもに縄をつけて投げおった。だから子どもは死に物狂いで泳ぐしかなかったっちゃ」。

『綾郷土史』（綾郷土史編纂委員会 1982：1142-1156）にはかつての子どもの遊びの種類が細かく記載されており、その数は全部で九六にものぼる。これは当時の子どもたちの創造力の驚くべき豊かさを示している。年配者の聞き取りでは、子ども時代には親は農作業が忙しくほとんど自分たちにかまうことがなかったので、夜の八時ごろまで外で遊びまわっていたという。その後次第に学校教育が競争的になり、昨今は小学生も私設のスポーツクラブに入って活動しているという。こうなると、豊かな自然的環境に恵まれていても、昨今の小学生は勉強とスポーツに多くの時間を費やし、自由に外で遊びまわる経験が少ない傾向にあることは否めない。

習俗

綾町の二二地区中八地区（上畑、宮原《みやばる》、神下《こうげ》、西中坪《にしなかつぼ》、麓《ふもと》、二反野《にたんの》、杢道《もくどう》、倉輪《くらわ》）で筆者が実施した聞き取り調査では、現在でも頼母子講《たのもしこう》、社日講《しゃにちこう》、弁財天講、馬頭観音講、えびす講、太子講など少なくとも一四種類もの講が存在することが判明している。それぞれの講は行事や儀式を定期的に行っている。この意味でも綾町は伝統的な習俗に事欠かない。上畑地区でも社日講[11]などの伝統行事や、俵踊りという伝統芸能、地域葬や宗教儀礼などの多くの習俗が比較的よく残っている。以下それぞれを詳しく見ていきたい。

（1）伝統行事　上畑地区の班はだいたい一〇戸から二〇戸からなっている。この単位は伝統行事の実施の単位でもある。例として、田の神に感謝する行事の社日講は、もともとは一年に二度ある彼岸の時期に、班のなかの持ち回りで一戸が宿となり、班の住民をご馳走でもてなしていた。[12]このような伝統行事は春の田植えの季節には豊穣を祈願し、秋には収穫の恵みを自然の神に感謝すると同時に、「結い」に象徴される相互扶助の関係性の構築にも寄与していると考えられる。東北では、伊里前の千葉正海さんのいうところの「結っこ」にあたる。このようにして班の住民は相互扶助精神、あるいは「結い」、そして地域のローカルな神との関係性を確認するのである。社日講で班の住民をもてなす「宿」は何十人もの人々の食事や飲み物を準備するという大きな負担を強いられるが、大抵五年から一〇年に一回の持ち回り制で、「お互い様」の精神で行われていた。この班レベルの伝統的なもてなしの行事で重要な役目を果たすのは「宿」を務める家の女性たちであり、「にごみ」[13]と呼ばれる郷土料理や「宿」のしきたりや習慣などを母から娘、姑から嫁へと継承してきた。現在は高齢化もあって、上畑地区では自治公民館活動に社日講が吸収されたが、宮原地区や杢道地区などは今でも班レベルで社日講を実施している。

（2）人生儀礼　葬式は昨今では商業ベースで行われることがほとんどであるが、かつては土葬であり、地区住民の手によって行われていた。[14]人々はお互いに助け合って伝統的な用具や道具を作り、各自の年齢や経験と技能の熟練度に合った儀礼の任務を遂行していた。この意味では、人生儀礼は基本的な工芸技能や郷土料理の調理、伝統的慣習などの文化的学びの宝庫である。伝統的な地域葬であると、その喪主の属する班のメンバーが労働の分担によって葬儀を準備し遂行していた。そして「主取り」と呼ばれる地区の長老格の住民が、担当する班のメンバーと緊密に連絡を取りながら葬儀のすべてのプロセスの監督と指揮をとる。現在まで二〇年間も主取りを務めているという宇都重男さん（七三歳）が、精進料理について話してくれた。「葬式に出す料理は、前ん晩役員が集まって材料を決めるんじゃけんど、ニンジンが何十本、油げが何十丁とか書き上げてな、百人から一五〇人分くらいの飯を平がまで焚かせて、折につめるんじゃ。吸いもんも、そうめんを湯がいてだしをとって、みんなにふるまうけんど、そん前にわしがぜんぶ味見をすっとよ。まずいもんは作り直させてな。わしゃあ厳しいんじゃが」。現在では葬式は葬儀社に任せるが、納骨の際は上畑住民が参加するという慣習がある。納骨は何日の何時であるという情報が地区中に連絡され、住民は時間がくれば行くのが当然と考えて納骨に参加するという。よそからきた嫁は、地区のあちこちから百人もの住民が次々と墓地の納骨に集まってくるという風景にいたく感動するという。

（3）宗教儀礼

上畑の住民は山の神、水の神、氏神、牛神などを拝んでいる。こうした神々は自然と人間の関係を象徴し、このような人と神々との精神的な関係が、伝統的な暦に埋め込まれた儀礼や慣習によって継続されていく。氏神は集落が根ざす土地にまつわる神であり、上畑の場合は地区の田畑を一望できる小さな丘の上の軍護神社に祀られている。上畑の住民の多くが氏子であり、各家々に小さな祠を持っている。子どもたちはそれぞれの行事の準備や儀礼にかかわりながら家のしきたりを学んでいく。地元に生まれ育った榮福三奈子さん（四二歳）は、「ここでは本家、分家などがあるお宅では十二月三十日に本家でもちつきをするんです。それから一月二日に本家で山の神、氏神、お窯《かまど》さま（窯の神）へ感謝のお供え物をするんです。米、塩、水、いりこ、野菜をお膳に乗せて供えて五穀豊穣を祈ります。もちろん宮司さんを呼んで御祈祷をしてもらいます」と詳しく説明してくれた。また、氏神の儀礼は自治公民館の年間行事の随所にも登場する。正月の元日には地区の老若男女が日の出前に軍護神社に参拝した後、自治公民館の前の広場に集まり焚火を焚く。そして、日の出を見ながら「一月一日」の唱歌を年男、年女が前列でリードしながら参加住民全員で歌うのである。これは自治公民館の恒例行事であり、歌を歌った後は地区住民が猟で仕留めた猪の鍋を皆で楽しむ。四月には自治公民館の総会と共に社日講の行事が行われるので、参加住民全員の前で軍護神社の宮司が氏神への祝詞を捧げる。また十一月の軍護神社の秋祭りは自治公民館の重要な行事である。毎年十二月の第二日曜日には各班が持ち回りで軍護神社のしめ縄づくりをし、新年の行事に備える。しめ縄の作り方も地区住民の中で継承されていく。

上畑の生活世界の共育を紐解く

生活世界の共育の構造

上畑地区という集落共同体における六つの主な生活機能に埋め込まれている共育を、次の**表3―1**

で「人と自然とのかかわり」「人と人とのかかわり」という関係性の視点で整理してみた。

「人と自然とのかかわり」においては、人々が自然資源（動植物）にアクセスし、あるいは働きかけながら五感を駆使して学び、自分たちの望む生活機能を達成している。言い換えると、これら自分たちの望む生活機能を日常的に達成するためには、自然資源も持続的に維持しなくてはならないという前提がある。また、こうした生活機能の達成のためには、ただ一人で自然の知識や自然材料づくりを学べばすむのではなく、自然とかかわるプロセスは、その中に社会的なルールや規範があって、人に教えたり教えられたりといった行為やコミュニケーションを通して対人能力を育てる性格を持つ「人と人とのかかわり」の共育から成り立っており、したがってこれらが表裏一体のような構造になっていると見てとれる。このことから共同体の住民の主要な生活機能の共育が、自然資源の持続性と同時に、地域社会の人間関係の相互扶助といった規範形成も担っているといった特徴が見えてきた。

さらに「人と自然とのかかわり」の共育も「人と人とのかかわり」の共育も、「知識」や「技能・能力」「価値観（精神性）」という要素からなる同じ構造であることを**表3―1**は示している。野外学習などでも野生動植物の知識や自然材料を扱う技能などの習得は可能であるが、生活世界の共育においては、共同体の歴史的文脈における自然観、世界観、信仰などの価値観を含んでいることが特徴である。同時に、共育が埋め込まれた生活機能そのものがもたらす楽しみ、いうなれば遊びや親睦などの精神的な意義に、住民が繰り返し言及しており、それが場合によっては学びの動機にもなっている。こういった精神性が深く人々の日常生活の営みに結びついており、これもまた生活機能を支える共育

表3–1　上畑地区の生活世界の共育

	人と自然とのかかわり			人と人とのかかわり		
六つの生活機能の学び	知　識	技能・能力	価値観（精神性）	知　識	技能・能力	価値観（精神性）
自治公民館の運営	地区の地理や自然環境・災害の知識	防災の能力	自治公民館主催の宗教儀礼や信仰心	自治公民館の規範とルール、地区の歴史の知識	役割分担や共同作業、リーダーシップなどの対人能力、討論能力	協働による信頼と交流の楽しみ
自然生態系農業	地元の気候、土壌、栽培作物などの知識	堆肥づくりや害虫駆除などの技術	自然との精神的関係、山の神、水の神の宗教儀礼や信仰心	畦畔焼きなどの農環境整備のルール	共同作業などの対人能力	共同性による信頼と交流の楽しみ
遊び仕事	地元の気候、植物や動物、川や森の知識	釣り竿などの細工技能と猟・釣りの技術	山の神、水の神の宗教儀礼や信仰心、自然への興味と楽しみ	釣りや猟の規範とルール	共同作業などの対人能力	共同性による信頼と交流の楽しみ
家庭や地域の生活の規範	自分の住む地区や班の領域の知識	ペット（かつては牛馬や鶏）の世話をする能力	神社参拝、氏神様などの家庭の宗教儀礼、信仰心	近所の住民についての知識	家事手伝いなどの基本的生活技能、コミュニケーションなどの対人能力	家族メンバー、近所の人たちへの信頼
子ども時代の遊び	植物や動物、川や森の知識	竹とんぼや罠づくりなどの細工技能	言い伝えと伝説や自然への興味と楽しみ	遊びのルール	コミュニケーションなどの対人能力	仲間と遊ぶ楽しみと信頼
習俗	奥山、里山、神木、石碑などの知識	しめ縄、郷土芸能の俵づくりなどの細工技能	山の神、水の神、馬頭観音などの宗教儀礼や信仰心	共同体の行事や人生儀礼のしきたり、慣習やルール	役割分担や共同作業、リーダーシップなどの対人能力	共同性による信頼と交流の楽しみ

と一体化して、分離できないものになっている。

伝統の四つの型と生活世界の共育の構造との関係性

以上の結果を踏まえ、上畑地区という集落共同体社会における六つの生活機能の共育の要素が、鶴見（1989, 1999）が示した伝統の四つの型のどの型に相当するかを整理してみると、**表3―2**が示すように、この共育の構造は、ほぼ伝統の四つの型の構造に合致することが判明した。

まず、衣食住など生活に必要な全てのものをつくる「技術の型」は生業や遊び仕事など自然資源利用から得られる「知識」や「技能・能力」から培われる。そして、世代から世代へ継承されてきた自然信仰や価値観などの「意識構造の型」は、生活機能を支える自然との生涯を通じた関係性のなかで培われる「価値観」や「精神性」から生まれてくる。一方、世代から世代に継承されてきた「社会関係の型」は、様々な生活機能を自分が達成するために「知識（ルールを含む）」や「技」を人に教わり「技能」を身につけ、住民や地区全体が達成する機能のためにそれらを提供するなどして、地域社会の人々と相互的で重層的なかかわりを持つことで形成される。そして日常生活の「感情や情動の型」はこのような重層的な人と人とのかかわりに埋め込まれている住民同士の交流や協働の楽しみによって育まれると考えられる。

表3–2　伝統の四つの型と生活世界の共育の構造の関係性

	人と自然とのかかわり			人と人とのかかわり		
生活機能	知識	技能・能力	価値観（精神性）	知識	技能・能力	価値観（精神性）
伝統の四つの型	技術の型		意識構造の型	社会関係の型		感情・感覚・情動の型

表3–3　生活世界の共育と生涯過程との関係性

六つの生活機能の学び								
自治公民館の運営								
自然生態系農業								
遊び仕事								
習俗								
家庭や地域の生活の規範								
子ども時代の遊び								
生涯過程	子ども時代		青年時代		壮年時代		高齢時代	

生活世界の共育と生涯過程との関係性

これら六つの生活機能の共育が、上畑地区住民の一生涯のスパンをとおして、およそどの辺りに位置づけされるかを示しているのが**表3―3**である。生涯過程を大まかに四つの段階（一〇代を子ども時代、二〇―三〇代を青年時代、四〇―五〇代を壮年時代、六〇代以上を高齢時代）に分けてみた時、各段階において四つの学びが高齢時代の前半まで重なりあっていることがわかる。これは、上畑地区という場と空間において生活を組み立てていく際に、これらの共育が生涯全体を通し、ほぼすべての段階において重層的かつ包括的に深く関与してくる必須条件であることを示唆している。

継承の構造

生活世界の共育の継承は、後述する大井沢の事例も裏づけしているが、**図3―2**が示すように通時的なものがほとんどである。血縁であれば親から子へ、地縁であれば先輩から

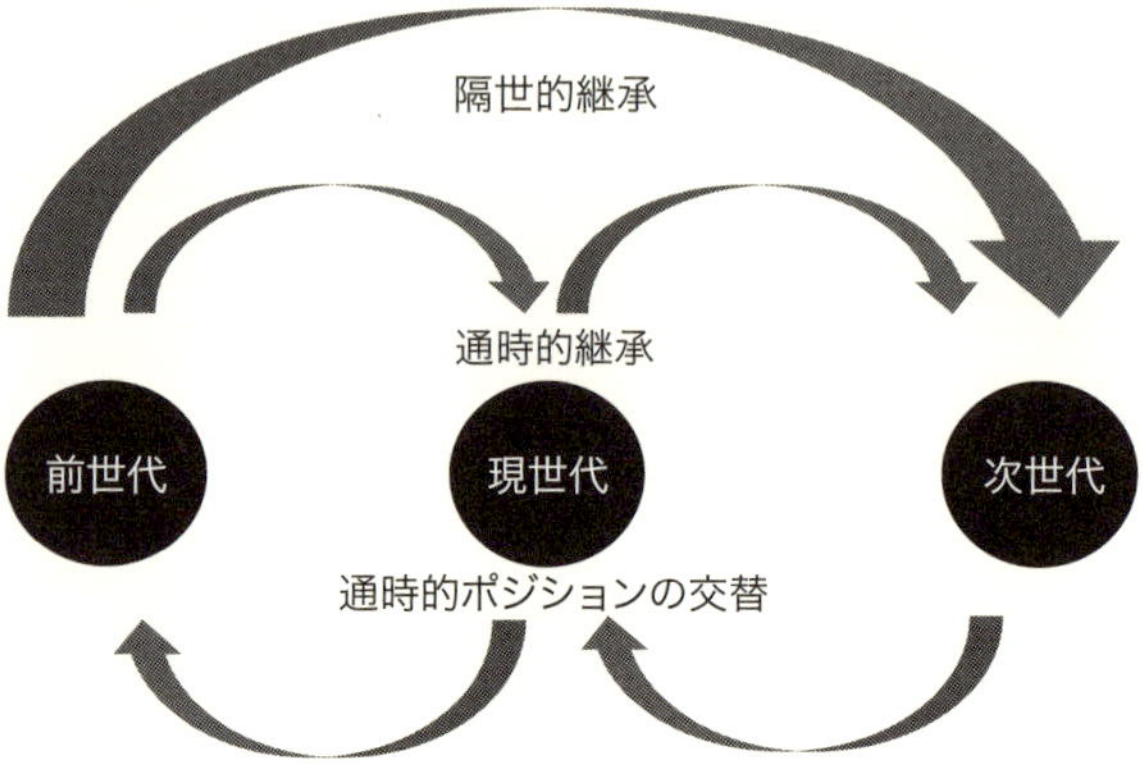

図 3–2　生活世界の共育の継承の構造

後輩へと受け継がれていく。しかし、第二章で蜘瀧仙人さんが語っていたように、祖父母から孫へという隔世的継承も少なくない。一家を支え、子育てをしている最も働き盛りで忙しい現役の親世代よりも、祖父母世代は時間的に余裕があり、孫たちに様々な遊び仕事や手仕事、民話などを伝える重要な役割を果たしていると言えるだろう。

学習の方法

上畑の生活世界の共育の学習方法については、収集したデータを分析してみると、ほぼ二つのタイプにまとめられる。一つは自分一人で学ぶ自己学習や集団の仲間同士で学ぶ集団学習であり、もう一つは他人と対面しながらの学びである。

（1）自己学習や集団学習　地元の自然から獲得する知は、大抵の場合は自分自身による観察と地元の自然との親密な接触による本人の経験から来るものである。細工や遊び仕事の技能にしても、たとえ初めは誰かに習ったとしても、次第に自身の切磋琢磨でその技能を磨いていく。自然生態系農業であれば、農を営む家族や従業員という集団の仲間同士の情報交換や創意工夫もあるだろう。子ども時代の集団の遊びも、いわゆる仲間同士の集団学習が起こっていると言える。こうして、学ぶ、教えるという意識もないまま、遊びに参加しながら子ども同士のやり取りの中で、いつの間にか様々な技能やルール、コミュニケーション能力などが身につく。

(2) 対面学習 人から教わる場合は主に二つのスタイル、つまり一(教える側)対一(学ぶ側)か、一(教える側)対多(学ぶ側)かのいずれかの方法を伴う。両方の場合において、学ぶ方法は主に口頭であり、非文字のコミュニケーションである。その際、教える者が手本を示し、時には「手取り足取り」で、学習者の体や手足の動きを実際に修正することもある。その典型的な例が上畑地区の伝統芸能である俵踊りを教えることである。身体的接触や口頭でのコミュニケーションは、母親が幼児にそうするように、人間関係を築く最も基本的な方法であり要素である。さらに非文字のコミュニケーションは嗅覚、視覚、聴覚、味覚、触覚という人間の五感を発達させる。究極的にはこの方法は、熟達した釣りや狩猟の名人が獲得するような能力や感覚、つまり直観や暗黙知の発達を促すとも考えられる。

上畑の生活世界の共育の特徴

学校教育や社会教育に関する研究はあまたあるが、学習者の学習能力や学習目標の達成度、知識の理解度などの観点から研究されていることが多い。だが、共同体の文脈においては、個人の学習能力以上に重視される要素があるはずである。ここでは、生活世界の共育のなかでも、共同体の文脈に注目して共育の特徴を取りだし、その特徴が生まれる理由を考えてみる。

(1) 自在な学び合いと教え合い　生活世界の共育においては、人に教えることや人から学ぶことは自在に起こる。教師と生徒という固定した役割はなく、こだわりもない。ある技能においては名人であっても、別の技能は人から学ぶことがある。自ら人に尋ねて学ぶこともあれば、逆に請われて教えることもある。子どものしつけに関しては、大人から子どもへの一方通行的な指導がされる点では例外だが、「家庭や地域の生活の規範」での聞き取りが示しているように、家族に限定されず、住民は誰でも自由に地域の子どもをしつけている。こうして、お互いに面識がある地域共同体の文脈だからこそ、誰もが親に代わって子どもをしつけることができ、自在なしつけが担保される。共同体の自在な学び合いや教え合いをさらに保障しているものは、例えば自治公民館主催の俵踊りの練習のように、無報酬で教えるという暗黙の了解である。共同体の文脈では、人間関係や共同体の目的に基づいた相互扶助の観点から知と技の伝授がなされ、それらはすべて住民の相互関係性による自由意思に基づき、無報酬でやりとりされるからこそ、自在であり続ける。そして、この住民の自在な学び合いは、年齢や職業、性別、学歴、収入など一切こだわらないという意味で、公平性に基づいた地域の教育力を形作っている。言い換えれば、共同体の共育が貨幣経済に組み込まれるとき、公平性や自在さを喪失し、もはや共同体の学びとして機能しなくなるだろう。

（2）楽しみという付加価値　農家の三輪さんは、自治公民館で飲み食いする交流の場で長老から助言をもらうと語っていたが、生業にかかわる学びでも、時にはこのようにリラックスした楽しい状況において起きるということは、共同体の共育の特色である。また、生活世界の共育に「遊び」が含まれていることも、「楽しみ」が学びの自発性に密接に関係していることを示している。

そして、この「楽しみ」は公民館運営においては、地区外の住民との交流へ拡張していることが特徴である。自治公民館の役員たちは、地区はもとより綾町の多種多彩な行事にかかわるので多くの時間や労力を要求されるが、それに付随した学びや楽しみの機会も多い(15)。

（3）名人の存在　一連の聞き取りから、有機農業や生業、習俗といった特定の学びのカテゴリーには名人が存在することが判明した。聞き取りで把握しただけでも、アユ釣り名人、わら細工名人、主取り（地域葬を仕切る名人）、民謡の名人、狩猟の名人、自然生態系農業の名人などが上畑地区には存在する。上畑地区の住民は彼らを名人と呼ぶことで彼らの卓越した分野での生活知や技能に対して敬意を表し、また個人的な必要でも、地区の行事の際でも、住民たちは名人の知識と技能に頼っている。このように、名人たちは地域共同体のメンバーである地区住民の誰もがアクセスできる地域の知的共有資源ともみなされるだろう。事実、伊里前の事例でも、蜘瀧仙人さんは契約会に地域の名人を紹介してもらい「歌津てんぐのヤマ学校」に寄与してもらっている。名人の存在は共同体のアイデンティティの一つであり、地元の伝統文化や自然的環境の持続可能性、さらにローカルな知識継承が維持されているかどうかを知るバロメータでもある。こうした地域共同体の知的共有資源は、言い換えると地域の教育力であるといえるだろう。他地区にも名人が多く存在する綾町は熟達した生活知と技能を持つ人材に豊かに恵まれており、これが観光客などよそから来た者には見えてこない、綾町住民の生活世界の多様性と奥深さをも象徴する「生き方の質（quality of life）[16]」なのである。

2 内なる創造性を育む人々

大井沢地区の概要と歴史

山形県西村山郡西川町の大井沢地区は、地理的には町の中心より西方二三キロメートルの最奥の新潟県境に位置し、南に朝日連峰、北に湯殿山《ゆどのさん》と月山《がっさん》を望み、寒河江《さがえ》川沿いに約八キロメートルにわたって十余りの集落が点在する自然豊かな山間地域であるが、一年の半分は雪に閉ざされる豪雪地帯でもある。江戸時代は、湯殿山の真言宗信仰の別当寺としての大日寺があった大井沢村として、多くの参

図 3–3　大井沢地区の地区中心部の風景
舎那山から望む大井沢（2009 年 9 月筆者撮影）

拝客で賑わう宿場の村であった。しかし、明治政府による神仏分離令や一九〇三（明治三十六）年の大日寺の焼失、宿坊の大火、さらには鉄道開通による参拝者の激減などによって宿場経済は衰退していった。こうした村の歴史的危機や、一九三四（昭和九年）年の大凶作、さらに戦前戦後の苦境を住民は林業や農業と養蚕、木地業、木炭生産、出稼ぎで乗り越え生計を立ててきた。一九五四（昭和二十九）年には町村合併で西川町に編入され、一九七五（昭和五十）年には一九九戸、八三二人の人口であったが（佐藤喜太郎 1976）、その後人口流失による人口減少が進み、二〇〇八（平成二十）年の人口は三〇七人、一一四世帯である（大井沢地区 2008）。ところが人口流出の一方で、Uターン、Iターン者は二〇〇七年度時点で一五世帯二九人と増加し、

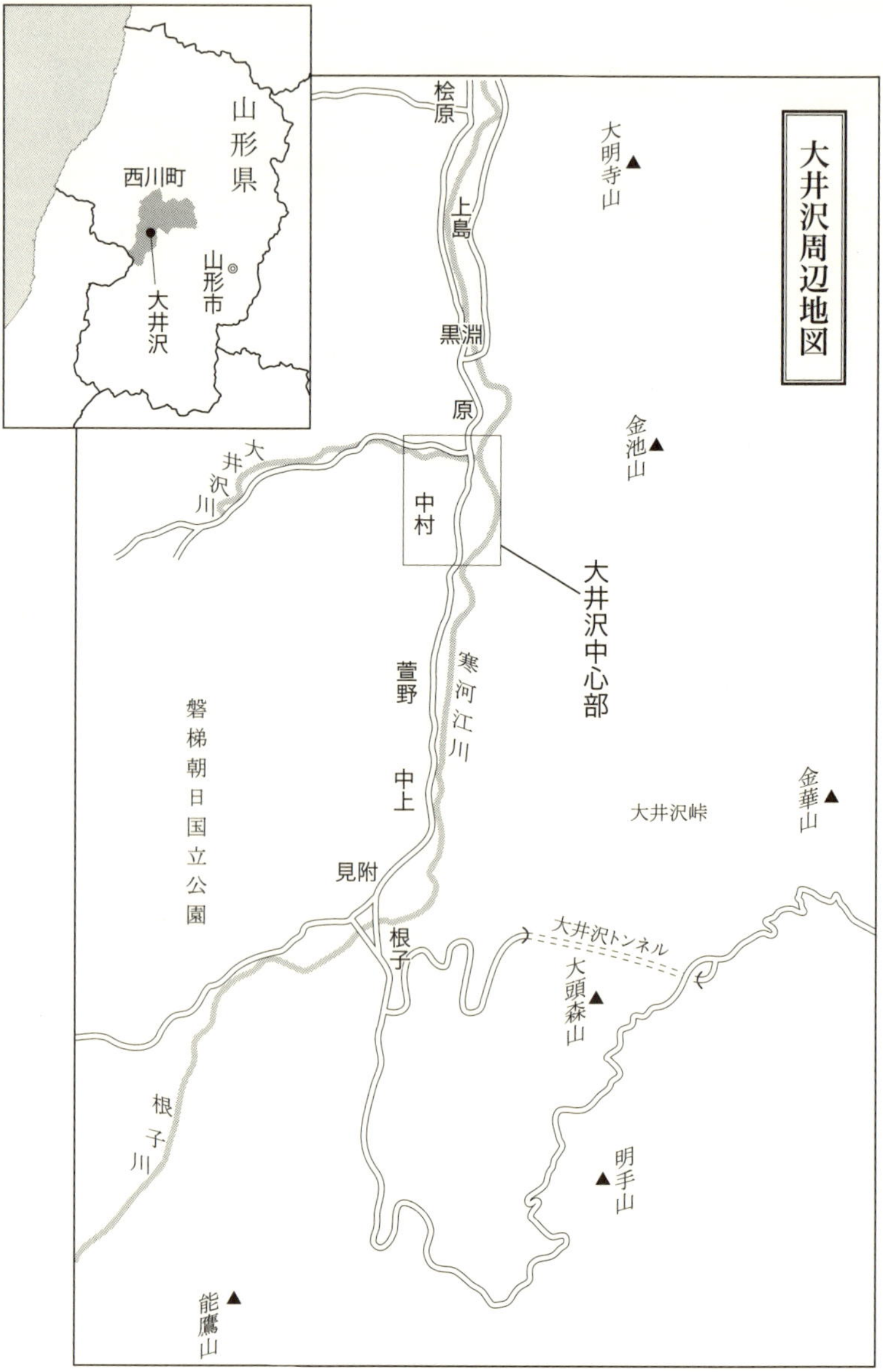
大井沢周辺地図
山形県
西川町
山形市
大井沢
桧原
大明寺山
上島
黒淵
原
金池山
大井沢川
中村
大井沢中心部
寒河江川
萱野
中上
磐梯朝日国立公園
金華山
大井沢峠
見附
根子
大井沢トンネル
大頭森山
根子川
明手山
能鷹山

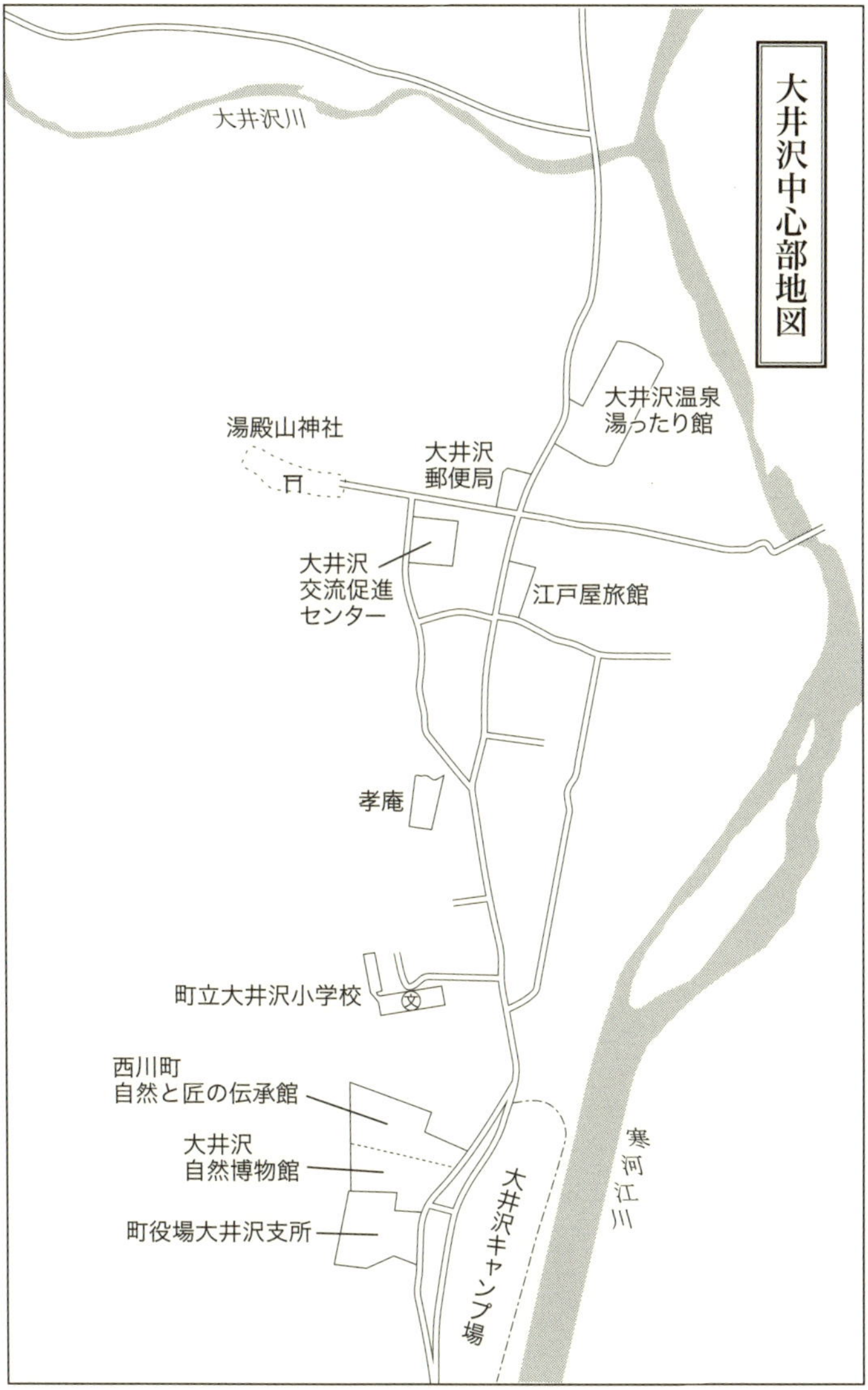
大井沢中心部地図
大井沢川
大井沢温泉
湯ったり館
湯殿山神社
大井沢
郵便局
大井沢
交流促進
センター
江戸屋旅館
孝庵
町立大井沢小学校
西川町
自然と匠の伝承館
大井沢
自然博物館
町役場大井沢支所
大井沢キャンプ場
寒河江川

世帯数で全体の一割を超えている現象も起きている。

大井沢の山林の約九割以上は国有林化されている（大川 1979）。現在は稲作のほかにそばや花卉、キノコなどが生産され、山の恵みである山菜やキノコ採りも脈々として続けられており、戦後は山ブドウのつるを利用したつる細工が副業として生まれ、今でも盛んである。さらに最近では陶芸、紙すき、ソーセージ作りなどの職人が大井沢の自然的環境に魅せられて移住してきている。また、朝日連峰に生息する豊かな野生動物を背景に、この地域では古くから狩猟も盛んであり、クマ狩りの伝統もある。現在も猟友会が狩猟を続けているが、かつてのように狩猟を生活の糧にする住民はいなくなった。秋田や庄内では狩猟民をマタギと呼ぶが、大井沢ではカリウドと呼んでおり、大井沢はそれらマタギとは一線を画し（赤坂 1999：70）、一つの独立した里であることを彷彿させる。

生業の共育を探る

前節の上畑地区の事例では、共同性を育む生活世界の共育を全体的かつ包括的に捉える試みをしたが、大井沢地区では人間の「内なる創造性」に着目し、それを大自然に根ざした大井沢の生業の共育に関する聞き取り調査によって探った。大井沢住民の多くは農業を中心に林業や炭焼き、狩猟、つる細工などにかかわり、自然の恵みで生きるすべを学んできた。ここでは、自然とのかかわりから生まれる深くかつ驚異的な自然の知識と、それを土台にした技が創造されるプロセスなどを紐解き、個人の内なる学びの質を深く掘り下げていく。

炭焼き

佐藤正富さん（七六歳）は民宿を営み、毎年各地から中学生の教育旅行を受け入れ、子どもたちに畑作業や藁草履づくりを教えたりしているが、(17)民宿開業以前から五〇歳（一九八六年）ぐらいまで佐藤さんは父親から継いだ炭焼きを営んでいた。以下、佐藤さんの炭焼き工程の詳細を聞き取りの記録から記述するが、(18)カッコ書きは本人の語りである。

佐藤さんが炭焼きをしていたのは、民宿の前を流れる寒河江川を挟んで対岸の山々で、大井沢峠のある金華山《きんかさん》から川の上流へ向けて大頭森山《だいずもりやま》、明手山《みょうじゅさん》、熊鷹山《くまたかやま》と南の山々を含み、日暮沢小屋のあるあたりまでの広汎な山々である。炭焼きをする人々は、まず競りで自分の好みの山を手に入れるが、佐藤さんも国有林の一部を払い下げしてもらい、手に入れた山の中に、自分で粘土や石を集めてきて窯をつくり、主にブナやナラの木を片っ端から切っていき、それを運搬してきて炭を作るという重労働をこなした。この炭焼きには自然のサイクルがある。佐藤さんは稲作を営んでいたから、農作業が秋に終わってから窯づくりを始めるのだ。「たちまち窯づくり終わると雪が降ってきて」冬が始まる。そして、正月まで炭焼きをすると、一番吹雪の多い時期が始まる。その時期には炭焼きはいったん中止し、わら仕事をやってその時期を過ごす。そして冬が終わり、春めいてくると再び木出しをやり、炭焼きを復活し、夏まで続く。一年間で買い受けた山の木を切りつくしたところで、一つのサイクルは終わり、また秋から新しい山での炭焼きサイクルがが始まる。佐藤さんは、若い頃から父親の炭焼き作業を手伝いながら炭焼きを引き継ぎ、その技に熟練していった。では、順を追って作業工程とその内容を見ていこう。

(1) 窯用の石と粘土を探す　窯をつくる前に重要な段取りは良い石を見つけることだ。「石はナラの木の下に石がある。だから、そのナラが立つぐらいになるところは、じめじめしてなくて。やっぱり石があるところにナラが育つ」のだという。また、「沢っぷち」の石も利用する。そして石の質も見分ける必要がある。質を見極めるためには、「石にもやっぱり、硬い石より柔らかい石のほうが、窯をつくるのに火持ちがいいんだねえ。そう、柔らかい石のほうが割れないんです。温度が熱くなった場合、硬い石だとね、窯を作ると割れるんです。ものすごい音で爆弾みたいに、ぱーん、ぱーんってこう、炭が炭化してくるときに、その水分あるところから持ってきた石だとね、もう、ざくざくに割れちゃって、そこがとれてしまうんです。だからできるだけ、つるで細工できるような柔らかい石を使うといい窯ができるんだ。だから窯にする場合は、柔らかい石のほうが、ナタで削れるような石だといい」ということを体得したのである。窯は石を積み上げ、その石の隙間を粘土で埋めていく。その粘土も「竹藪のあるところの粘土があってるんだね」と、経験知を語る。粘土は赤いものだと火持ちもいいが、逆に砂がはいっていると、すぐ冷める窯になってしまう。そういう赤土の粘土が見つかると、当時は車もない時代だったので、遠い場所でも徒歩で行き、袋に入れて自力でかついで運んでいた。

（2）窯づくり　さて、やっと集めた石と粘土で窯を作っていく段階になると、自分の技能を駆使し、創意工夫をする必要がある。自分で初めて窯を作ったのは二〇歳ぐらいだったという。窯の形は寸法など図らず、目分量でだいたい幅四尺に奥行きが五尺ぐらいに、奥を大きく、手前を狭くするように、縦と横に杭をその形に打ち込んで、それを基準に作っていく（**図3―4**）。大きい石は使われる場所によって名前がつけられ、総称として道具石と呼ばれている。入口が崩れないようにするための大きい石は柱石と呼ばれる。さらに柱石の上に積むのが歌舞伎石、窯の後方の下から上へつける煙突をクド（九度）と呼ぶが、その際に障子石を使う。そして、「後ろにこう、こういうちっちゃい石を二つ置いて、クドを作るときに障子石ってのをここにおいて、障子のような大きい石だからそういったのかな。で、立てる時にドーンと力かかるから、そういう大きい石でないと、ちっちゃい石だと落ちて

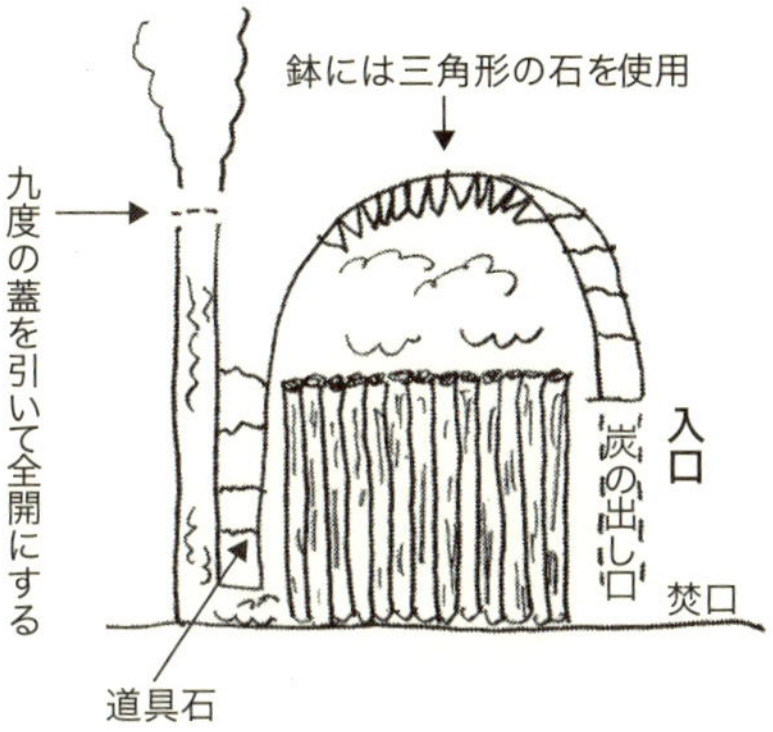

図3–4　炭窯の断面図

くるから、こう、クドの表の方に大きいのを三つぐらい重ねて」作っていく。そして、胴周りは丸い石でも抜けてこないのでそれを使う。そうした石を丸い窯の型に並べ、その上に粘土を置き、また石を積み重ねして、徐々に丸いドーム型になっていく。また、道具石のよいものは一年で放棄するには忍びないので、次の窯にも持っていく。それを取るために窯の中に入っていき、周りの粘土を外して取るのだが、その際に「がっちり組んでるから鉢(天井にあるアーチ型の部分)は落ちなかった」と、自作の鉢の頑丈さに感心するという。

窯づくりの面白いところは、この鉢を作るときである。天井が落ちないようにするには三角の石を使い、とがった方を下に向けるようにし、「そうすっとほら、上が広いからこう、下にすとーんと石が抜けないように、だんだんとまあるく渦巻ながら」組んでいき、その石の間を粘土で詰めていく。この三角の石の下に向かう力はすごく強いので、その組み立て方法を父親から繰り返し教わったという。「三角のを選べって。で、石と石ずりをくっつけろって。こう離すとぬけるけど、石ずりをぴったりつけて鉢をつくるんだって。おやじから習った。間を透かしてやると、ここの粘土が取れると、石が孤立してしまって離れるから、石ずりをどっか一か所つけておけって」。その際「思い切って、石を下にこう下ろさないと、こんなとんがった鉢になってくるの。そうすると、この中の火持ちがね、やっぱだめだ。ある程度いったら、ぐわっとこう、強めないと、ここの温度が違うんだね。窯づくりには思い切って、ぐっとこう下げないと」。そうすれば「鉢がどーんと落ちない」。そして、「一番と、最後に三角の良い石を入れて、そこにとんとんって。ああ、鉢が上がったぞーって。その日は牡丹餅ついて(笑)」鉢の完成を祝うのである。しかし、現実にはなかなか気に入った窯はできないという。だが、鉢がきちんとできていれば、冬の間雪の重みがあっても丈夫で落ちない。佐藤さんは、ずっと父親の背中を見て窯づくりを覚えてきた。「おやじから離れて自分で作るようになったとき、ああ俺もやっと一人前になったなあって。うーん、ああ、俺も一人でやったなあっていうの。道具石の名前を憶え、最初憶えるまでが楽しみでなあ」と自立したときの喜びを語る。

(3) 炭作り 佐藤さんの窯は白炭用の窯である。上から木が炭化して、真っ赤になっている炭を外に出してきて、火灰で消すのが白炭の作り方だが、黒炭は窯の中で空気を止め、その状態で炭を作る方法である。[19] 白炭は固いから火がつきにくい。その分火をつけると長持ちし、焼き肉などには適している。木を窯の中に入れて炭化させる際に、重要な作業はクドの調整である。煙突もクドと呼ぶが、その煙突の口の空気の調節穴も同様にクドと呼ばれる。なぜクドと呼ばれるかというと、調節を九回するからクド(九度)ということらしい。九回調整して全開していく。一度に開けると一気に燃えるが、ゆっくり炭化できるようにだんだんとクドを開けていく。煙突の下には酸素を入れる穴を作る。この下の穴とクドの調節で炭化を促す。しかし、この加減が難しい。それは、中に入れている木の大きさ、量や質に関係している。「今日はこのぐらいの指の隙間で、だからうまくいったって、じゃあ明日もこのぐらいするかってと、そうでないの、やっぱり。この窯の中に入ってる木の大きさとか、それによって、この隙間をこう調節するんです」。その調節加減は「毎日の勘っていうかな」という言葉が示すように、経験を積まないとうまくいかないのである。「で、いい木を入れると緊張して、その加減をちっちゃくして失敗するんです」。というのは、時間をかけると炭の量は多くなり、速く炭化させると量も少なくなるので、よい材料だともう少し時間をかけ、量を増やしたいという欲がでるのである。それもクドの「ちょっとの加減だけど、一晩中の時間だから違ってくるんだね、炭化する時間が。いい木の入っている時に限って、加減が下手で」と失敗談を語る。さらに「木と木の間に隙間があった方が、曲がり木が入ってたほうが質が良い炭ができるんです。こう、隙間がぴったりなってると、炭化するときに、なんていうかなあ、そこに酸素がはいってかないと硬い炭ができないんです」との経験も持つ。また、「その日の木の材料の大きさと、どれだけ入ってるか。あと、木を割るときに大きく割るのと、細かくこう割るのと違うし。風が吹けば、下の口おっきくしてると、いっぱい入れれば速く炭化するようになるし」、何度経験していても、自然の不確実性が挑戦してくる。そして良い木を燃やす場合に起きる心理的な緊張が無理な炭化作業となって、結果質の悪い炭ができてしまうのである。

(4) 煙　窯の出来具合、天候といった自然の不確実性、自分が準備した木の大きさや量と質、木の並べ方、クドの調整加減、自分の緊張といった、様々な要素が炭焼きの出来具合という結果へと統合されていく。ところが炭が出来あがったかどうかは、炭を出してみるまでもなく、煙を見ればわかるという。「煙を、山に行って、炭小屋に行ってその、クドから出る煙をみるのが毎日の楽しみ。あ、やっぱり俺の勘はあたったなあっていうの。それが楽しみでねえ」。煙は、最初は「きわだ」といってものすごく辛い煙が出る。その後、だんだん白くなり、炭化するときに青い煙になり、それがなくなっていくと、全部下まで燃えきっていることを示している。「朝ざっとなびくんですよ、その煙が。匂いとかね。それで、炭焼きってのは、ほんと面白かったなあ。毎日が楽しみで。その煙を見るまで」と当時を懐かしそうに思い出す。何十年も炭焼きの経験をしてきた結論は「上のクドの調整と下の穴の大きさの加減」だという。その加減が難しいが「だから、それだけに、やりがいがあるっていうかなあ。炭焼きは一番面白い。うん、煙を見るまでが楽しみ。そう、やればそれだけ自然は答えてくれるし、ごまかせないんだね。口先だけじゃあ」と、自然とのやり取りの醍醐味を実感する。

(5) 炭出しと俵づめ　ここで、炭焼きの最後の工程に入る。佐藤さんは、朝の煙で炭の良しあしを知り、午前中に炭を窯からだし、灰をかけて火を消す。そして、また窯の中の木ごしらえをする。午後からはその炭を炭小屋の中で俵に詰める。この炭俵を倉庫まで背負っていくのが、一番大変だったという。特に夏のアブの時期は刺されて「あれはつらかった。背中の中にはいられたの。手届かない。だって、ここに背負ってるんだもの」と、初めて「つらい」という言葉が口に出た。おそらく汗の匂いでアブが寄ってきたのだろう。独身の時は汗をかいたシャツを山の沢の水で洗って、棒にひっかけて干していたが、「俺はいつも、親父っていうと、ああ、汗、汗の匂いが親父の匂いだなあって。夏休みっていうと、親父を毎日おっかけていったからなあ」と汗の匂いが父親を象徴していた日々を思い出す。

最後に、炭を市場に出す前に、炭検査を受けなくてはならない。その検査員がメタル製の機械の棒を、ランダムに選んだ炭俵にぶすっと刺す。「がちーっと、こう入れて、がりがりっとかますんです。そうすっと、いい炭だとね、その棒が硬い炭にあたるとねえ、がちっと入っていかない」のだが、それを見ている佐藤さんは「そうすると胸倉にね、腹にメスをいれられたようなね、このへんぐうっと、うーん、腹に刺されるような感じだった」と、あたかも自分が炭になって、刺されたかのような感覚を持ったという。

以上、佐藤さんの聞き取りから当時の炭焼き作業の一部始終を見てきたが、彼の自然についての深い知識や洞察は、若いころに父親を手伝いながら炭焼きの全行程を教えてもらったことと、独立して自分で学んだことの蓄積の結果である。その行程は時間と手間と厳しい肉体労働を伴うものの、佐藤さんは一貫して、懐かしさと喜びの表情で、まさに今自分の目の前で炭焼きを行っているように生き生きと語ってくれたことが印象的であった。

冬虫夏草の採集

林業や狩猟などの生業を営みながら、生涯を通して自然とかかわる人々は、野生生物の生態にも非常に詳しい(20)。その中でも狩猟の名人と呼ばれ、ずば抜けた野生生物の知識を持っているのが志田忠儀《しだただのり》さんである。志田忠儀さんは一九一六(大正五)年生まれで、最初の聞き取り時は九三歳であったが車の運転もこなし、矍鑠としておられた。小学校二年生のころから父親について猟を習い、小学校を出るころにはすでに鉄砲の撃ち方を習得し、クマは一六歳、今の中学三年ぐらいで撃っていた。一九三七年に二一歳で航空隊の召集兵になり、戦後は三〇歳で猟師にもどり、やめたのは七五歳、心臓手術をした後だ。この地域のクマ狩りは主に六―七人の集団で行うが、志田忠儀さんはそれ以外に自分一人で四七頭クマを仕留めている。他方、志田さんは全国各地の大学の野生生物研究者たちに朝日連峰の山々を案内する機会も多くあって、自身の生活知と共に科学的知識も備えた識者でもある。ある時、志田さんは自分の見つけた冬虫夏草に関する新聞記事と写真を持参し、そのいきさつを話してくれた。二〇〇八年十月に三日間連続で『産経新聞』に載った記事の一つである。

冬虫夏草は中国大陸の蒙古が原産。だから中国の漢字をそのまま使ってるんです。死んだ虫に寄生する。菌が寄生すると死んで、死ぬとミイラ状態になって、腐らなくって、その虫の蛋白質を三年ぐらい吸ってキノコ状態になってくる。キノコは襞から胞子を飛ばすけど、これはタンポン状になって胞子を飛ばすんで。死んでたフクロウのくちばしとか日本カモシカのつのに生えていたのを見つけたんです。ある時、東北の冬虫夏草を調査するために文部省から派遣された清水大典先生が訪ねてきて、山のわかる人をって、協力してけろってんで。標高六百から七百メートルの北向きの日蔭で純然たるブナ林よりもホウノキ、沢クルミ、トチとか生えてまざっているような地形のところを五万分の一の地図さ印して、三か所くらい印したんです。夕方先生にまた会って、どうでしたって聞いたら、「まさに朝日連峰は冬虫夏草の宝庫だ。ほかの県では二つもみつければ鬼の首をとったようなもんだが、七〇個もみつけた」ってね。だから、こっちも他の連中と探したら、志田清治郎さんがフクロウの嘴に出た冬虫夏草を見つけてね。志田悌二郎さんが、昆虫の成虫や幼虫やさなぎに生えてるのが冬虫夏草で、ツヅダゴケってバクテリアのかたまりに生えてるのが原生冬虫夏草なんだが、骨から発生する冬虫夏草は聞いたことないって言うんで、清水先生に電話したら、「六〇年ぐらい前、ヨーロッパで一回、アメリカで一回、オニゲナって、骨にできている冬虫夏草が発見されたけど、その時はまだバイオ技術がまだなかったから、標本は世界に二つあるけど、その後いくら探してもみつかんないから、その疑いがあるから送ってくれないか」って。それで送ったら、日本で最初に発見されたオニゲナ菌でね。国立科学博物館で永久保存されました。そして椿啓介先生って長尾研究所の菌類学の先生が、そこでの培養で二五〇種類で二種類だけ成功してる。それから三十数年たって、ある日土田[21]がたおれてたカモシカの角に生えてったたって。見ねえとわかんねえって言ったんで、持ってきて、見たらオニゲナでね。北海道でも二つ見つかっていて、それまでのを含めて一一号菌になった。そのカモシカのが。冬虫夏草なんかなると、やっぱり世界的な発見だからね。オニゲナなんかは。

朝日連峰の山々に深くかかわってきた志田さんの知識は、野生動物とその生態の場や植物連鎖にまで及び、さらに、研究者が求めている冬虫夏草の生息域を、豊かな経験に基づいた直観で地図上に示す能力を持っていた。その上、自身の観察力や好奇心と知識欲によって、科学的発見にも貢献したのである。

キノコ狩り

前田武さんは一九三九（昭和十四）年生まれで、実家は青柳地区のあたりだが、子どものころから父親には炭焼きを習い、小さいころに祖父のところに養子に入って、祖父からは狩猟を習った。大井沢には猟友会が二つあるが、前田さんは見附組の猟友会のメンバーとして猟を続けている。前田武さんもクマ狩り名人で、二〇〇五年から二〇〇六年にかけては六〇頭ぐらいのクマを仕留めたという。クマ狩りはさておき、前田さんは秋のキノコ狩りを心待ちにしている。その一部始終を語る表情は楽しそうで、喜びに満ち溢れていた。

この辺は表層雪崩があって、朝日連峰の稜線から一気に沢に落ちてくる。何百トン、何千トンって、素晴らしい量なんだ。ふてえブナが途中で根こそぎ倒されてね、ウワシ（表層雪崩のこと）でよ、このブナの木にはあと何年たったらキノコが生えるって、思いがすぐに行かねえと。あれはナラの木が倒れて太い枝が割れたりぶつかってよ、その幹の腐り方を見て、これはマイタケがでるなあって。そんで、その時期に思い出してそこにいって、その通りになった時の快感。そりゃあもう、自分の喜びだな。予感が当たったってよ（笑）。あと、キノコのちっちゃいのが出てて、あと何日したらころあい見計らってもどってこようってな。誰かに採られてしまってることもあるが、そこは仕方がねえ。これ〔二〇一〇年十月八日の写真を見せて〕、古沢君と龍太郎とマエタケ見つけたときの。いやあもう、見つけたときは乱舞よー(笑)。三人で背負って持って帰ったけんど、それでも全部は無理だったな。まあ、偶然いい具合に見つけたっぺが、運もあるな。あれから何日たって、今はどうかな、とか思うけど、山をとおらにゃわからんな。マイタケは木の根元に繁殖するんだが、精一杯繁殖してしまうと木が倒れてしまうのよ。根っこの方まで菌が回るのよ。根っこから二メートル先ぐらいまで。だいたいナラとクリの老木になるんだが、たまにブナにもなる。これは桜でめずらしい。ナメコは一生懸命とった方が木が長持ちする。何回か採った木は頭の中に叩き込む。秋口にはその木を探して巡り歩く。あの木は出る木だから、あれとあれと、ここから行ったらええじゃろうかって。それがあたったときは、してやったりよ(笑)。ブナのハリタケは白いキノコで、表層雪崩で倒れたのに出る。湿地より日当たりのいい乾燥地に出やすい。こういう太い木にびっしり。四〇キロくらいあるかなあ。

野生キノコを狩るには、この例のように、表層雪崩で倒されたブナの木や、倒れているナラの木の腐り具合という手がかり(指示物)から、その木に数年以内に生えてくるだろうキノコを直観できる能力を持っているとかなり有利になる。そのためには、日ごろから山に出入りし、関心を持って自然を観察し洞察する能力や、広大な森の中で、その場所を特定する能力も必要となる。このように不確実な自然の営みを観察し、自分の知識や直観でキノコの予測をし、その直観が当たった際は、キノコそのものの価値にもまして、価値ある喜びを伴うことがわかる。

手仕事

前田武さんは、さらにかんじきづくりの名人でもある。手先が器用なのでかんじき以外にもヤマブドウのつる細工で籠なども作っている。つる細工は奥さんも手伝う共同作業である。

これ、カンジキを作ってるが、これはいとこに頼まれてよ。これは二七センチから二八センチくらいだけんど、足のサイズつうか長靴のサイズに合わせて作るんで。カンジキは長靴が前や後ろにあたったりすると歩きにくいんで。まあ、この辺の人のサイズは大体分かる。あいつは太ってるから頑丈なのを作ってやろうかってな。雪下ろすのもカンジキ使っている方が落ちにくいんだ。カンジキってのは面倒くせえんだ。滑らないように「つめ」ってのをつけるんだ。これを「つめ」って言って、堅木《かたぎ》を使って作るんだが、イタヤカエデを使うんだな。丸い枠はクロモジと言う木で低木の落葉樹。つまようじにする木よ。こう、木の皮つけたようじ。大井沢にいっぱいあるから、手ごろな木を選んで使う。枝のない、すうっとしたのを選ぶんだ。皮をはぐとひと周り細くなる。こうして、後ろを太めにする。後ろが重いと自然に先が上がるんだ。あと、昔は「ずんべえ」ってわら靴とか、深靴〔雪靴〕とかじいちゃんがつくってくれたなあ。山行き専用のは、つめをちゃんとして登る斜面でも横滑りしないようにすんだ。つめは挟むだけ。針金で締めつける。でも少し隙間ができるように加減でね。一〇年以上履いてると擦り減っていくんだ。つめも。ロープも擦り切れるとやり変える。縄のたわみが弾力あってフィット感があるのがいい。緩みがあって、中の方に締めてくんだ。以前はよ、猟を商売にしていた頃はよ、三、四年で履きつぶしたもんだ。もう在庫がねえ。みんな二、三個持ってくからなあ。

手作りであるからこそ、それを使う人の特徴を頭に描きながら、使う人の身になって足にぴったりあったかんじきづくりをしている前田さんだが、自分の経験に基づいた改良もほどこしているので評判がよく、すぐ在庫切れしてしまう。かんじきは、ごく限定された需要しかなく時間も手間もかかる。しかし、前田さんがかんじきを今でも作り続ける意味は、おそらく収入源というよりは、語りが示しているように、それを使ってくれる人々と自分との関係性に見出す価値であり、そして、その物自体が雪の上で発揮する使用価値と、その価値を高めようとするためのものづくりの作業そのものの面白さだろう。

表3–4　大井沢の生業の共育の構造

	人と自然とのかかわり			人と人とのかかわり		
生業の学び	知　識	技能・能力	価値観（精神性）	知　識	技能・能力	価値観（精神性）
炭焼きの学び	木、石、粘土、火、炭、窯などの知識	炭焼きの技能、直観、洞察力	ものづくりの精神性、物の使用価値	山の競りや炭の検査のルール	共同作業などの対人能力	共同する喜び
山で培う学び	山、木、野生生物の生態の知識	直観、洞察力	発見の喜び、自然の驚異の認識	山と狩猟の規範	案内や共同作業などの対人能力	発見の情報を人々と共有する喜び
遊び仕事の学び	木、キノコの生態の知識	直観、洞察力	発見の喜び、自然の驚異の認識	山の規範	共同作業などの対人能力	仲間と発見を共有する楽しみ
手仕事の学び	自然材料の知識	細工の技能	手仕事の精神性、物の使用価値	利用者の特徴	共同作業などの対人能力	利用者に喜ばれることが価値
伝統の四つの型	技術の型		意識構造の型	社会関係の型		感情・感覚・情動の型

大井沢の生業の共育を紐解く

生業の共育の構造

第1節の綾町上畑地区の生活世界の共育の構造に照らし合わせてみたとき、大井沢の生業についても同様の共育の構造（伝統）を持っていることが**表3―4**でわかる。ただし、上畑地区では共同体の文脈で住民の学びをまとめ、整理した結果、六つの生活機能の共育にたどり着いたが、大井沢では主に生業の種類という文脈で捉えることにする。

生業の共育の特徴

この構造の詳細を見ていくと、二つの点で上畑の生活世界の共育の特徴との違いが浮き彫りになっている。それらは、特に「人と自然とのかかわり」の技能・能力と価値観あるいは精神性の項目に反映されている。

（1）直観と洞察力　上畑の生活世界の共育には出てこなかった能力が直観と洞察力である。おそらく上畑でも、生業や遊び仕事の学びをより深く聞きこんでいったならばこの要素が出てきたかもしれないが、大井沢ではこの能力が特徴として明確に浮上してきた。炭焼きの聞き取りでは何度も「勘」という言葉で示されたが、これは当て推量の勘ではなく、長い年月にわたる本人の経験知に基づいた「直観」として捉えてよいと考える。「直観」は、炭焼きで窯のクドと下の穴の大きさの調節加減の際、冬虫夏草が見つかりそうな森林植生の場所を地図上に示す場合、雪崩でブナの倒木を見つけた際などに発揮されている、モノやコトの将来の展開を見通す能力である。それは炭焼きのように数時間や一日という短期間のスパンで見通すこともあれば、キノコ採りのように数年といった長期間のスパンで見通すこともある。もう一つの洞察力は、自然の観察力、野生生物の生態の深い理解能力、自然材料の性質や特徴の的確な把握能力などの様々な能力が総合されて身につく力である。

（2）精神性　上畑の生活世界の共育では、「人と自然のかかわり」の精神性や価値観の特徴として自然信仰が随所に見られた。大井沢にも山の神信仰など民間信仰も多くあるが、それらは個人的な自然とのかかわりのなかでは顕在化していない。むしろ自然の材料を使って行う、ものづくりという行為そのものに価値を置くような精神性や、自然そのものへの純粋な興味や関心が育む精神性といったものが見えてきた。かんじきづくりなどは、特に作る人と使う人の人間関係が前提であるので、使う人の身になって、自分が納得するまで時間と手間をかけて手仕事をする。そのことは、使う人との面識はないものの、質の良い炭を目指し、日々切磋琢磨し精魂込めて作る佐藤さんの炭焼きにも共通するものである。

（3）楽しみという付加価値　楽しみや喜びについては、生業の共育の構造の「人と人とのかかわり」の精神性に強く出てきており、これは上畑の生活世界の共育と共通している。佐藤さんの炭焼きは父親の手伝いという共同作業で始まり、父親の汗の匂いに象徴される父親との楽しい思い出は色あせていない。しかし、独立した後の孤独な作業においても炭焼き作業そのものに楽しみを見出していく。また、自然の洞察力に科学知を統合し、日本初の希少種を発見した志田さんの喜びや、仲間と勘をつけていった場所に思った通りマイタケを発見した時の前田さんの喜びなどは、「知ること」に埋め込まれた豊かな「意味」を示唆している。

3　生活世界の共育を紐解く

共育の曼荼羅

上畑の生活機能の共育と同様に、大井沢の生業の共育においても、親から子へ、祖父から孫へ、住民から住民へといった、共育の多様な関係性が交差している。つまり、「自在」な教育の特徴として、ある時は教え、ある時は教えられ、といった両対応のベクトルが働いているかと思えば、住民の多くは親として子どもをしつけ、生業で自然と向き合い、遊び仕事で自然と戯れる、といった様々な機能を交替してこなし、それに付随した学びも交替させている。上畑や大井沢で生活するこうした一人一人の住民を曼荼羅的に配置すれば、まさに複雑でダイナミックな共育の流れが見えてくるだろう。

生活世界における共育の包括性

現場での統合

政府や行政が机上で理想を掲げて描き出す発展ではなく、人と自然、人と人との複雑な関係性がおりなす現場レベルの発展で捉えるならば、教育も学習も生きて生活する文脈で包括的に捉えられるべきだろう。インフォーマルな生活の時空間は、学ぶ個人が軸となってすべてつながって、連続し、その中に埋め込まれた学びも個人の中で統合されている。また、地域の生活世界もそうした個人が共同体の文脈でつながり、地域の共育の包括性を形成する。[22] 生涯学習とは、そもそも学校教育と社会教育と、上畑の生活世界の共育のようなインフォーマル領域の教育と学習を合わせて、個人の生涯のレベルでの学びを包括的に捉えようとする概念であるが[23]（佐藤一子 1998）、現実には文科省内でも生涯学習は学校教育とは統合されておらず、結果として行政の明らかな縦割り体制で別々に運営・管理されており[24]、すべてを統合することは行政のレベルからは不可能である。いうなれば、その逆ベクトルの個人や地域のレベルといった草の根の次元からしか、生涯にわたって一貫性を持つ教育・学習の包括性へと統合できないのである。

ＥＳＤにしても、環境教育や社会教育などそれぞれの文脈で研究されている。**図３―５**は、そうした各領域で扱われているＥＳＤの学習内容をフランスの哲学者であるガタリ（1989=1991：27-28）の

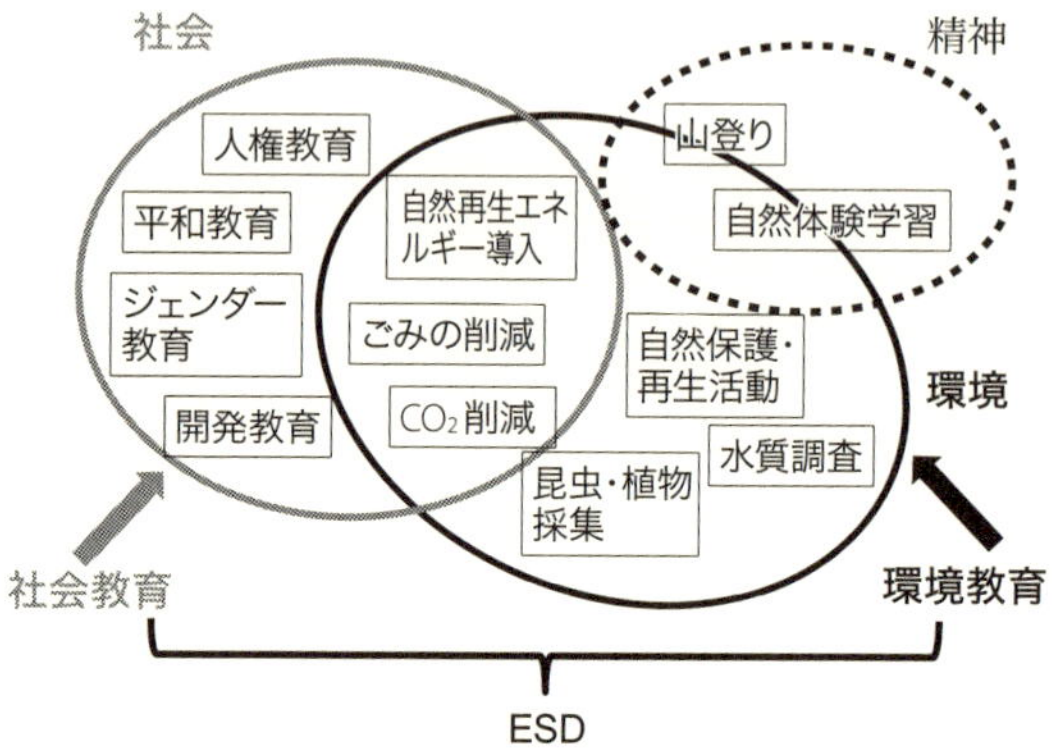

図3–5　現行のESDの非包括性

提唱する、精神、社会、環境という「三つのエコロジー」の領域に区分して図式化したものである。ガタリはこれら精神、社会、環境に関する行動をできるだけ切り離さず統合していくことがエコロジー的であり、持続可能な社会へ導いてくれると述べている。この図は、環境教育で扱っているＥＳＤと社会教育で扱っているＥＳＤを統合した時に、精神、環境、社会の分野すべてを包括する学びがないということを示している。さらに、この図に描かれた社会教育におけるＥＳＤと環境教育におけるＥＳＤの学びの数々を見渡してみると、ほとんど関連性のない分野の内容を個人が学ぶことの困難さに加え、これらをすべて教えなくてはＥＳＤとして成り立たないのか、といった教師の困惑が予想される。これが、第一章の2でも提起したＥＳＤの問題点である。

一方、上畑の生活世界の共育を図式化したのが**図3―6**である。上畑の六つの生活機能の学びをこの三つの領域に配置してみると、ほぼバランスよくこの三つの領域が構成されていることが分かる。そのなかでも習俗、つまり社日講など

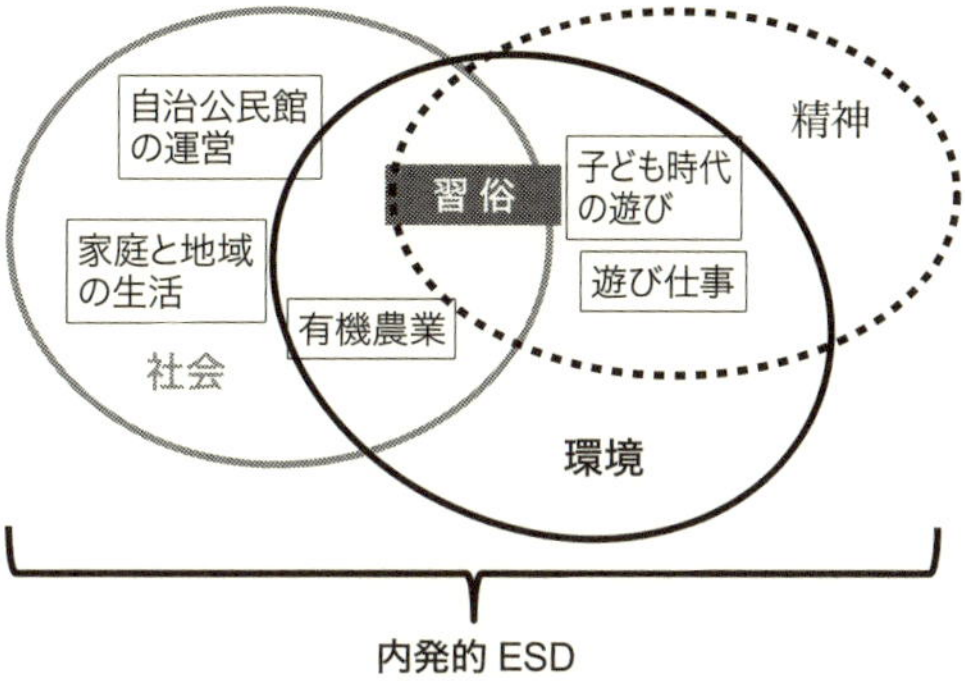

図 3–6　上畑の生活世界の共育の包括性

の伝統行事、あるいは地域住民による地域葬などは、その三つの特徴をすべて持っている。自然の材料を使って籠や道具を作る技能を学び、自然の恵みとなる豊作を神に祈り、自然に感謝し恐れる精神性を育み、共同体の子どもも大人も、それぞれが行事の役割を分担して実行していく共同性や社会性を育む。この意味で、上畑地区の事例に限らず、日本全国で今でも継承されている習俗の多くは、人間社会と精神と自然とのバランスの取れた感覚と洞察力を持つ我々の先祖の知恵によって創造されたものであり、そうした知恵が文字化されていなくとも、人々はそれを暗黙的に理解し、大切に伝承してきたといえるのではないだろうか。そして子どもたちも、これらの三つの領域がまったく違和感なく統合された地域社会の文脈で、環境や社会、精神性といったものを、生涯を通して学んでいくことになる。

身体における統合

教育であれビジネスであれ、現代社会に生きる我々は、数字や文字などの記号を情報としてやりとりし、あるいは自身の脳にそういった記号の入出力をするといった表面的な次元での知識の流通に終始しているが、そこには機械的に管理された時間を核とする「システム社会」の「知」のありさまが反映されている。それに対し、大井沢での生業を通した共育はより深く包括的に対象を知り、自分と一体化するような知り方、言うなれば、個人の身体における知の統合がみてとれる。その統合において、直観などの能力が育まれる。それは、ポランニーが示した暗黙知の理論に照らしてみるとき、次のような多様な意味が見えてくる。

（1）自分と深く関わる知＝自己放棄的統合　大井沢の生業において自然と深くかかわる学びのなかでも、技能に関するものは、その技によって目指す状態に焦点を置き、自分の身体（五感も含め）や関心を総動員しながら従属的要素へ自分が内在する（dwell in）過程を経ており、それはポランニーの暗黙知の遠位項と近位項の関係に相当している。その顕著な例が炭焼きのようなものづくりである。質の良い炭という焦点（遠位項）に向かって、自分自身の経験知と五感や関心を総動員していく時、変化に富み複雑な炭焼き作業という従属的要素（近位項）の中に、内在していく炭焼きの過程は暗黙知の構造そのものである。我を忘れ、汗を流して炭を作る作業において「自己放棄的統合」が起きる。この内在化の感覚がポランニー（1966=2003）のいう自分の「身体の延長」としての炭という感覚を生みだし、検査官が検査機械の棒を炭俵に刺すとき、あたかも自分自身の胸に突き刺されるような錯覚を起こすのであろう。自然の中の子どもの遊びの没頭性も「自己放棄的統合」という非日常経験となって子どもの精神の栄養となる。このように、多くの場合本人は学習しているという意識もほとんどなく、「魚を釣る」などの遊び仕事の機能と一体化した包括的存在を形成していく。こうして暗黙的に身につけた知識や技能の多くは生涯にわたって持続される。

（2）知識から潜在的可能性を見出す＝直観　山で培う学びや遊び仕事の学びを、想像力を促し新しい方向を見させる「予測的直観」とポランニー（1969=1985）が呼ぶものに近い、直観の概念で捉えなおしてみよう。志田さんは、冬虫夏草が見つかりそうな森林植生の場所を研究者のために地図上に示し、前田さんが雪崩でマイタケが生えてきそうなブナの倒木を見つけた際に発揮されたのが直観である。これはまさに、実際に見ているもの（地図やブナの倒木）そのものに意味はないのであり、それらは手がかりでしかない。彼らは地図やブナの倒木という手がかりに、本人の確かな知識や経験に裏打ちされた従属的要素を統合させ、手がかりの中に潜り込んで想像力を働かせ、まだ見えない「潜在的可能性」を見たのである。この「潜在的可能性」を見る力が直観であり、それが「発見」へつながる。科学的発見も、ポランニーに言わせるとこれと同じ方法論で起きる。ブナの倒木を、まったく自然の知識も経験もないものが見ても、おそらくそこからは何も想像できないだろう。その際、それらはただのモノでしかないのである。この、モノをそのまま単なるモノとして捉えるという客観性、特にデカルトに代表される機械論的自然観こそが、ポランニーが徹底的に批判した科学観なのである。暗黙知によって広がっていく意味の世界の比べものにならない豊かさとは対照的に、客観的な自然の世界は、人間の想像力や直観も、自然との関係性も、ましてや意味もない無味乾燥な虚空でしかない。

（3）ものごとの階層を見抜く＝創発

炭焼きの工程は、『暗黙知の次元』（ポランニー 1966=2003）で解説されている階層の論理の見事な実例である。それは、石や粘土、木材といった物理的な階層（物理学）から、窯のデザインと木材の量や配置といった階層（土木学）へ進み、着火による木材の炭化という化学変化を起こす階層（化学）となって、最終的に煙突の煙の色（現象学）という階層で終わる。煙は黒から白、青、透明へとその色を変化させるが、それを煙の粒子という次元で捉えると化学に留まるが、炭の出来具合の指示物（インディケータ）や炭の完成という象徴（シンボル）としての色の次元で捉える場合、現象学の認識の次元となり、下位層の化学の原理では説明不可能な次元となる。佐藤さんの聞き取りでは、明らかに煙は炭の完成を意味する象徴であり、毎朝、出来上がった炭自体ではなく、煙を見て彼は歓喜するのである。煙の色は炭焼きの全工程の最高次元の創発となる。佐藤さんは長年の炭焼き作業の経験から、その作業全体を包括的に見通す力をつけ、その一連の工程が最終的に到達する次元から創発する「煙」の意味を読み取る力をつけてきた。そして、冬虫夏草やキノコの発見もまた、地図やブナの倒木という次元において「潜在的可能性」を嗅ぎ取り、さらに上の次元の「創発」を見抜くことである。これも、豊かな知識と経験が統合して生み出す想像力による直観のたまものである。

こうしてみると、大井沢の生業の共育は、インフォーマル領域における個人レベルの学びの、さらにその先の奥深さを示している。まず、自然とのやり取りから成るものづくりにおいては、その行程とそこに埋め込まれる「知」も「行為」もすべて自己放棄的に統合させていく作業であって、「知ること」の対象が身体の延長となり、そこで有機的な一体化が起こる。第一章で触れた緒方正人が不知火海での漁の生活世界を「命のつながる世界」と呼んだのも、このように暗黙知による自然との深いかかわりが生み出す一体感に基づくのではないだろうか。こうして、ポランニーの暗黙知の構造による想像力や直観、洞察力といった、人間の創造的な能力が自然とのかかわりによって形成されるが、同時に、その創造的な行為が人間の喜びや楽しみといった精神性に深く結びついていることも示している。これは、鶴見和子も「創造力の原点としての自然」(鶴見 1999:316)、「自然とのつきあいの中から生まれる創造性」(鶴見 2001:107)と繰り返し強調している点でもある。暗黙知は芸術の領域にもかかわるが、芸術的な創造から生まれる喜びも生業の創造から生まれる喜びも同等のものであると考えられる。生業の共育は、自然に働きかける人間の労働が生み出す生の充実感といった「生き方の質」の内実を解き明かしてくれたと言えるだろう。

内発的共育から内発的ＥＳＤへ

数年かけた調査を経ることで、現場に根ざしつつも暗黙的だった上畑や大井沢の生活世界の共育から、このような包括性と構造が顕在化してきた。よって、本書ではこの包括的で構造を持つ共育を上畑や大井沢といった特定の現場から切り離し、普遍的な総称として、地域の自然と社会に根ざした内発的発展の現場に埋め込まれた「内発的共育」と名づけることにしたい。そして、この「内発的共育」を、「持続可能性」という概念に連結する「継承」という時間軸のスコープと、「発展」に組み込まれている社会変動や環境変動といったマクロレベルでの変動に連動する動態的なスコープに置いて捉え直すとき、「持続可能な発展のための内発的共育（内発的ＥＳＤ）」が立ち上がってくる。上畑や大井沢の生活世界における「内発的共育」は、平穏無事な地域共同体の平常時の生活世界を前提として、ある瞬間を切り取ったときに浮かび上がってきた共育であり、これを平常時における「静的」な内発的ＥＳＤとして捉えることにする。もし、上畑の歴史を振り返って、おそらく住民が経験したであろう環境や社会変動から立ち上がってきた共育も研究の対象にしてみるならば、上畑の内発的共育はその時々にダイナミックに変化してきた「動的」な内発的ＥＳＤの様相も持ちあわせているに違いない。

実際には、個々の住民は職場や学校、趣味や読書、メディアなどをとおして、それ以外の科学的、一般的知識も取り入れ学んでいることは自明である。しかし、内発的ＥＳＤは発展概念と連動したメタレベルの教育的概念であるので、個人個人のミクロな学びではなく、それらを生活機能の視点から集合させ、関連させ合って見えてくる地域や集団の共育レベルで捉えていく必要がある。

地域の自然的環境やその地域に歴史的に根ざしてきた地域社会の生活世界に一貫性があるように、

どのような変化が起きても、個人や集団が生きていくために一貫して必要となる基本的な共育があるはずである。それが**表3―2**の示す構造であると本書では捉えている。それこそが内発的ＥＳＤが内包する「伝統」である。上畑での調査では六つの生活機能の共育が顕在化してきたが、自治公民館運営の生活機能といった綾町独自の共育が存在しなくても、地域の自然と社会に根ざし、この構造＝伝統を持っている包括的な共育が内発的ＥＳＤであり、それは日本全国の各地域においても発見可能であるだろう。この平常時の内発的ＥＳＤを土台として、歌津伊里前の事例のように変動に対応する「動的」な内発的ＥＳＤとは具体的にどういうものかは、第五章の自然学習の事例で詳しく見ていく。

注

（1）中尾佐助の『栽培植物と農耕の起源』（1966）の本文に記載されている。

（2）当時助役をしていた児玉俠志さん（八三歳）の次の語りもこの郷田氏の意図を示唆している。「前町長の想いというのは、要するに山よ。山をもう少し皆に理解してもらいたいちゅうのがもうすべてでね。そのためにはやっぱ綾町民だけじゃダメじゃっちゅうて。広く知ってもらって、周りからの応援を求めんといかんということが発想よね」。

（3）郷田氏自身の「結い」の体験からの発想だった。綾町における「結い」についての貴重な記録として、住民である池上忠身さんの聞き取り内容を次に記しておきたい。「私は大正十四（一九二五）年の郷鴫《ごうしぎ》生まれで八四歳です。かつては七戸くらいの集落でね。昔は洪水も多く、みなとても貧しかった。自分が小学校のころには一一戸に増えていて親類講というものがありました。講には仲間という意味があってね。それは祝い事、婚礼や出産とか、葬式、問題解決などを一一戸が親戚のように助け合ってやっていこうという結いの原点だったんですわ。田植えは子どもから年寄りまで皆が一斉にやりました。大変だったので、二、三軒が組んでやって、田植えには三軒の馬や牛を集めて耕していました。昔は水田のために川に堰をつくっていてね。人々が共同である場所で川を堰切って、そこに木の杭を打ち込むんです。それが本当に大変だった。水が流れているが、水を流さないところを竹で編んで作りました。秋になって川の水量が減る時期がくると、郷鴫の人たちはスコップや板、泥、竹などをもちだして水を止めました。これを子どもたちが真似してやっても失敗してね、大変な力作業だったんで。近所の大人から子どもまで総動員で堰で止めた水を桶でくみ出して、マコモやガマツなどの魚を取ったんです。それを一一戸にきちんと分配しました。親が出れんかったら子どもが出て、その子どもにもきちんと一戸の分け前を上げていました。」

(4) 二〇一三年七月一日時点の統計。

(5) 綾町、林野庁九州森林管理局、宮崎県、宮崎市に拠点を置く任意団体(当時)である「てるはの森の会」の官民五者と住民が一丸となって約一万ヘクタールに及ぶ照葉樹林地帯を保護、再生するプロジェクトで二〇〇五年から始まった。

(6) 地域の自然に対する市民の思いや、地域で蓄積されてきた伝統的な農林漁業などの自然利用の方法、自然とかかわりながら成り立ってきた暮らし方などを明らかにする調査(日本自然保護協会 2010)で、上畑地区の調査では、上畑自治公民館が主体となり、「てるはの森の会」や、東京大学、北海道大学などの研究者たちが参加して実施された。

(7) まず始めに、聞き取りから学びのカテゴリーを抽出する過程については、内発的発展というテーマに照らして、上畑地区における「地域づくり」や生活世界の実態の把握と、それに付随する学習や教育内容を探っていく方法をとった。それには一対一の聞き取りもあれば、夫婦二人そろっての聞き取りや、自治公民館関係で集まってくれたグループ(役員や子ども会の子どもたちや保護者など)に対する聞き取りも含まれる。この聞き取りの内容を記録したものを研究データとして整理するために、聞き取りごとの内容をさまざまなテーマ別に小見出しを付けて分類した結果、「葬式」「集落の治安と情報」「山の神」「子どものしつけ」など五〇種類近い数になった。そのテーマをＫＪ法で再分類し、いくつかのカテゴリーに統合することにした。こうした作業の結果、地区住民の日常生活を構成する六つの主な生活機能とそれらに埋め込まれていた共育が浮き上がってきた。その結果を踏まえて、六つの生活機能の共育のより詳細で具体的な内容（知識、技能、価値観など）を引き出す質問をし、記録するように心がけた。より詳細な調査手法の説明については拙論（岩佐 2013）を参照されたい。

（8）ローカル知とも呼ばれる。人々がそれぞれの生活や仕事、その他の日常的実践や身の回りの環境について持っている知識。特定の知識や実践の現場の文脈に固有の物であり、局在的（local）な知識（藤垣 2005：273）。

（9）白南風と書く。梅雨明けの南から吹く季節風のことで晩夏（七月七日～八月七日）の季語。

（10）子ども会に参加した子どもたちへの聞き取りはできたが、一人一人の聞き取りの調整が困難だったこともあり、子ども時代の遊びの内容を大人から聞き取ったものである。

（11）社日講の行事はそれぞれの地方により異なっている。農家では田神の祭りとして今年の稲の豊作を願うのである。春の社日は田神を迎える日であり、秋の社日は豊作に感謝して送別日として、部落ごとに春は当日宿廻りの家で講番（世話役）が行ってごちそうを作り、一同宿前に集まり神官を迎えて祝詞をあげてもらい祝宴となり、秋の社日は田神を送るので前日宿前で講番の世話で春と同様に豊作を感謝し一同集って酒盛りをやった。（出典：綾郷土史編纂委員会 1982: 1031-1032）

（12）町内あちこちに見かける田の神様は昔から農民に親しまれた神様だった。昔は荒れ地を開いて田圃ができると、先ず田の神を祭って五穀の豊穣を祈願した。自然を相手の農業であるから、いつどんな災害にあうか分からない。その災害を免れるため最も身近な神様を祭り無事を祈ったのであろう。（綾郷土史編纂委員会 1982：1000）

（13）九州各地にある郷土料理。野菜や鶏肉を煮込んで作るが材料や味は各地、各家庭で代々伝えられた秘伝のもの。

(14) 上畑地区では約二六年ほど前に共同墓地ができたころに土葬をしなくなったという。しかし、地区住民が助ける地域葬は最近まで行われており、二〇〇六年の押川家の地域葬の例がある。

(15) 例を挙げると、綾町東区（神下地区を含む四地区から成る）における合同壮年会の会合について、神下地区の自治公民館長（当時）の海老原正利さん（六九歳）も「壮年会の活動や実績を報告し、反省し、いい点を学び合うわけです」と、そうした会合の意義を語っている。また二反野の自治公民館長（当時）の松永光弘さん（六九歳）も「館長になってよかったことは出会い。他の館長との出会いがよかった。そうやって人とつながっていく」と、地区を超えた人間関係形成の喜びを語っている。

(16) アマルティア・セン（1992）が quality of life と呼び、日本語では「生活の質」と訳されるが、本書では特に精神性や価値観がこめられた life の意味をくみ取って「生き方の質」と訳すことにした。

(17) 大井沢は、かつては湯殿山参拝の行者が行きかう宿場町であり、屋号を持つ家も少なくない。そうしたもてなし文化の再興として、一九七一年から「大井沢ふるさと民宿」が始められ、もともと二軒あった旅館に加え、二〇軒の家が民宿を始めたが、佐藤さんの民宿もその一軒である。しかし、筆者の聞き取りの後、佐藤さんは二〇一三年秋に民宿を閉じることとなった。

(18)「山競り」と「窯場探し」「木出し」の工程の記述は省略した。

(19) 黒炭は空気に触れずに炭化したので、火をつけると一酸化炭素が出るが、白炭のほうは、窯から出した時に中のガスが全部燃えきって炭が固くなり、一酸化炭素の問題はほとんどないという。

(20) 戦後の大井沢では、稲作などをしながら炭焼きや山仕事などの季節労働をする兼業農家が大半であった。狩猟も熊の胆や動物の毛皮などが高額に売れていた時期もあり、ある程度生業として成り立っていた。

(21) 土田重美さんのことで、彼が発見したオニゲナ菌の写真は研究報告されている（志田忠儀 2008）。

(22) 逆に学校教育は受験のための知識や対策伝授の場になりつつあり、そうした目的なら数学や国語といった科目ごとに縦割りに教えられていても問題は生じない。このことは、日常世界から隔離した学校という閉じられた場で営まれ、分野別にばらばらに展開される教育と、自己の生という一貫性のうちに統合される生活世界の共育の違いを明確に示している。

（23）佐藤一子（1998：9-10）は、生涯学習には児童期の学校教育や日常的な偶発的学習も含まれ、また社会教育も生涯にわたる学習の一部分ということになるが、人々の通念としては、生涯学習は学校終了後の成人の多様な学習機会・学習活動の総称という意味合いで理解され、マスメディアなどでも用いられているように思われると述べている。

（24）例を挙げると、保育園は厚労省の管轄で、幼稚園から高等教育は文科省の管轄であるが、文科省の組織構成においても、生涯学習政策局、初等中等教育局、高等教育局という具合に縦割りで運営されており、統合されていない。（出典：文部科学省ホームページ http://www.mext.go.jp/b_menu/soshiki2/04.htm 二〇一三年七月四日閲覧）

第四章

「三山講」と地域の共同性

――千葉県市原市八幡・上高根――

1 「山」と「死」に向き合う人々

出羽三山講の概要

第二章で分析した伊里前の契約会は、日本全国に存在する講集団の一つである。この章では、そうした伝統的な講の歴史的変遷をたどり、数世紀を経て持続する集団の機能を支える共育や継承のあり方から、その持続可能性や講員たちが拠りどころとする精神性の意味、さらに共同性の力の源など、より深い内実を探っていくため、千葉県市原市で活動する二つの出羽三山講（以後三山講と略記）の事例を取り上げる。三山講では講員を行《ぎょう》をする行人《ぎょうにん》と読んでいるが、人間の「不完全性」の象徴である「死」と向き合い、「山」の登拝による「再生」を願う信仰を軸に、ほぼ三百年もの昔から自発的なコミュニティを持続してきた講集団の歴史、仕組み、儀礼や行事、登拝などの諸機能の詳細を行人たちから聞き取っていくとき、そこからいくつかの「物語」が立ち上がってくる。その小さな「物語」を一つ一つ紐解いていくことが探求の鍵になる。

出羽三山とは山形県の月山（一九八四メートル）、湯殿山（一五〇〇メートル）、羽黒山《はぐろさん》（四一四メートル）

図 4–1　二つの敬愛講

上が八幡敬愛講（2012 年 11 月筆者撮影）、下が上高根敬愛講（2013 年 2 月筆者撮影）

の総称である。[1]冬期には雪に閉ざされて登拝不可能な月山や湯殿山に比べ、三山の中で最も低い羽黒山はその便の良さから歴史的に修験道の修行場であった。そして三山の神を合祭する羽黒山神社（旧寂光寺）の存在もあって、羽黒山には一年を通して参拝客が絶えない。羽黒山の門前には手向《とうげ》の宿坊集落が広がっており、江戸時代には「麓三六〇坊」と呼ばれるほど多かったが（千葉県史料研究財団 1999：400）現在はその一〇分の一以下に減り、三〇近い宿坊が東北や関東一円に持つ檀那場《だんなば》[2]の講集団との関係性を持続して宿坊を営んでいる。出羽三山と距離的にも遠いにもかかわらず、千葉県では三山講が昔から盛んで、講集団の多くは房総に集中しているのが特徴である。

調査対象である千葉県市原市の八幡敬愛講《やわたけいあいこう》と上高根敬愛講《かみたかねけいあいこう》（図4―1）は、記録によると両集団とも江戸時代から活動を始め、現在も必ず月一回の行屋《ぎょうや》と呼ばれる集会所での祈祷と直会《なおらい》を実施している。さらに毎年夏に山形県の羽黒山、月山、湯殿山の三山詣りを実行し、春には羽黒の宿坊の坊主《ぼうしゅ》の訪問を受けている。さて、地域には営利を目的にする企業や会社、非営利のＮＰＯなどの法人、趣味の会やスポーツ活動などを営む多くの集団が存在するが、あえて講集団に着目した理由は三つある。それらは、（1）歴史と伝統に根ざした普遍性と、（2）制度や経済的政治的権力とは距離を置く自発性に基づく運営、また（3）各個人の自発的参加に基づいているにしても、集団の根っこには地域共同体があり、地域という場や自然につながっているということである。これが同好会などの趣味の集団や、制度の下で運営されるＮＰＯとは異なる点である。言い換えると、歴史と伝統、継承、自発性、非権力性、地域性、自然といった要素を持っている講集団は、内発的発展との親和性が高いと考えら

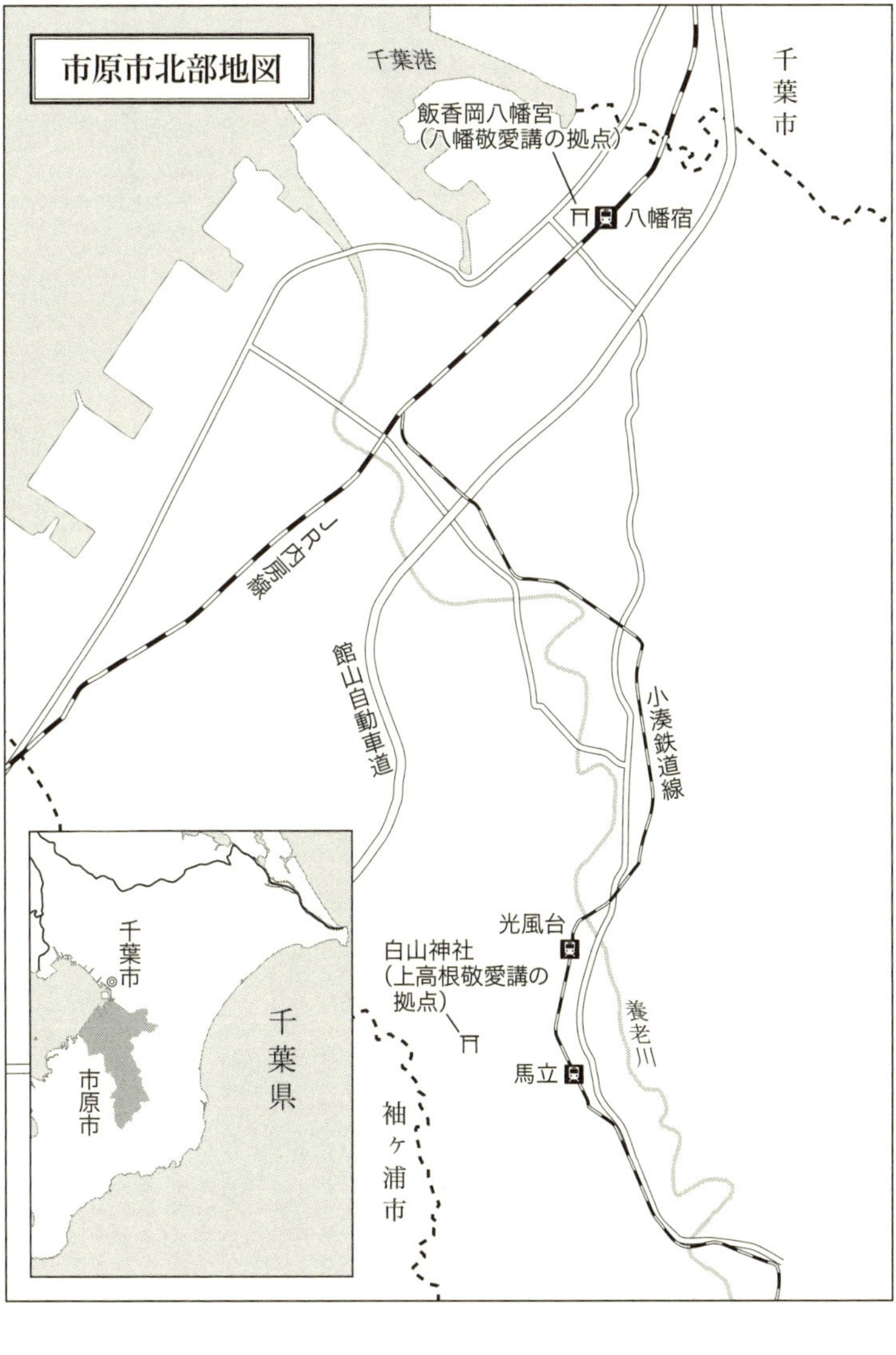
市原市北部地図
千葉港
千葉市
飯香岡八幡宮
（八幡敬愛講の拠点）
八幡宿
JR内房線
館山自動車道
小湊鉄道線
光風台
白山神社
（上高根敬愛講の拠点）
馬立
養老川
袖ヶ浦市
千葉市
市原市
千葉県

れるからである。

講の歴史的背景

三山講の内実に着手する前に、講の出自と背景をまず見ていきたい。櫻井徳太郎（1985：191-194）によれば、講とは、宗教上もしくは経済上その他の目的を達成するために、志を同じくする人々の間で組織された社会集団の一種である。古くは平安時代初期に天台宗の仏教行事としての法華八講会《ほっけはっこうかい》に端を発した小集団で、急速に公家社会に伝播普及したが、その後、中央から地方へ、上層から庶民層へと全国に広がり、地方においては土地の民間信仰の原初形態と接触混融し、山の神・田の神などの講集団が形成されたと考えられている（櫻井 1962）。近世以降は江戸などの大都市においても代参講（富士講、伊勢講など）が大流行すると同時に、経済的共助（頼母子講《たのもしこう》など）、福祉共助（葬式講など）、労働共助（結講など）といった庶民のニーズに応答しながら講は多様化していった。明治以降の近代化の波にあっても、これらの講の多くは存続した。[3] 今日でも数は減りつつあるものの、依然として日本全国各地で講集団が活動しており、二〇一一年には「出羽三山と山伏」展を実施した千葉県立中央博物館によって、千葉県の房総に現存する百近い三山講のうち三三の講集団の調査が行われている。また、二〇一三年七月に世界文化遺産として登録された富士山では、文化遺産としての登録に現在もなお持続している富士講が貢献したことは記憶に新しい。

二つの敬愛講の概要

（１）八幡敬愛講について

八幡敬愛講は羽黒手向の正傳坊《しょうでんぼう》を宿坊としており、古くは江戸時代の宝永六（一七〇九）年の記録が宿坊の宿帳に残っている、と長老格で大先達《せんだち》の石橋栄太郎さん（八二歳）は語る。供養塚に残存する最古の石碑には文化九（一八一二）年と刻まれている。行屋は一九五九（昭和三十四）年の京葉工業地帯の開発前は現在の八幡宿駅の位置にあった満徳寺の境内にあったが、開発後は供養塚と共に飯香岡八幡宮《いいがおかはちまんぐう》の敷地内に移った。供養塚は正方形で、三段からなる大型な石造りである。行屋には祭壇があり、三つに仕切られている。中央には「出羽大神・月山大神・湯殿山大神」の額を掲げ、神鏡や幣束《へいそく》を祀っている。また、右壇には大日如来と不動明王を祀り、左壇は禊殿《みそぎでん》と霊《れい》祀殿《きでん》で、物故行人の位牌などを祀っている。

八幡敬愛講は、観音町、浜本町《はもとちょう》、南町、新宿の町会メンバーからなっており、毎月八日に八日講を行っている。二〇一二年四月一日時点で行人の数は二二九名であるが、これは一度でも三山詣りをした人という意味である。八日講に参加するのは、主に各町で世話人という役をしている人々が中心で、およそ二八人から二九人である。八幡敬愛講には行人の格づけがあり、三山登拝の回数で大先達、先達、副先達が決まる。役員は先達を筆頭に、四人の副先達と会計の六人である。先達たちはある程度の高齢になると登拝をやめ、顧問役を引き受ける。三山詣りは毎年七月二十日前後にバスを貸し切って行う。その際は、行人の家族（配偶者や両親、子どもや孫たち）も参加可能である。また、八月下旬からの秋の峰入りという修験道の修行の火祭りに先達や副先達が行くこともあるという。講にかかわる費用はすべて行人が自発的に負担している。三山詣りのための費用のほかに、毎月一五〇〇円を積み立て、その他に運営費も毎年千円払っている。また、行人が死亡した際は、行人の各世帯から百円ずつ集めて遺族へ渡す。

（2）上高根敬愛講について

上高根敬愛講も歴史は江戸時代にさかのぼる。本来は羽黒手向の西蔵《さいぞう》坊《ぼう》を宿坊とし、その宿帳には一六九八（元禄十一）年に上高根から六人の行者が宿泊したものが最古の記録として残っている。西蔵坊が二〇〇七（平成十九）年に休業したことから宿坊は養清坊《ようせいぼう》に移った。養清坊の坊主は毎年三月頃に上高根を訪れる。上高根敬愛講は二〇〇一（平成十三）年三月に県指定無形民俗文化財となった。行屋も江戸時代末期の大日堂であったものが現在も利用されており（市原市文化財研究会1995）、部分的な改築はされているが、その建築様式は貴重なものとして評価されている。行屋内には大日如来像と不動明王、阿弥陀如来像、弘法大師座像などが祀られている。(4) 以前はこの一帯が集落の共有していた入会の山だったが、一部がゴルフ場になった現在、そこに供養塚がそのまま残っている。(5) こんもりとした五メートルほどの高さの塚の上に、江戸時代から明治、昭和、平成までの供養塔がいくつか立てられている。

原則として毎月第一日曜日に全員で八日講、二十日に長老だけによる二十日講を行っている。二十日講は一九七二（昭和四十七）年ごろに始まったという。上高根敬愛講は上区第一町会、上区第二町会、下区町会の、三つの町会からなっている。この三つの町会で調査当時行人は一〇七人いた。八日講に参加するメンバーは定年退職した六〇代、七〇代が主だが、三山詣りには若い人も参加するという。上高根敬愛講の役員は七人で、講長と、先達、会計の三人と四人の世話人からなっている。調査当日（二〇一三年二月三日）の行人はおよそ二〇人だった。三山詣りは七月半ばに行き、原則登拝するのは男性だが、一度例外的に三人の女性（配偶者）が参加したこともあった。三山詣りは若い男性も参加することがあり、宇田や小向井地区など別の町会からの参加者もいるという。

八つの「かかわり」の物語を紐解く

ここからは、二つの敬愛講の行人たちの聞き取りから立ち上がってきた、八つの「かかわり」の物語を一つ一つ紐解いて見ていきたい。その八つの物語のテーマは、「地域の自然と人」、「地域の人と人」、「三山講と宿坊」、「山と人」、「儀礼と人」、「行人と仲間」「信仰と信仰」「継承と持続可能性」である。二〇一三年一月八日の八幡敬愛講の新年会における聞き取りの記録を中心に、二〇一二年十一月八日の八幡敬愛講集会の聞き取り、二〇一三年二月三日の上高根敬愛講の節分会における聞き取りから、これらの八つのテーマを再構成した。

地域の自然と人のかかわり

まず、時を遡り、江戸時代から明治にかけての八幡の人々の生活と出羽三山信仰のかかわりを見ていこう。聞き取りから要約すると、そもそも八幡は舟商が多く、その組織が強かった(6)。住民は、江戸は浅草のあたりに千葉の銚子から醤油などの物資を運ぶことで力を持っており、五〇石とも言われた財力で三山講のほかに富士講も盛んだった。海が浅いこともあって、艀《はしけ》がさかんで組合ができていた。大きな船から小さい荷をまとめて輸送する「こあげ」をする商売も沢山あったが、今は一軒だけが残っている。「発祥はね、港だね。富士講も三山講も浜本、観音町からが盛んだった。町を越えてやってた」との山中喜久司さん（六七歳）の語りが示すように、海の生業や商売が盛んだった地域に出羽三山信仰が浸透していったのは、月山は海を守る神で海上安全祈願とお札に書かれていることからも推測できる(7)。この舟商も、陸上交通の発達で、時代を経るにつれすたれていったが、海苔などの生業はあいかわらず盛んだったという。そして、この海苔の生業と三山詣りのサイクルがぴったり合ったことを示すのが、山中さんと中村義男さん（六九歳）と、新年のご祈祷に八幡敬愛講を訪れていた正傳坊の吉住光正師（五三歳）の以下の会話である。

中村さん　海苔は冬だけ、寒い時期。十一月から三月。だから七月、八月はさ、海苔網を皆自分で全部編んで準備するわけ。夏の間に。

吉住師　やっぱ面白いのはね、そういう海岸でね、いろんな海苔だとか漁業とかやってた人が、出羽三山の信仰って一番篤いのよ。八幡とかね、五井《ごい》も、ずっとそうなんですよ。海苔採りのお客さんがやっぱり凄かったんですよ。

山中さん　海苔がね、生活の基盤なんですよ。ええ。お米はもう半農半漁ですけども、現金収入の基盤なんですよ。

冬から春にかけて採集した海苔やアサリを売って収入を得て、六月には田植えをし、七月は海苔も採れず、また、秋の稲刈り前ということで、タイミングとしても三山詣りは可能だった。半農半漁ということもあって、海上安全の月山、五穀豊穣の湯殿山の二つの祈願を同時にできるということも、生業を営む人々にとって魅力であったろう。

地域の人と人とのかかわり

講に入るきっかけとしては、家族で講を代々やっているところもあり、父親と息子が同時に講に入っていることもあるという。両方の講で、家族のメンバーが代々大先達や先達として活躍している例があり、八幡敬愛講では、メンバーの叔父や従弟など、親戚にまで拡張して講にかかわっているといった例もあった。「昔は親が怖かった。絶対服従だったから。講だって親が決めたし」と高沢和夫さん（六二歳）の言うように、親の意向が昔は強かった。一方、「三一歳そこらだったかな。結婚して二年ぐらいで入ったね。当時は従弟や友人が世話人をやってて、父も一回世話人をやってた。父に言われたのもあるけど、近所で先達をやっている人に誘われてやるようになったんで」と言う稲葉武雄さん（八〇歳）のように、親よりも、町会という地域の人間関係で、世話人や先達に声をかけられ講に入ったという人も少なくない。なかには、「父親が行人だったが、講には誘われはしなかったね。自分で入ったよ」と語る大鐘芳男さん（九四歳）のように自発的に参加した人もいれば、よそから移住してきた人も入っている。その一人である長谷川康司さん（六六歳）は次のように語る。「昭和二十年代にヤナサク(8)に来た時家建てて。で、三五歳だったか、消防団に入ろうにも年齢制限があったりして、それで、地域の人とつきあってみようと。うちは農家じゃなかったからしきたりに入りたいと思ってね。お山には六回登ってる。上高根に帰ってきてなじみたいと思ってさ。いや、市原だけど、ここで生まれ育ってないんだよ。でも三山講のことは親から聞いてたから。この地域で、この歳になって受け入れてくれて楽しいね。今の歳になって楽しい生活をしているよ。お山に行ったとき、陰膳しろと親が言っていたね。スムーズに溶け込めたと思う。義理の親が敬愛講に入っていたから、ここから始めようと」。

いずれにしても、家族や地域の友人、知り合いのなかに講のメンバーがいて、そうした人間関係を通じて、講に関するイメージや知識をわずかながらも持っていたことも一つの要因であったと考えられる。また、かつては漁村だったが、一九五九年以降は開発で都市化してしまった八幡と異なり、上高根は広大な入会地を共有する実績もあり、まだ農村集落的な人間関係が強い。講に入るために、まず三山詣りをして行人になって村では一人前といった暗黙の了解が、ある時代まではあったという。「ある程度の年齢に達したら皆山に行くわけ。もうそろそろあんたも三十何歳、行かねえかって。行って皆さんの仲間入りに入ろうかな。これで一人前の村の人になるんだというのが初めのきっかけ。私らの年齢は、高根に生まれたら、行屋の一員になって山に行って一人前。でも最近の若い人はそう感じていないね。ええっ、なんで私らがって、三〇代そこそこの連中はそう言う。それぞれ変わってきている。時代が変わってきたね」と永野尚生さん（七二歳）は振り返る。

三山講と宿坊とのかかわり

こうして千葉の地方の地域共同体の中で三山講が生まれ、次々とメンバーが入れ替わりながらも江戸時代から現代まで持続してきたわけだが、その大きな要因としては宿坊と講集団のかかわりがある。宿坊の神官の吉住師によると、八幡敬愛講は自分が子どもの時から三山詣りで宿坊（自宅）に来ていたので、古いメンバーとは旧知の仲である。「だから、うち（実家）とコミュニティ（講）とのつきあいです」との語りが示すように、先代から講集団とは家族ぐるみのつき合いをしているという。これについては八幡敬愛講の行人たちと宿坊の吉住師の会話からそのかかわりが見えてきた。

高澤さん　先代が良かったからよ。お願いしますよ。

吉住師　いえいえ、先代は先代で、先代の気持ち一番わかってるつもりだけどもね。それでも八幡の人がつないでくれる限りは一人でも二人でも、やっぱり、それに答えていこって気持ちあるから。

中村さん　ここで我々で終わりにしないで、なんとか続けようと思って。続けないといけないから。

こうしたやり取りから見えてくるのは、宿坊の経営の困難な現状である。現代は講集団自体の数の減少や、さらに三山詣りをするメンバーの減少もあるが、交通の発達で三山詣りは貸切バスによる二泊三日の強行軍が可能になった。宿坊の宿泊は、最初の夜の一泊のみである。大聖坊《だいしょうぼう》の星野尚文《しょうぶん》師（六六歳）によれば、三山詣りは七月と八月、つまり一年のうちたった二か月がシーズンとなる。その傍ら、講集団においては、歴史的にも講の一部のメンバーが家族代々かかわってきたことと、多いときには三〇回近い登拝経験を持つメンバーによる宿坊とのつきあいの蓄積もあって、宿坊の事情を良く理解している。こうして、宿坊による初春の檀那場回りと七月の三山詣りという宿坊と講の相互の訪問が季節ごとに毎年繰り返されるが、そこには宿坊の家族と行人たちの家族との長い時を経たかかわりの物語が埋め込まれているのである。

山と人とのかかわり

三山詣りが現在観光化していることは否めないが、参拝講はそもそも歴史的に観光の要素が入っている。江戸時代は庶民の移動は厳格に制限されていた。しかしながら、街道の発達もあって、有名寺社参拝の旅は概ね許されていたこともあり、伊勢講や富士講など、往復路で色々な寺社や名所旧跡を巡る観光も兼ねた参拝講が爆発的な流行となったのである。そうした参拝者であふれていた宿場町にはかつては花街もあり、聖と俗の世界が混在していた。まだ長距離列車などの交通手段がなかったころの徒歩による参拝講は危険を伴い、死者が出ることもあった（對馬 2011：25）。月山登山も今でこそ八合目までバスで行けるようになっているが、車もなく麓から徒歩で登っていた時代は、山の天候や疲労の具合によっては命がけの登拝であった。二十一世紀の現在、行人たちはどういった思いで登拝しているのだろうか。

(1)登拝への思い　聞き取りから浮かび上がってきた、登拝に対する個人的な思いは様々である。「地域の人と人とのかかわり」の語りからわかるように、村の掟であり、一人前として認められるための通過儀礼であるという見方をする行人は多い。永野喜光さん(六六歳)も「三〇そこそこで昭和五十二(一九七七)年にお山登ったよ。誘われて、そこ行かなきゃ男にならねえからって。女房にも行けと言われたよ。やっとこれで高根の三部落の一員になれたかなっていう気持ちだったな」と語る。また、長老格の行人は信仰心も篤い。「自分は信仰してたよ。よその富士講よりも三山信仰がよかったな。やはり皆が熱心だと子どもも親に従って登るようになるもんだ。だから今日来てる中で自分が一番登ったよ。お山に行くってのは、それは土地の掟よ。一生に一度は登るということになってて、行かないって人は病弱の人か、家庭の都合でできないか。見渡しても行かない人はないね。子どもの時分から祖父母から聞かされてたからね。百姓でたいした暮らしをしていなかったけど、それを工面していく苦労は容易ではなかったと思うな。大変だったから、お山に参る。一生のうちに成し遂げる大きな人生の目標だったんだな」と佐久間憲一さん(七〇歳)は自分の人生を振り返る。

しかし、八幡敬愛講では、「俺は信心十割」と語る長老格の稲葉武男さんに対し、「俺は観光八割だな」と三五年前から家族登拝も含め二〇回ほど登拝している副先達の高澤さんは率直に語る。そもそも、三山講をはじめるきっかけとして、まず三山詣りを勧められたという行人は多い。知り合いを登拝に誘う際は観光という楽しみを強調するのである。

高澤さん　おやじに連れて行かれた時は冷やかし。冷やかし半分なんだよ。昭和五十六（一九八一）年だったからまだ三〇ぐらいの時。三三年ぐらい前か。それで一回行って、もう一回行きてえなとおもった。それで今度自分で行ったの。たかが遊びだろうと、一回行ったら、二回目からむきになんだから。月山ってのはそんなもんだ。いってみりゃわからあ。だからきっかけ、そこなんだよ、初めて行く奴は。

山中さん　でなければこういうつきあいもないし。じゃあ、ちょっと行ってみようかって。

（2）登拝の体験談　ところが、いざ登拝となると語りの内容は異なってくる。山の思い出を語るとき、上高根敬愛講の鈴木清治さん（五九歳）と永野喜光さんの表情は一変する。

鈴木さん　いや、山の天気はすごいわ。雨と風で引き返したことがあるよ。いやあ。山の天気はすごいわ。もう、雨が打ちつけて耳が痛かったもん。ちょうど俺が先達した年に天気が悪くてさ。結局引き返したのよ。

永野さん　三〇前後の若者が四人だったかな、降りてきて、雪渓から上が吹雪いてもう上がれねえって言うんだ。こりゃあ、俺らは無理だろうって決断して引き返してきたんだ。

鈴木さん　雨が、砂利が飛んでくるみたいで、耳に当たると痛いんだ。もう、風で吹っ飛んじゃう。怖かったよ。その時上がったのは五人位で、途中で食事する時に他にいたのは二人ぐらいだったから。その、上がるときに無理して上がったからな。

永野さん　登拝は怖いのもあるけど、記憶に残るね。厳しさの中にも満足感があるね。

八幡敬愛講でも、登拝のきびしさについて人々は熱心に語り始める。

吉住師　はっきりいって、山に登ったら厳しいよ、私は。もうだめな人間は帰れって言う。山で背負《しょ》ったことあるんですよ。このやわな体でね、下ろす時にね。そうそう、もう歩けなくて下ろしたことあります。

高澤さん　俺、あの人初山んときに、おぶって上がったよ。

吉住師　毎年一〇回近くも登ってるから、もうだいたいわかるんです。途中でこの人登れるか登れないか。本人がわかってないときは、もう無理だとはっきりと言いますよ。あなた、ここで帰って来るまで待って下さいって言いますよ。だって命にかかわるんだから。ほんとに危ないなあって。

山中さん　今、車時代でしょ。ほとんど歩かないでしょ。だから山なんか大丈夫だっていうね、そういう感覚で上がるから。

吉住師　昔の人はとんでもなく歩いて苦労した覚えって絶対あると思うのよ。ところが今の若い人はあまりない。山をやるのは、まず命がけだよ。私はもう登れるか登れないかはっきり言う。だから、それで感謝されることこそあれ文句いう人は誰もいない。あのね、私がなんで山で面倒見れるかというとね、これ、山中さんっているでしょ、この人が最終的に面倒見てくれるんです。もう二、三人、八幡ではやっぱりね、気持ちとして山の面倒見てくれる人絶対いるんですよ。だから八幡の講って成り立つ。

高澤さん　元気がいい人が一番しんがり。体力のある人が。追いつかないと、拾ってくるんだよ、一番最後に。

こうした会話からわかってきたことは、山の自然の実際の厳しさと、登る側の自分の体力の認識にギャップがあることである。吉住師も登拝経験の多い行人たちも、三山登拝は命がけであるという心構えであり、場合によっては登らせないという判断をしなくてはならない。そのとき、自分が背負ってでも下山させられるか、といった覚悟を迫られる。そうした状況を想定して、神官や先達たちが協力し合って、事故なく登拝を無事終えるための体制ができているのである。山の経験が豊かな行人たちは登拝前の気持ちについて次のように語る。

吉住師　だからそんときのパワーは違うよ、多分。すりかわるパワーで。
山中さん　この家族は皆ね、すごい皆パワーあるんだ。
吉住師　山中さんもですが、朝起きて拝むけれども、皆パワーあって、違うよ。やっぱりあのう、信仰っていうか、山へ登るときの気持ちが。
山中さん　気持ちが入りますよ。これから山に登ろうってね。
上木原さん　いい経験しましたよ。やっぱ気持ちでさあ、山上がって月山に登った気持ちもいいんだけど、坊に着いた気持ちがさあ、よし上がんなきゃいけねえって気持ちになんでや。そしたらさあ、やっぱりねえ。思わずほんと、うん、これから山に登んだから、今日はいっぱい食うっぺ、やりますよって気持ちで。

（3）月山の祖霊信仰

さらに、単なる登山と、三山講の登拝は何が違うのだろうか。「観光が八割」と自負していた高澤さんは、若いころ父親に誘われて、冷やかし半分に始めた三山詣りだったが、その後毎年のように敬愛講で登拝し、さらに家族のみでの登拝もしている。しかし、父が他界してから登拝の意味が変わってきた。

高澤さん　仏様は自分の親で、御先祖様。だから、俺はおやじに言われてたことは、俺死んだら月山に帰ると。おやじがよく言ってたのは、俺死んだら御霊は月山の仙人になるって。だから、なんで月山に行くってのは、親に引き会いたいんだよ。俺は個人的解釈で、そこ行ったら親に引き会えるなあ、親の話聞いたからなあって解釈で登ってるわけ、月山に。

吉住師　いやいや、そういう山ですよ。そういう信仰の山で。

高澤さん　やっぱ親に近づきたいのよ。

吉住師　そうそう、そのとおり。だから、人間死んでから、まあいろんな段階を踏むけれども、最終的にはあのう天上にいくと。その過程で、月山ってのは高い山だから、だんだんね、低い山から高い山に行って最終的に月山に鎮まる。そういう信仰だから(9)。

高澤さん　お山のとこで、親に近づいて、親にじーっと話聞いたような意味合いで月山に行って。でなきゃ山やれねえよ。

吉住師　だからね、一四〇〇年続いているってのはそういうことだと思うんですよ。でなきゃ、観光だけじゃこんな風に絶対行かないって。

高澤さん　だから月山に白装束着ていくっちゅうのは、親に引き会いに行くのよ。で、自己満足だ。

山中さん　だから霊だ、霊。霊に会いに行く。お話ししてくる。

高澤さん　だから月山行ったのは、仙人になんだからって俺には言ってた。行ったら、なんか、おやじ、いい経験してくれたかって聞く。おとっちゃーんって、月山で言ってるんだな。

この会話から見えてきたのは、かつて父親と共に登拝した息子が、他界した父親に一年に一度月山で会い、話をするために山に登るという思いであり、それは山が死者と生者を出会わせる神聖な場であり、そうした力を持つという信仰である。それは、自分自身もやがて他界するという死を意識し、その時には、これまで一緒に登拝してきた子どもたちも、また、月山に登ってきてくれて、自分と話をしてくれるという希望が埋め込まれた信仰である。他界した父（過去）と、自分（現在）と、子どもたち（未来）という三つの次元が登拝で一つになる。この意味で、月山（阿弥陀如来＝極楽浄土＝過去）、羽黒山（聖観音＝現世＝現在）、湯殿山（大日如来＝未来）という歴史的な意味づけにも説得力がある。

儀礼と人とのかかわり

講の儀礼や行事を遂行するには、行人たちは多くのことを学び、それを次世代に教え、継承していく必要がある。それができてきたからこそ三百年以上も講集団は続いてきた。三山講には色々な行事があり、驚くほど細かな約束事やしきたりに満ちている。それらについて、二つの敬愛講の相似や相違点も含め、以下その内容を見ていく。

（1）八日講の儀礼（年中行事も含む）

八幡敬愛講は、八日講の際は行屋の前に黄・赤・白・緑・青の五色の旗を立てる。一月の日程は特別で、十二月二十七日に三本の梵天を作り、餅をまいて重ね餅を作り、それらを元旦に三山供養塚に供える。この餅は四日におろして行人の家の数に切り、一月八日の八日講の行事に先立って、お札や暦とあわせて各戸に配る。お札や暦は一月八日に間に合うように宿坊から送られてくる。上高根敬愛講が実施している八日講の中でも、独特の伝統は節分会と川垢《かわご》離《り》である。二月三日の節分には魔よけの札を作り、行人に配る。七月土用丑の日は土用行（川垢離）を行い、行屋わきの水場に色梵天を一本立てる。この日は供養塚掃除や三山登拝の安全祈願も行う。かつては二月の大寒のころに寒行があったが、今は行われていない(10)。

(2) 正五九の行事

八幡敬愛講では、正五九《しょうごく》（一・五・九月）には三本組の梵天を作り、行屋入り口や供養碑などのしめ縄を変える。これは、他界した行人の供養を行う行事である。石橋栄太郎さんは御年八二歳で、しめ縄を編む名人である。二〇一二年十月には百メートルのしめ縄を編んだ。石橋さんは同じ行人であった父親からしめ縄の編み方を習った。同様に行人である伯父からも習っている。稲藁は農家に頼んで行屋に持ってきてもらう。正五九の月ごとにしめ縄を変える。一〇年前から八幡敬愛講に入ったという上木原政文さん（六三歳）は、そうした学びに魅力を感じ、「敬愛講の魅力？　ありますよ。それはね、知らないこと。例えばね、縄の縛り方。それと、神様の榊はね、神社で水を変えるのは普通一週間ぐらいだよね。でも夏は、榊は水を毎日変えてくれってのは知らなかった。知らないことは喜んで先輩が教えてくれる。だから魅力。じいちゃんばあちゃんしか知らないことを皆教えてくれる」と語っている。

（3）三山詣りの儀礼　三山詣りでは、講集団ごとに微妙に異なる方法で伝統的な儀礼が行われている。八幡敬愛講は、三山詣りの前には、昔は海で身を清めたが、現在は神社で「潮垢離《しおごり》」として祈祷してもらう。参拝に行く人数分の梵天《ぼんてん》を作り、行屋の前に立てる。梵天は行く人の身替わりで、帰ってくると、その日の夕方に、自分で自分の梵天を倒す。一度死んで生まれ変わるという意味がある。翌日の足洗いで供養塚に持っていき、まとめて立てておく。およそ一か月そのままにしておき、九月八日に下げてお焚きあげをする。[11]

上高根敬愛講は、初登拝者の人数分の白梵天と、二回以上の全員分として一本の色梵天を作り、行屋の三山碑の前に立てて安全祈願をし、また、行屋のすぐ隣にある白山神社にも参拝する。行屋の梵天には、毎朝主人の留守中に家を守る家族が水をかけにくる。このしきたりは今でもある程度は続いているらしい。下山後は一週間ぐらいの内に腰梵天（後述）のお塚（供養塚）納めと、八社詣りを行う。これは、供養塚に並ぶ供養塔のうち、正面の新しい石に行屋の梵天を写し、新行人が受けてきた腰梵天を納め、その後近隣八か所の行屋を廻るもの。かつては腰梵天がまとまると梵天供養を行い、新たな石を立てて納めたが、今は塚に納める場所が設けてあり、行くたびにそこに納める形になっている。[12]

八幡敬愛講も上高根敬愛講も、先述の腰梵天については、ほぼ同じような手順を踏襲している。新人が初登拝する際には、小さい木の板に墨で名前を書いた、腰梵天というものを作り、それを腰にさして三山に登る。山でこの梵天に魂を移すという意味がある。無事三山詣りを果たして、地元に戻ると、腰梵天を供養し、供養塔へ戻す。その際に、大きな石碑の後ろに、腰梵天を埋める穴があり、そこに石の蓋がある。その穴に腰梵天を入れて、石の蓋をし、上から土をかけて覆う。

さて、三山へ出発する当日は、八幡敬愛講では、早朝四時ごろに、町の四つ角でお神酒を飲むのが独自のしきたりとなっている。両敬愛講とも行屋へ集合して、祝詞をあげ、お神酒を飲んで五時ごろにバスに乗って出発する。夕方に現地の宿坊入りをし、翌朝早朝四時ごろから起き、宿坊でご祈祷をしてもらったあと、軽く朝食を取り、バスに乗って月山の八合目まで行き、およそ六時ごろに登拝に出発する。まず月山山頂を目指し、月山神社で祈祷した後、予定としては午後二時ごろに湯殿山の麓のご神体まで下りていき、参拝して完結する。

(4) 行人の葬式

八幡敬愛講では、行人が亡くなると三本の梵天を作る。正五九の梵天と形は同じだが、サカキをシキミに替え、墓地へ持って行って立てる。(13) 昔は装束をお棺に入れていた。そして遺体には白装束を着せ、頭も白布でまいていた。しかし、今は病院で亡くなるので体が堅くなって着せられなくなり、白装束は上からかけてやっているという。また行人の葬式の際に納骨が知らされるのはまず先達で、それから世話人、行屋(行人)へと連絡がいくと説明してくれた。納骨は墓に全員で行衣を着て行き、三本梵天を立て、戒名を拝み供養するという。

上高根敬愛講では、行人が亡くなると、葬式の前日に行人が行屋に集まり、仲間が葬式の前に葬式梵天を作る。一本の色梵天と二本の白梵天で一組とする。当日に埋葬に先立って墓に立てる。そしてお墓の前で講中の皆で祈る。(14) こうして、講の仲間全員で亡き行人を見送る行為こそが、三山講の意義であると長谷川さんは語る。「敬愛講がつながってきた経緯ってのはね。死に水とるんだよ。皆で送るの。ここで仲間が亡くなった時、ここで御経上げて、梵天たててさ」。同様に鈴木さんも「七、八年前にね、親の葬式で墓にいったら、行人の人が来て祈ってくれたんだけど、そういう風に自分たちも先祖になっていく。だからお墓を掃除したりすることもつながりだっぺ。行人は親でなくても見取るからな。東京にいると、お金出して葬式やるな。ここでは自分たちが協力して先祖供養してやらなくてはいけないわけ。こういうのを大事にしていきたいなあ」と、死してもつながり続ける仲間との絆の大切さを語る。

行人と仲間とのかかわり

八幡敬愛講は、聞き取り調査を二回実施できたことで、かなり講の人間関係の景色が見えてきた。上木原さんは「震災で絆とかなんとかいってるけどよ、先輩でなくて、後輩でなくて、つきあってないと、いざとなるとそんなことやってないといきなり手むすべねえよ」と、年齢に関係なく仲間として長年かかわってきてこその絆が講にあるということを強調する。高澤さんも同様に「絆って大事な言葉だからよ。大切に使ってほしいよな。同情でつながっても続かねえんだよ。そんな簡単に絆つくれねえんだよ」と語る。この、先達制度という一見ヒエラルキーからなる強い上下関係で成り立っているように見える講だが、先達制度は三山登拝の回数という、行人自身による努力や能力に対する正当な評価であり、そうした行人たちに敬意を示す仕組みであって、決して支配的な上下関係ではない。

そこには仲間同士の強い信頼関係が築かれていることは次の会話にも示されている。

山中さん　八幡講の魅力はね、人の集まりですよ。人の集まり、それが大切。コミュニケーション。やっぱコミュニケーションというか、和をもってわが郷土を守ろうって。

高澤さん　先輩の知恵を拝借して、コミュニケーションして。あの、おれも全国富士講青年会ってつきあいやってきたんだって。全国富士講青年会の第二〇項に「和をもって睦め、わが郷土を守ろう」ってあんだよ。睦みあいってのは、やっぱり、手を握り合ってよ、郷土守ろうっていうのよ。

山中さん　死ぬまで和なんですね。

高澤さん　和ってのは簡単に作れねえよ。

山中さん　小さいところからの積み重ね。

高澤さん　絆なんかは普段から話し合って、納得し合っていなければ簡単には絆つくれねえ。

山中さん　意見が違うこともある。そうじゃないよこうだよなんて、でちゃう。

高澤さん　やっぱそういったリーダーになれるんだよみんな、ねえ。山登った時に救助できてね。七つも八つも違う仲間といっしょに酒飲んで、それがつながりじゃねえか。

山中さん　意見の違いもある。話し合いながらだんだんわかりあってくわけよ。そうでないと長続きしない。要は信頼関係。皆いるから、お互い心を信じてる。

信仰と信仰とのかかわり

講集団の信仰は、共同の信仰である。特定の場（行屋）に定期的に集まり、共に祈祷し、年に一度三山詣りを共に実施することに意味をもつ。こうした共同の信仰の形は、教義をもつユダヤ教のシナゴーグやイスラム教のモスク、キリスト教の教会における集会にも典型的にみられる。しかし、それらー神教と神仏習合に端を発する出羽三山信仰とは根本的に異なる。月山神社、湯殿山神社のほか、湯殿山信仰の岩根沢神社を軸として、修験道の密教の要素が習合してきた。大井沢の湯殿山神社宮司の志田菊宏さん（五二歳）によれば、江戸時代には、天台宗の熊野派の修験道である羽黒・月山と吉野派の修験道である真言宗の湯殿山が対立していたという歴史もあるが、そうした宗派の対立をよそに、民衆の信仰は常に神仏一体の権現思想や自然信仰、さらに祖霊信仰[15]に基づいていた。

この複数の神仏信仰を良しとする風潮は、二つの敬愛講の行人の信仰の多様性に反映されている。一方の八幡敬愛講のメンバーの多くは、行屋がおかれている飯香岡八幡宮の氏子であり、鹿児島出身の上木原さんは千葉へ移住してきたが、飯香岡八幡宮の祭りの会長を八年やっていた。山中さんの家は代々日蓮宗でもある。他方、上高根敬愛講でも、佐久間正吉さん（八三歳）は地域の氏神である鶴ヶ峰八幡宮の総代をしていたことがある。さらに、両方の講において、かなり多くの行人が別の講にも同時に参加している。例えば八幡敬愛講を構成している町会のうち、観音町には三〇名からなる富士講があり、浜本町にも富士講があって小沢坊という宿坊を使っている。そうした経緯もあって、八幡敬愛講でも少なくとも五人は富士講も兼ねており、なかでも大先達の石橋さんは富士講で一〇回浅間神社へ詣でている。また、高澤さんは浅間講もやっているという。他方、上高根の下区の九番組では、二人一組で毎年秩父の三峰神社にお参りに行っていたというから、上高根敬愛講の行人も九番組の住民であれば三峰講をやっていることになる。

とすると、なぜばらばらに個人で信仰するのではなく、それぞれの神仏の集団に参加して信仰するのだろうか。それはやはり、語りからもわかるが、そもそも講に入るきっかけの、ほとんどのケースは「初めに信仰ありき」で講集団に入るからではないからだろう。それは親の意向や町会の知り合いの勧誘、地域のしきたりといった、地縁や人とのつながりから始まるのである。そして講に入って歴史などを学んでいくのであり、そこが信仰の入り口になっていく。上高根敬愛講でも「先輩にいろいろと仕込まれて、さっきの一六九八年の宿帳なんかも私が調べたんですよ。先輩方に薫陶を受けて歴史を調べたかったんです。現在もできればやりたいね。八日講も二十日講もすべてやっているし、これから先もやりたいなあ」と長老格の佐久間憲一さんは語る。講は、こうして個人個人の多様な信仰を丸ごと受け止めることで成立している[16]。言い換えるならば、その講以外の信仰を排斥しだすとき、講は成り立たなくなる。その意味で講は、排除の理論ではなく、信仰の多様性を認める公平性を備え、講の集会の場と空間において信仰が一致さえすれば良しとする。そして、様々な宗教の違いを乗り越えて、縁あってコミュニティの一員となり、そこで長期的な共同の信仰と人間関係を育んでいくことに講の意義があるという発想は、次の語りからも推察できる。

高澤さん　それぞれが、要は寺の宗派それぞれ違っても、九〇％にしろ、一つの講に対して縁を結んで、皆でこうやって祝詞をあげられるってことは喜ばしいことだと思うのよ。ね、お寺さんでは宗派違うし、お寺さんも皆やってるけども、最後は一つになれんだもん。氏子でも一つになれんだからね。お寺さんの宗派に関係なく。それすごく素晴らしいよね。やっぱそこなんだ。一つになれんだもん。

吉住師　逆に言うとね、神道はね、そんなに強い教義的なものはないと思うのよ。だから逆にそれが今の時代では必要なんでないかなあということを、やっぱり思う。

高澤さん　講は型にはまんねえでさ、やれる。素晴らしい。

吉住師　自然そのもの、それが我々、祖先がやっぱりもともとあがめたものだし、もともとのやっぱり気持ちから出たもの。だから、御神体が結局磐座《いわくら》であったり、水であったり、でもやっぱそれ、日本人の知恵なんですよ。自然を神としながら、いわゆる仏教的なものを皆取り入れてきたんですよ。仏教ってすごく儀礼的なものがきちっとしているから、それを取り入れて要するに神仏習合。これは根本的なもの。

正傳坊の後継ぎとして、子ども時代から今に至るまで多くの講集団とかかわってきた吉住師は、三山講の信仰というものは、教義のようなものではなくて、自然をあがめ、先祖をあがめるということで、本来は自然崇拝であると説明する。つまり、子どもの頃から信仰を持ってきた人はいないのであって、信仰とはコミュニティの中で培うものなのである。講の共同体に入って、認められて、それから自然をあがめることが始まる。「コミュニティのつながりは、自然をあがめて、そういう目に見えないものを皆でやっていくことよ。コミュニティだからそれが続いていく。講に入る人は、修行で入って来る人もいるし、講で信仰を始める人もいるし、コミュニティがいいと言う人もいるし、それら全部をひっくるめて講っちゅうことよのう」と、三山講における「コミュニティ」と「自然」と「信仰」という三つの要素の切っても切れない関係性を示唆している。

継承と持続可能性とのかかわり

二つの敬愛講の聞き取りからも、ほぼ三世紀続いてきた敬愛講を今後もできるだけ長く持続していきたいという抱負は強く出てきた。「先人が三一六年かけて築いた伝統を消しちゃいけない。後世に伝えていきたいと思うね」と語る上高根敬愛講の佐久間さんの思いも、「先達たちが続けてきたことを我々がつぶすわけにはいきませんよね」と語る八幡敬愛講の中村さんの思いも同じである。だが、「敬愛講は無形文化財にもなっているし、伝統的なものを無くさないようにと思ってるし、若い人にも伝統ある敬愛講社を継続してもらいたいですね」といった語りから見えてくるのは、伝統の継承という講の持続可能性の課題である。

現在は農村もかなり都市化し、兼業やサラリーマン家庭がほとんどを占めるようになってきた。聞き取りからも明らかにわかることは、だいたい昭和の終わりから平成にかけての時期に、修行やしきたりがかなり簡略化されてきたということである。江戸時代の常識をそのまま現代社会にあてはめられないことは明白な事実であり、こうした社会の変化に適応できない講集団の多くは自然消滅していった。講の持続可能性を高めるために様々な伝統の改革をした元世話人の佐久間憲一さんは、次のように語る。

世話人やったときに改革しようと思って、先輩を説得して改革したのさ。八日だと平日があって、サラリーマンがこれないから日曜日に変えたし、当時はくさいもん〔肉魚など〕食べなかった。かっぱえびセンもだめだったからね、改革してやりました。説得した先輩方ももう皆亡くなったな。当時はね、寒行暑行があって、先輩が、俺が仕事終わるころによ、迎えに来たのさ、行をやるために。夏は蚊いぶしって、囲炉裏のところで汗かいて、冬は寒行。そういうことをね、若い時にやったんだっぺ。二〇代後半から三〇代初めだった。現在は皆会社勤めで休み取れないでしょ。早くてもお山に行くのは三五、六歳になってからだね。

また、「昔は半農半漁の村だったから結束力が堅い。今は土地を売ってアパートにしたり住宅地になってしまったけど、昔からの絆が強い。もともと地元で固まっていたところ。はめをはずして外の人も歓迎してやらないと」と八幡敬愛講の先達である中村さんは、講をより地域に開こうと考えている。このようにして伝統（儀礼、慣習、しきたりなど）を変えつつ、現代社会のライフスタイルに合うように講集団の運営や活動を適応させ、昔から地元に住んでいる住民だけでなく、外からやってきた住民たちにも広く参加を促していくことは、三山講の持続可能性のために避けられないだろう。だが、果たしてこうしたルールの変更のみで講の持続可能性を担保できるのだろうか。言い換えると鶴見（1989）が強調してきた「伝統の再創造」とは、講集団にとってはルールの再創造のみを意味してはいないのではないか。これら二つの敬愛講を含めて、現存の三山講が数世紀かけて現代まで持続してきた理由は、もっと深いところにあり、その根源的なものをしっかり認識してこそ三山講は未来に向けて持続していくのではないだろうか。これについては後に再度取り上げることにする。

三山講を紐解く

三山講の共育の構造・方法と特徴

歴史と伝統に根ざしている三山講（敬愛講）の共育も、生活世界の共育と同じ構造＝伝統も備え持つ（表4―1）内発的ＥＳＤである。

千葉県の三山講の特徴の梵天作りなど、生活世界の共育と同様に身体的に身につけていく方法が多いが、祈祷などの儀礼では、教文や祝詞などを文字化したものを読み唱和する。これらは最終的には暗記することが理想とされるが、これも身体化を意味している。「こんなかで気に入ってんのがある

表4–1　三山講(敬愛講)の共育の構造

	人と自然とのかかわり			人と人とのかかわり		
三山講の学び	知　識	技能・能力	価値観（精神性）	知　識	技能・能力	価値観（精神性）
講運営（集会と行事）の学び	藁、紙や竹などの材料の知識	細工の技能	三山信仰、祖霊信仰	行事のしきたり、儀式、祈祷（出羽三山神拝詞など）	共同作業などの対人能力、コミュニケーション能力	歴史認識による責任感、仲間との連帯感、生業や家内安全の祈念、地域貢献
三山登拝の学び	三山の自然（天候、登拝道、難所など）	体力、精神力、判断力、危機管理能力	三山信仰、祖霊信仰、自然の厳しさの認識	集団登拝の規範	相互扶助	仲間同士の信頼感、全員下山させる責任感、登拝達成の喜び
伝統の四つの型	技術の型		意識構造の型	社会関係の型		感情・感覚・情動の型

んだよ、俺。あ、三山っちゃこういったことかと自分なりの解釈をして、やっぱりお山の教えをさ、絶対いいからさ。ただ拝んでんじゃなくって、その意味をなんとか理解したいと思ってんだよ」と語る高澤さんのように、三山祝辞[17]の意味を理解すべく努力する行人も少なくない。そこには三山の特徴や由来、神威などが神道調で書かれており、その内容は初見では理解しがたいが、これを毎月仲間と共に唱和し、それを何年も繰り返してその意味を自分なりに会得するのである。

もう一つの特徴も、登拝という身体性を持つ学びである。生業でも山を歩き回ることは当然あるが、三山講は集団で山に登ることに意味がある。儀礼的には山のカミガミにお参りするための登山である。そして、「山と人とのかかわり」でも触れたが、初登拝の行人は自分の体力の限界を把握していないことが多く、途中で先輩の行人に背負われて下山することもある。こうした苦い経験を経て、三山登拝の経験を積みながら、自分の体力、精神力といったものを鍛えていく。そして経験を積むと、登拝集団のしんがりとなって、体力のない行人たちを助け、いざとなれば仲間が自力で下山できるかどうかを判断する能力を持ち、必要とあれば仲間を背負って下山する体力や精神力を備えることが期待されるのである。これがレクリエーションとしての個人の登山とは異なる点である。その意味で、三山講において先達という役割が設けられたことは、単に儀礼の祈祷をし、講の運営にかかわるだけでなく、身体的な能力と共に判断力や決断力と危機管理能力も備えたリーダーを養成する意味も持っていたとも言えるだろう。そしてそれは、日常の社会的地位といったものが一切通用しない、実力の世界でもある。「講は世俗とは別物。世俗の大企業の役づけで地位が高い人でも、講は年季がいっている人が上の地位だから関係ない。講をやって長い人は生き生き堂々としている」との星野師の語りからも明白である。こうした三山講のリーダーたちは、おそらく地域社会でもリーダーとして尊敬され、かつては地元の自然災害などの危機の際にも社会貢献してきただろうことは想像に難くない。

継承の構造

三山講は地縁の集団、即ち町会によって通時的に継承されている。八幡敬愛講の行人は観音町、浜本町、南町、新宿の町会の住民であり、上高根敬愛講なら上区第一町会、上区第二町会、下区町会の住民となる。この地縁と継承ということは密接に相互関連している。それをモデルとして現したのが**図4―2**である。まず、父親と息子、叔父やいとこといった親戚関係の行人が三山講には多い。これは血縁から見た継承である。また、講集団の講員の先輩から後輩への継承は地縁に基づく。これは

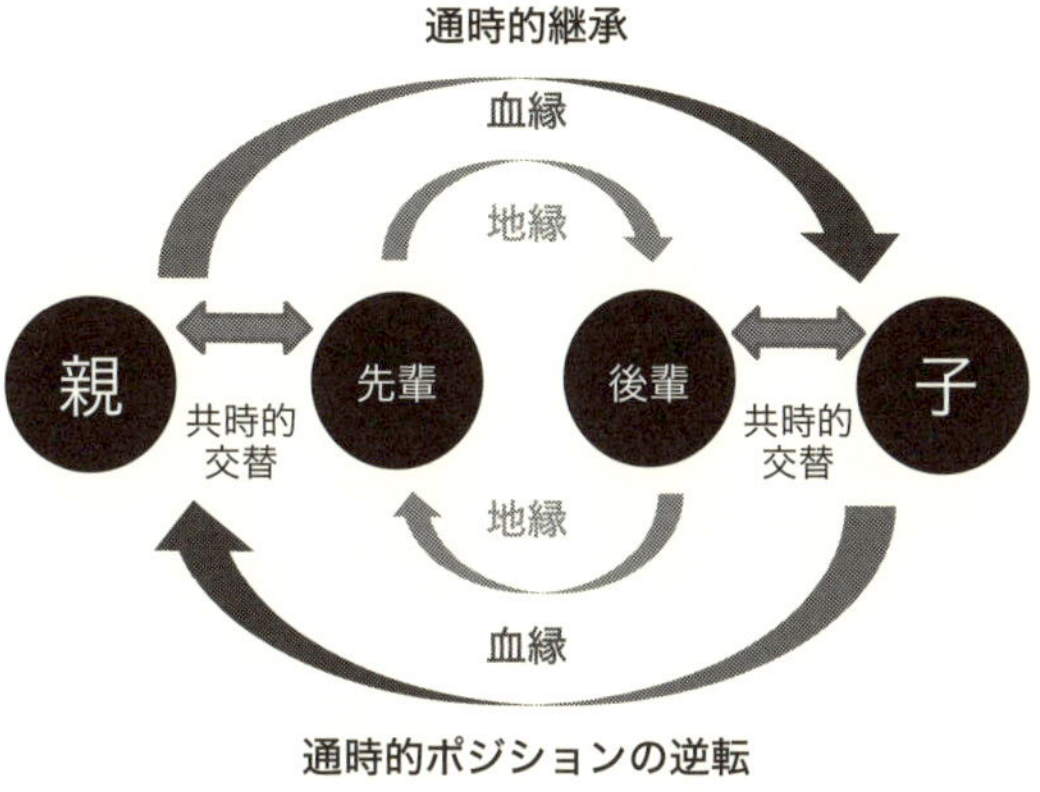

図 4–2　伝統型講の曼荼羅的継承構造

年齢の上下というよりは、経験を積んだ講員から経験の浅い講員への継承となる。ところが時間の経過につれてこの関係性が個人の上で逆転する。つまり子が親となり、後輩が先輩となり、今度は自分が子や後輩へ伝承する立場になる。これが曼荼羅でいうベクトルの逆対応である交互である。ところが、共時的に見ると、親である自分は講では先輩の役を演じる。子どもである自分は講では後輩の役を演じる。このように、立場が共時的に交替するのである。これは、まさに完成度の高い曼荼羅が双方向的なダイナミズムを持つことから、曼荼羅のモデルとして捉えてよいだろう。こうした個人が講集団の中に何人もいて、こうしたダイナミズムが共時的に、そして通時的に起こっているのである。

三山講の三つの構造を読み解く

三山講の成り立ちは、鶴見の『漂泊と定住と』(1993)に見る構造にすっぽりあてはまる。第一に、それは、漂泊者と定住者のダイナミックな関係性に基づいた構造を持つ。江戸時代に遥か山形の出羽三山の麓の宿坊から、修験者たちが残雪深い山々や街道を歩いてはるばる福島や、茨城、千葉などの村々を布教しに訪れた。それは、柳田が漂泊の原型を信仰の伝播と捉えていることに相当している。修験者たちは薬草などの知識も豊かで、霊験あらたかな力を持つものの象徴であり、彼らによる密教的祈祷や儀礼は当時の村人たちを魅了したに違いない。地元にも寺や神社があったが、出羽三山のカミガミは村人にとって異郷のカミガミであった。だが、それは月山の祖霊信仰という共通点で深く結びつけられる。修験者は出羽三山のカミガミの象徴として、村の土着の祖霊のカミガミと出会い、そこから三山講が誕生する。さらに、土着のカミガミと漂泊のカミガミとの出会いの場がマツリである（鶴見 1993：246）が、出羽三山信仰独自の梵天供養という、マツリに匹敵する大掛かりな行事も、村人たちによって創造された。言うなれば、三山講とは修験の漂泊者が定住者のムラ社会に変動を起こして生まれた社会変動の産物と言えるだろう。

第二に、三山講は循環構造を持っている。柳田は自然への様々な接近の仕方の中で、農業労働をとおして人間が自然に働きかける行為を基本とし、そこからハレとケという人間生活の循環のリズムが自然の四季の移り変わりのリズムに対応していることを明らかにしている（鶴見 1993：251）。三山詣りはまさに、「地域と自然と人とのかかわり」で見てきた市原の農業や漁業といった自然をベースとする生業のリズムに対応している。冬から春にかけて海苔採取をした後であり、また、忙しい田植えの時期の後の閑散期である七月頃は櫻井（1985）の定義によるケ（農業生産、あるいは漁労を可能にする根源的霊力）が弱まっているケガレ（ケ枯れ）の時期であり、その時期に三山詣りで三山登拝というハレの行事を実行し、ケの機能回復をするわけである。こうしたケ―ケガレ―ハレ―ケといった四季の循環構造に三山講は寄り添っている。ハレの際、定住者である村人は一時漂泊者となり旅をする。一方の修験者は羽黒の宿坊で定住者として村人たちを出迎えるという逆転が起こる。鶴見（1993：255）はケガレを回復する方法として、旅をすることと、外から漂泊者を迎えて新しい知識や信仰や技術を学ぶことだと述べているが、三山講とはその二つの融合の型かもしれない。柳田も、定住者にとって一時漂泊（旅）こそが自己教育の場であることを力説している（鶴見 1993：245）。かつて通過儀礼として若者に三山詣りの代参をさせていたことからも、それが若者の自己教育であったことは明白である。

第三の構造は曼荼羅である。前述の継承構造にも曼荼羅の特徴があったが、そもそも三山講は曼荼羅を持つ密教信仰であるので、生から死へ（擬死）、死から生へ（再生）といった質的変化が三山登拝による擬死再生に組み込まれていることを踏まえるならば、三山講は非常に曼荼羅的な世界に満ちていると解釈できる。即ち、曼荼羅の特徴は、広がりを持った空間・場・次元、多様性、中心性、調和性とともに動的であること（頼富 2003：159-161）であり、ムラというケの場と出羽三山というハレの場を持ってその間を行き来することや、三山登拝で象徴的に生と死の間を行き来することは場や次元を持ち動的である特徴を現しており、神仏や祖霊信仰といった多様な個人信仰の許容もまさに曼荼羅的である。

まとめると、三山講は漂泊と定住という外と内の「二重構造」、四季の循環に沿った「円の構造」、曼荼羅という「包括性と全体性の構造」を備え持っていると言える。こうした構造からも、他の一般的な集団とは一線を画す集団であると結論づけられる。

矛盾が生み出す「つながる力」

鶴見は著書の『好奇心と日本人』(1972)で、モア(1963=1968)の緊張処理体系という概念を応用し、日本社会を多重構造型とみなしたが[18]、後に原始宗教であるシャマニズムに関する泉靖一《いずみせいいち》の解釈を知り、多重構造型とシャマニズムが形態的に同一であることに気づいた。シャマニズムも多重構造型と同様、原始や古代の人間関係の構造や心性が現在社会の中にも持ち込まれており、その特徴の一つに、事物や思想に対して全く開放的な一方、秘儀を帯びるから人間関係は閉鎖的ということがある。この特徴はアニミズム的な自然信仰を持ち、集団の信仰と個人の信仰を切り離すことで、閉鎖性と開放性の混在する三山講にも見られる。一般的に何らかの目的を持った集団はある程度の閉鎖性があるが、三山講も地元に根ざした歴史と伝統ゆえに地縁で成り立っている。また、櫻井(1985:90-91)が「民間信仰による講結合は、地域社会を基盤にしている点では、宗派の講などと似ているけれども、それじしんが完結した組織体であるから、他地域と結びつきが無く絶対的な孤立的存在となる」と解説しているように、三山講は出羽三山信仰という共通項を持っていても、また、同じ宿坊と縁を結んでも、他の三山講の講集団との交流は一切しない閉鎖性を持っている。ところが、個人レベルでみれば、個人の自由な信仰を許容する講であるからこそ、行人がいくつかの講や氏子組織などを掛け持ちすること

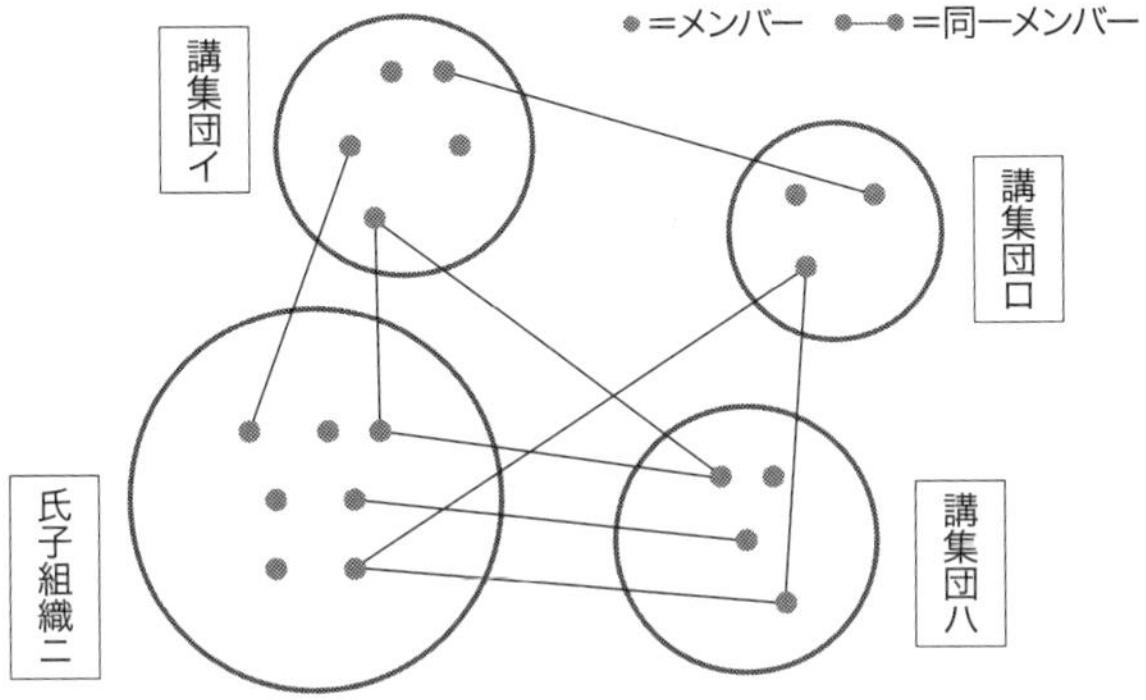

図 4–3　三山講の講集団メンバーによるネットワークモデル

は珍しくなく、特定の仏教宗派のメンバーであっても三山講の独自の葬式を受容するのである。言い換えると、集団レベルでは閉鎖的だが、個人レベルでは開放的であるという矛盾をかかえている。

この閉鎖的集団が許容する個人の開放性が、講集団間や他の地縁組織をつなぐネットワークを可能にする（**図4―3**）。すると、講集団間の交流は一切なくても、講や組織の情報は他と共有しても支障がない程度のものなら、この個人のネットワークを通して行き来可能となる。また、こうした個人のネットワークが増幅して密になればなるほど、あるいは一個人がより多くの集団で活動すればするほど、地元で信頼関係を持つ人々が増え、地域の共同性を厚く広く育むことにもなる。これも別の角度から捉えた集団の潜在能力である。

伝統の再創造

そもそも三山講を小集団とするのは、歴史的には正しくないかもしれない。修験者がはるばる山形から千葉の村々を訪れ伝播していたころは、三山講は地域社会をまるごと抱えた村単位、集落単位の集団であり、三山講の信仰は地域の発展への願いが込められていた。しかし、都市化が進む現代の農漁村部の地域社会は、かつてのような生業中心の産業から、サラリーマンが主流の地域社会に変わってきた。こうした社会状況の変化に対応し、「継承と持続可能性とのかかわり」に見る取り組みのように、講の規範やルールをサラリーマンでも参加しやすいように変えていくことは、三山講をこれからも持続していくために必要な手段と言えるだろう。事実、現代においては生業と三山信仰の関係性も希薄になってしまったことは否めない。とはいえ、変えていく伝統と共に、揺るぎない伝統、即ち講がこれまでも、そしてこれからも持ち続ける伝統がなければ、伝統の再創造とはいえない。自然信仰や祖霊信仰は、集団でなくても個人でも持ち得る。「重要無形民俗文化財」を構成する儀礼や行事、梵天、祈祷といった要素は確かに継承されていくかもしれないが、それはある意味、三山講という器、つまり入れ物を形成しているのであり、その中身ではない。そして、おそらく入れ物だけの継承をすることは三山講の形骸化を招き、むしろ三山講の持続の危機を招くことになるだろう。それでは、中身とはどういったものなのか。それは、行人や神官の語りからしかわかりえないものだ。

例えば、新しいメンバーを講へ招き入れようと努力している八幡敬愛講の高澤さんは「そう、行人になるかどうかは、行動を見て決めてくれよっていう誘い方しかできねえんで。いつのまにかおつき合いしていくうちに、とにかく自分らの行動を見てくれって。それで判断してくんねえかって」と語る。このことは、彼自身が講の評価対象を行人の行動に置いていることを示唆している。だが、講にまつわる多くの規範やルール、煩雑なしきたりといったイメージから、講に義務で縛られて活動をやっている印象を持つ外部者もいるかもしれない。ところが多くの講集団と長くかかわってきた吉住師は、「義務でねえのよのう。気持ちだな、気持ち。結局のところ、全部自発的だよ。講を強制的に継続なんかできるわけないって、そもそもが」と、あっさりとそれを否定する。その自発的な気持ちから、講を現状維持以上のものにしたいと真剣に考えるのが副先達の高澤さんの思いでもある。「今、昔みてえに元に戻すっていうだけでいいのか、それに少しでも近づけてえなあっていうのを俺は思うの、やっぱり今やってることは減らしちゃいけねえな。なんでえ、これ現状維持かと。もうちょっと皆と行ってみてえなあっていうのが夢であるし」。こうした行人たちの思いを受け止め、吉住師は八幡敬愛講について次のように語る。「だから人間が魅力あるんだよ、人間が。やっぱり魅力あるから、これだけやれるんだよ。コミュニティの薄いところなんて結局魅力が無くなっていくから。コミュニティが活発なところは、やっぱり人間魅力あるんだよ、一人一人」。

千葉県の三山講は、他県にはない梵天供養という行事を創造した。そのために、各講が独自の梵天を創りだし、それに伴う様々な儀礼やしきたりと共に数世紀にわたって継承してきた。実は、そうした創造的なものを生み出し、それらを守りつつも講の持続可能性を常に模索してきた魅力的な人間性といったものが、現存する三山講に脈々と受け継がれている伝統であることを、吉住師は示唆しているのではないか。いうなれば、一つには、人間という伝統が、三山登拝という擬死再生のプロセスを経てまさに再創造されていくことであり、もう一つには、そうして再創造されたメンバーによって培われた「魅力的な人間性」という伝統を、時代時代で入れ替わっていくメンバーの変化と共に講集団が再創造してきたという、個人と集団の二重の伝統の再創造なのである。このプロセスこそが三山講が根源的に意味するものではないのか。つまり、「人間性の再創造」という、人間の成長に基づく内発的発展の道筋が三山講に組み込まれているのである。

以上のように、三山講の集団は、自分たち自身を再創造しながら、自分たちの力で自分たちの集団の持続可能性を担保していく。そのために創意工夫し、新しいメンバーを外から組み入れつつ、伝統の再創造を繰り返し、集団独自の文化を形成していく。加えて、閉鎖性と開放性という矛盾を抱え込む、まさに生命の自己創出のメカニズムに相当する仕組みである。講集団は原則として国や自治体からの補助金をもらわない。費用の一切はすべてメンバーの負担で運営している。三山講にしても、出羽三山信仰を掲げているが、宿坊以外は所属する宗教組織も宗教団体もない。まさに櫻井（1985：91）の叙述するように「孤高の集団」であり、地域社会に内発的に生まれ出てきた一つの生命体なのである。この生命体が持続できるか否かは、この生命体の構成要素である行人たちの持つ潜在的可能性、創造的な力如何にかかわっている。そして、この行人たちの潜在能力が根ざしているのが、「山」という自然と「死」という人間の不完全性とに集団で向き合い対峙するときに身につく「自然の力」であり、他集団と「つながる力」や、行人同士の深い信頼関係から生まれる「共同の力」、即ち共同性なのである。

過疎化する農村社会はもとより、個人の孤立無縁化が進む都市社会をかかえる現代だからこそ、「自然の力」「つながる力」「共同の力」という三つの力を備え持った三山講を生み出した先人の創造性と先見性は再評価される必要があるだろう。戦後千葉県の多くの三山講が自然消滅してきた中で、あまたの困難を乗り越えて持続しているこれら二つの三山講の内実を探ることで、自発的小集団が持ち続けてきた潜在能力の一端が発見できた。そして、それを支える学びと、精神性や持続可能性が内発的発展の道筋にしっかりと連結していることを次に詳しく見ていく。

三山講と内発的発展の接点

死と向き合う共同性

人間の不完全性を示す最たるものは死である。我々人間にとっては、自己の死を受け入れることと、他者の死を受け入れることと、二つの死に向き合う経験をしなくてはならない。しかし、自己の死は体験してみることができない。ここから死への恐怖が起きる。だが、他者の死から死を学ぶことはできる。ところが現代社会は、他者の死が不可視化されている。核家族化で、同居する祖父母の老いや死に遭遇する経験も少なくなり、死は病院という閉ざされた建物の中で迎えることが当たり前になりつつある。食べるという行為にしても、我々が口にする食材が、目の前で生き、動き回っているものの命の犠牲から成り立っていることを実感する光景を目にすることもなくなった。

おそらく戦後二、三〇年ぐらいまでは、全国各地で普通に地域葬は行われていただろう。地域葬は、地域の中を喪主の家から墓場まで葬儀の行列が練り歩くのが典型的なものであり、地域の老若男女が総出で、亡くなった住民を弔い見送ることができた。そして、墓場での納骨には上畑の例のように、多くの住民が参列して見送り、それを初めて経験する嫁にとっては心を打たれる光景となる。死は地域社会の中でオープンなものであり、また、それが住民にとって死とそれを取り巻く人間模様を学ぶ場でもあった。現代的葬儀は、葬儀場に関係者だけが赴き、閉じられた会場で儀式が行われる。そうしたなかで、三山講は仲間による葬儀を、亡くなった行人の宗教に関係なく今でも実施している。仲間の葬儀を三山講で実践することは、実は自分で自分の葬儀を実践する予行のようなものである。三山講の仲間と共に祈祷する自分の眼前にある棺桶の中にいるのは、未来の死したる自分なのである。こうして、仲間から祈祷され、見送られる死者に自分を投影し、自らの死を予行し、行人たちはいつかこの生と死の儀式の逆転が必ず起こることを理解するのである。よって、三山講の葬式は、葬儀業者が滞りなく執行し、僧侶や神官が弔う葬式とは全く別の意味をもつ。自分の未来の死を象徴する仲間の死に対して、他の仲間と共同で向き合うのが三山講で執行する葬式の意味である。さらに、仲間からの力をもらうこと以上に、自然や死者(先祖)、神仏に力をもらう対象を拡大し、人知では計り知れない力をもらえることを信じて死の恐怖を克服する。これが後述するアニミズム的な精神性につながっている。

このように、共同で死に常に向き合うことで、死は特殊で異常なものではなく、人間の生のごく自然な一部であることを学び続けるのである。近代化による発展の目指すところは技術革新であり、最新の医療技術はあくまでも生が是であり、死が限りなく否定されていく。この発展観に命をゆだねるならば、人は最後までチューブにつながれ、死と闘い続けることを選択せざるを得ない。三山講の共同の信仰には人間の生と死と向き合うすべを学ぶ方法が埋め込まれており、それが「命のつながる世界」へいざなう、精神性を軸に置く内発的発展への鍵となる。

固有の文化の創造

人はなぜ集団を形成するのか。答えは簡単である。人は独りでは生きていけないからである。人は、自分が一生面識を持つこともない数多くの人々の仕事によって支えられて生きていくのであり、この意味で、人間は分業からなる人間社会という大きな集団に帰属している。しかし、人間社会よりずっと小さい単位の上畑地区のような地域共同体や、さらに小さい単位の講集団においてはどうだろうか。基本的ニーズやサービスが貨幣経済システムや行政サービスでやりとりされる現代社会では相互扶助の必要も減り、そうした集団にわざわざ属することは一体どういう意味をもつのか、という問いが出てきてもおかしくはない。上畑地区は軍護神社の氏神を持ち、社日講などの習俗を今も守っている。伊里前の契約会は三嶋神社の大祭を仕切っている。八幡敬愛講も上高根敬愛講も同じ三山講ではあるが、それぞれ独自の梵天やしきたりを創出している。そこには集団の自治によって営まれる伝統行事や祭りなど、地域独自の文化を持続する機能がある。ここから文化の多様性が生まれる。

一方、現代社会では、学校教育や生涯教育によって、あるいは圧倒的な経済力や大きな権威とメディアによって普及、宣伝され、助成される文化に人々はさらされ、組み込まれ、消費させられている。そこには個人の自由意思による文化の選択はあっても、独自の文化を仲間と共に創造し、継承していくプロセスはない。地域の風土や文化伝統に根ざす集団に属することによって、一人一人の創造性が集団の中で響きあい、混ざり合って伝統文化が再創造され、またそれが集団のなかで継承されていく。それは、かけがえのない、この世で唯一無二の集団の文化を継承することでもある。それこそが、生き方の質を充実し、多様性を尊重する内発的発展に匹敵すると結論づけられるだろう。

アニミズムとエコロジー思想

水俣が鶴見に与えた一つの大きなインスピレーションとは、水俣の漁村の現場で出会った地元の自然に深く根ざした自然観や世界観としてのアニミズムであった。それは鶴見が研究してきた柳田国男の『遠野物語』(1910)に出てくる様々な土着の神々や、神社合祀反対運動で南方熊楠が主張した鎮守の森とエコロジーの深い関係性との結び目となって、鶴見に独創的な発想を促した。アニミズムの自然観は、近代化論の発展観では無視されてきた、自然と共生するような思想や信仰という人間の「精神性」に着目し、政策や経済とは明らかに異なる次元の、権力によらない民衆の力による発展への可能性を秘めている。

日本人は太古から山に再生の力を見出し、山の神は女であると信じてきた。鶴見(1998b：275)が母子神信仰に見た、生命の連続性や死と再生を象徴し、アニミズムを支えている女性原理である。「月山は食べ物の神。命を育む胎内なんだ。だからすべての山は女。山に入って出てくるというのは生まれ変わること。山から新しい命が生まれる。だからそこにある食べ物を食べる。その食べ物は山の水が育てている。これは命の源泉であり、成長していく源。湯殿山は両界不二の山というが、山は胎蔵界で女、御神体は金剛界で男となる」との星野師の説明にもあるように、出羽三山信仰とは、修験道の神仏習合によるアニミズムの信仰であり、加えて山が育む水が人の命をつなげていくというエコロジー的な循環思想も備え持っているとも言えるだろう。[19]三山講の擬死再生のプロセスには、鶴見(1998b: 231-233)が導き出した『遠野物語』のアニミズムの三つの特徴である「自然と人間の間の互酬関係」「自然への親しみと畏れ」「死者の魂と生者との交通」が明らかに埋め込まれている。いうなれば、三山講が根ざす力にはもともとアニミズムの思想が内包され、一見男性中心の男性原理の集団のようで、その内実には密教の男女和合の原理も含んだ女性原理が秘められている。[20]ここから、三山講はアニミズムとエコロジー思想という内発的発展を通底する精神性を備え持っていると言えるだろう。

2 地域に根ざした集団と内発的発展のリンクを探る

講集団の持続可能性に学ぶ

近代化の過程で批判され、崩壊させられてきた多くの地域・地縁共同体の運命とは異なり、なぜ講は、数は減少しているものの、数百年、数世代に渡って現在まで持続しているのだろうか。この問いに対し、櫻井（1985：191）は、講の「大部分は、あくまでも公権力や公的機関とは独立した組織体として結成され、それとは無関係に営為されている。つまり私的な立場を堅持しながら、密かに公機を窺視する役柄を担ったのである。したがって講運営の責任は、どこまでも地域社会の成員みずからに負わされていて、この私的性格が地域住民に何よりの親近感を抱かせたのである。講集団の結成は、その目的を宗教的と経済的とのいずれに置くものも、みな必ず共同飲食を絶対条件としているところが特徴である。この社交から来る慰安の親睦こそは、時代を超え主義主張を超え、組織階層の差を超越して求められた所以である。それが講的結束を永く持続させる要因であったと言うべきだろう」と述べている。

ここから地域から内発し、地域に根ざして持続する講集団の属性として「俗」に徹するということがいえるが、櫻井（1985）の見解をまとめるとそれには二通りある。一つ目はインフォーマル（非公式）な「俗」に徹することである。まず、活動が義務化すれば制度化になる。講の講たる所以は、制度にも権力にも縛られない、その自由さにある。しかしながら、権利に義務がつきまとい、公共サービスの享受には納税がつきまとうように、講は権力や制度から距離を置く自由を選ぶことで「俗（インフォーマル）」を貫き、その代わりに自らを律する自治を選択することで自己崩壊をまぬがれ、アイデンティティを保つ。実は、この権力や制度に左右されない、俗に徹することで得られる自由こそが、逆に講集団に自律性や自治を課し、そうした能力が形成されるのである。これはネーフィン（1986）の権力の奪取をめざさない第三システムの一つとして内発的発展に寄与しうる。

二つ目の「俗」への徹し方は娯楽を是とすることである。櫻井（1985：213）は、講の本質とは神事や儀礼という義務づけられた行事で終わらせないところにあるとしているが、哲学者の内山節（2010：125）は、講は信仰集団であると同時に娯楽集団であると明言する。日常のなかで生まれた集団は、信仰の中に祈りと日常からの自由を同居させたのである。義務だけでは講でない。そのあとの楽しみが付加されているのが講であり、むしろ慰労のための祝宴といった祭事に重点が置かれているのである。信仰という普遍的で聖なるものを軸としつつも、楽しみ交流するという、最も基本的な人間の営みという「俗」に根ざすこと、つまり、ハレ（聖）とケ（俗）を内包すること、これが内発的発展と集団をリンクする二つ目の鍵である。

結論として、内発的発展を担い地域に根ざして持続する集団とは、講であるないにかかわらず、以下のような特徴を持つと考えられる。まず、①地元や他の地域の風土に価値を置き、②メンバーの多様性を尊重し、③相互扶助精神をもち、④共通の生活機能を達成する営み（草の根の文化など）を長期的に持続し、⑤またその営みを次世代へ継承する意図や仕組みを持っている。そして⑤あくまでも制度や権力から距離を置いた自由を基軸にし、⑥自律的かつ自治的な仕組みをもって、⑦交流や娯楽を楽しむならば、資本主義経済や現行の権力構造からある程度の距離を置いた、「もうひとつのこの世」という自律的な生活世界の発展に寄与していけると言えるだろう。

多層的共同体が担う内発的発展

内発的発展を自然生態系という地理的地域の単位で捉えるにしても、そこでは当然住民は孤立した存在ではなく、目的によって様々な集団に属したり、地縁で共同したりしながら、より良い暮らしを目指して発展の営みを続ける。このことから、内発的発展を個人のレベルでしか捉えないことは不自然であり、同様に、そうした発展を支える共育も個人のレベルでしか捉えないことは、全体を見ていないことになる。

先述の内山は群馬県上野村に住居を持つが、自身の村の多種多様な共同体のありさまを観察した結果、共同体を二重概念だと捉えている（内山 2010：76）。小さな共同体がたくさんある状態が、また別

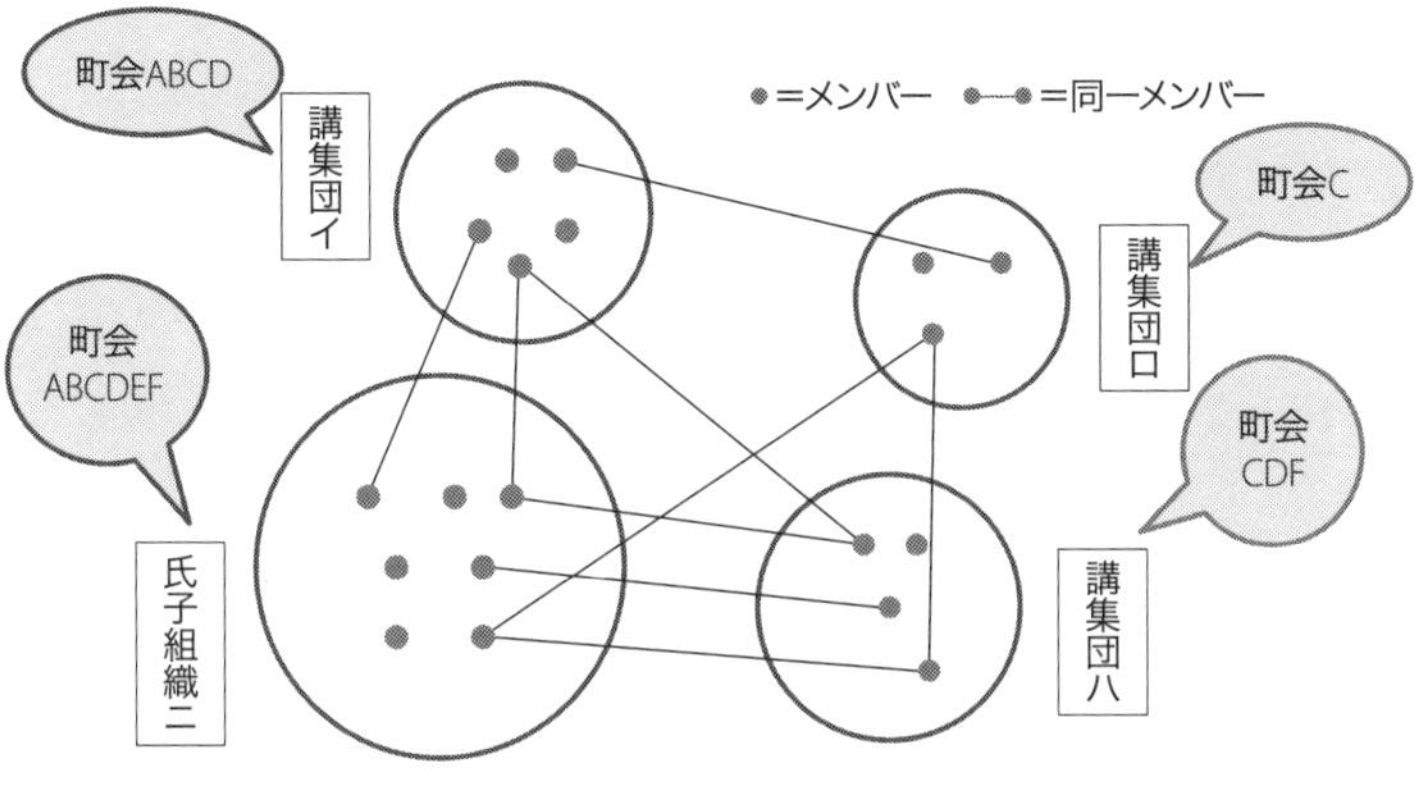

図 4–4　千葉県市原市の三山講にみる多層的共同体のモデル

の共同体を形成しているということである。このことを、**図4―3**をもとに作り替えた**図4―4**で考察してみたい。このモデルで内山の概念を説明すると、一つ一つの小さな講集団や氏子組織（イロハ表記）、町会（アルファベット表記）も共同体であれば、それらが積み重なった状態、つまり、それぞれの町会とそれに属する講集団や氏子組織が重なっている状態もまた共同体と捉えられる。このような共同体を内山は多層的共同体と名づけている。

この多層的共同体という考え方に基づくならば、地域に潜在する力とは、こうした多様な集団や共同体の潜在能力が重なっている状態である。おそらく重なっている地域では、共同体が持つ人々の相互作用で、内発的ＥＳＤが形成される可能性も高いだろう。集団で長期的に育まれた信頼関係に基づく共同性の力と、それに埋め込まれた知識や技や情報の集合体、そして、そうした力の相互作用から内発して出てくる人々の創造性といったものが、地域の発展に必要な様々な機能を実現する力、即ち地域の潜在能力の重要な部分を形成していると結論づけられる。この図のモデルでは、町会Cのメンバーが最も多く講や氏子組織を形成しており、町会Cの地域が潜在的に持つ力は相対的に強いだろうと推測できる。いうなれば、こうした地域に潜在する力こそが、キー・パースンといった草の根の人々を創出し、地域社会の諸問題に立ち向かう住民運動や草の根のセーフティネットの担保といった地域づくりの源にもなり得るのではないだろうか。

自治する共同性と内発的発展

自発性をよりどころとした「自治する集団」のサイズは自ずと限られてくる。住民自身が、その生活と発展との形を自ら決定することを可能にするためにも、単位が小さいことが自治の条件（鶴見 1989：51）であるとすると、最小単位は筆者の調査した綾町や大井沢で遭遇した一〇人以下の講集団だとして、最大ではどれぐらいが可能だろうか。綾町の郷田前町長とも親しく、綾中学校の校長を四年間務めた浜田倫紀さん（六四歳）は、「郷田さんも言っていたが自治公民館の範囲は狭い。だいたい一〇〇から一五〇戸だ。それが動物の単位でもある。つまり義理を欠かず、自分が言ったことに責任を持てる範囲。宮崎市なんか一つの区に二万人もいる。そんなんじゃ自治は無理」と語る。家族も含めて互いに面識を持ち、日常のつきあいが持続できる範囲の人数ということである。ここで筆者は、家屋が火事に見舞われた際、約一五〇人もの住民が地区内外から駆けつけて助けてくれたという、上畑の三輪家のエピソードを思い起こす。一五〇人という人数が示すのは、地域の様々な集団に属している家族の各々のメンバーの持つ多層的共同体のネットワークがつなげていた人々が、火事という危機の際に一気に集合したという現象である。このエピソードは、地域で多層的に育まれた共同性の危機対応能力及び、その後の復興を支える復元力を如実にしめしている。行政の力を借りるには、まず書類手続きから始めなければならない。現場の機動力においては、行政は人間の力にはかなわない。このように、自治の範囲とは、メンバーに災難などが起きたとき、すぐに支援に駆けつけられるような地理的範囲となる。

また、浜田さん（2011）は、地域社会が豊かであるためには、逆説的に二つの不自由な条件が必要だと述べる。一つ目の条件は「煩わしい家族関係」である。「嫁と舅、姑とかなんだけど、それがいざというとき団結する」絆をつくる。そして、二つ目は「束縛する地域社会」である。「なんだかんだと行事に出たり、あれこれ役をやらされてめっぽう忙しい」にもかかわらず、そうした束縛に対し文句を言いながらも一つ一つこなしていくうちに、出会いがあり、つき合いが深まる。結局、いつの間にかそういう行事を楽しんでやっている自分に気づくのである。地域に根ざした集団にしても、権力に属さない自由を持つ一方、煩わしさや束縛としての自治がある。すべて自分たちで行動を起こし、自分たちのルールを守り、自分たちで問題を解決し、自分たちで費用をねん出し、各自の意見の違いを乗り越えて活動を実行しなくてはならない。逆に、そうした煩わしさや束縛があってこその、活動の楽しさや喜びというメリハリが生まれる。端的に言うと、最大でも一五〇戸までの単位が、面識を相互に持ち、祭りなどの固有の文化伝統を継承し、長期的に信頼関係を構築でき、危機の際に結束できる限界であり、この単位で共同性はアイデンティティの膜という見えない境界を持つが、それは同時にメンバーを束縛する境界でもあり、まさに細胞膜のような特徴を持つ。そしてこの膜の中には、もちろん、その地域の土地、山や川といった自然や、カミガミ、先祖という死者が含まれている。そういう意味で、自治する共同性は身体性に根ざした物理的な境界も持ち、この限界を超えて大きくなれない。

一つの巨大組織や資本が独自のシステムや仕組みをグローバル化していくことは、独占のグローバル化であり、結果として世界はより均質的な仕組みに組み込まれ、一元的発展へ収斂していく。ここからグローバリゼーションの問題が起きる。世界中が同一の仕組みに組み込まれているので、もしその仕組みが機能しなくなった場合、リーマンショックのように世界中がその影響を受け、共倒れ現象が起きる。翻って、もし内発的発展を担う自治する共同性が結集して創造性を発揮し、その自治の幅を地産地消のエネルギーや生産まで拡大し[21]、自律的な力をつけるなら、そして、それが国内外で増えて広がり、グローバルに数を増すならば、グローバルに多元的な内発的発展が展開し、自律的な発展形態が多様化する。地域地域が固有の自律的な仕組みを持っているので、万が一その一つの地域が機能しなくなっても、共倒れにならない。それがひいては世界全体の持続可能性に寄与するだろう。即ち、グローバルなレベルでは、自治する共同性はサイズではなく、数と多様性で勝負することになる。

注

（1）最新の標高を国土地理院の電子国土ポータルにて確認した。（http://portal.cyberjapan.jp/testd/ 二〇一四年六月二十七日閲覧）

（2）手向の宿坊では、東北地方や新潟を霞場《かすみば》、千葉を含む関東一帯を檀那場と呼んでおり、出羽三山参りの参拝客は、出身地や住所に応じて宿泊する宿坊が決められている。出羽三山参拝はそうした取り決めによって、村、あるいは集落における講中の形で組織的に行われて来た。

（3）一例をあげると、一九五五（昭和三十）年の政府の臨時農業基本調査によれば、農村に限った統計ではあるが、北海道を除く二万九二五六の集落のうち一万九〇七三（六五％）に「講」が存在したことを示す統計がある（石原 1964）。

（4）これらの仏像は、一九九〇年から九一年頃に実施された市原市教育委員会の仏像悉皆調査の対象となっている（市原市教育委員会 1993：48）。

（5）行人山と呼ばれる、講所有の山もあるらしい。現在ゴルフ場が二つ三つできている一体全てが上高根村の共有地だったらしい。およそ二百町歩はあったという。

（6）舟商の家は屋号を持っていて、例えば栄宝丸という風に船の名前から来ていた。

（7）月山神（月読命）は、水を司る農業神、航海、漁労の神として広く信仰を集めている（對馬 2011：64）。

（8）実際は柳作《やなぎさく》だが、口語でヤナサクと呼ばれている。

（9）端山《はやま》信仰に言及している。千歳（1997）は「この地に住んでいた人達は、人間が亡くなると、その死体を端山のふもとに葬ったようです。時間が経ちますと、死体は腐敗し、肉がおちてきますが、そのとき、その人の霊は肉体を離れて、美しい端山に昇っていきます。そして三十三年とか五十年とかの間、山の頂きから、自分が残してきた子どもや家族や親族をじっと見守っているというあたたかい思想があるのです。（中略）三十三年、五十年たつと、さらに高く深い『深山』に昇り、それから天に昇ってあの世に行く、と考えられました」と山形の端山信仰を説明している。

（10）出典：千葉県立中央博物館デジタルミュージアム「梵天にみる房総の出羽三山信仰」、http://www.chiba-muse.or.jp/NATURAL/special/bonten/bonten_index.html/ 二〇一三年七月十日閲覧。

（11）注(10)と同じ出典。

（12）注(10)と同じ出典。

（13）注(10)と同じ出典。

（14）注(10)と同じ出典。

（15）羽黒山は・聖観世音菩薩（仏）・伊氏波神（産土神）・稲倉御魂命（穀物神）、月山は・阿弥陀如来（仏）・月読神（農耕神）、湯殿山は・大日如来（仏）・大山祇神（山の神）・大己貴命（建国神）・少彦名命（医薬神）とされている。このように、出羽三山は、祖霊の鎮まる〝精霊のお山〟、人々の生業を司る「山の神」「田の神」「海の神」の宿る〝神々の峰〟にして、五穀豊穣、大漁満足、人民息災、万民快楽《けらく》、等々を祈願する〝聖地〟であった。（出典：出羽三山神社公式ホームページ http://www.dewasanzan.jp/ 二〇一三年七月十七日閲覧）

（16）筆者の綾町の講調査の内容も示唆しているが、概してどの講もメンバーによる他の神仏信仰を許容している。

（17）「慎み敬って月山大神、羽黒山大神、湯殿山大神の御前に申して白さく伏して惟《おも》みれば、顕幽《けんゆう》二界の中八百萬神あり」で始まる祝詞である。（出典：出羽三山神拝詞 http://www25.big.or.jp/~mimann/jinnja/dewasanyama/shinpaihsi/sanyamasyukuji.html 二〇一三年七月十八日閲覧）

（18）多重構造型は、矛盾を矛盾として扱う形式論理における矛盾律に従っている他の西洋社会の型と決定的に異なり、矛盾を切り離し、矛盾律を無視し、閉鎖性と開放性が混在し、原始や古代の人間関係、情動、考え方、行動の仕方が近代社会に生きて働いているという四つの特徴がある（鶴見 1972：486-487）。

（19）特記すべきは、西欧起源の科学でエコロジーとして理論化される以前から、日本において秋田の釈浄因や岡山の熊沢蕃山といった人々がすでに治山・治水の循環構造を理解し風土や水土を守る必要を説いていた。さらに柳田が農民の生活から導きだしたハレとケのリズムに見るように、自然と深くかかわる農村社会が脈々と培ってきた生活行事や民間信仰にも、エントロピー的でエコロジー的な循環思想が埋め込まれていることが示されている（鶴見 1986：509）。

（20）密教の護摩の修法では、息災、増益、敬愛、調伏の四つの祈願がなされるが、その一つである敬愛の原理も男女和合であり、それが敬愛講という名前にもなっている。そしてこの敬愛のシンボルが半円であり、それは象徴的には、不完全さを残す半円を完全な円形にする意図を秘めているという（頼富 2003：172）。

（21）詳しくは藻谷浩介の『里山資本主義』（2013）の事例を参照されたい。

第五章

「自然学習」と地域に根ざした共育

――山形県西川町大井沢地区――

1　自然学習を創造した人々

はじめに

自然学習は、第三章の事例としても取り上げた山形県西川町大井沢地区において、一九五一（昭和二十六）年に大井沢小中学校の佐藤喜太郎校長の発想によって始まり、二〇〇七年三月（平成十八年度末）の小学校閉校まで五六年間の長きにわたって継承されてきた。自然学習は文部科学省の学習指導要領もないころから、課外学習として教員や子どもたちの自発性によって創造された独創的な学習である。この自然学習に着目する理由は、子どもの学習能力や態度や意欲、行動の変容についての評価といった通常の学習実践研究の動機ではなく、内発的発展の文脈において学校教育が「地域に根ざす」とはどういう意味を持つのか、という問いの答えを手繰りだすためである。そのために、五六年間の歴史の変遷に見る、子ども、教員、住民という三者の関係性に焦点を置き調査を実施した。大井沢地区の背景については第三章の2の「大井沢地区の概要と歴史」を参照されたい。なお、自然学習は始まりの一九五一年から一九七一年まで「自然研究」と呼ばれていたが、本章では混乱を避けるため、「自然研究」と表記されている原文の引用以外は、自然学習に統一する。自然学習の実践内容については、時系列の把握を容易にするため、自然学習にかかわる主な出来事を中心に**表5―1**を作成したので参照されたい。

大井沢小中学校の歴史

一八七九（明治十二）年、大日寺の一部である金蔵院が大井沢学校校舎となり、大井沢学校が創設された（明治十七年に大井沢初等小学校、二十年に同尋常小学校と改称）。地区の端から端まで八キロメートルもの距離があることから、明治時代から一九八二（昭和五十七）年までは冬期だけ開く檜原分校と清水原分校があった（創立百周年記念事業実行委員会編 1980）。大井沢で除雪が始まる一九七二（昭和四十七）年ごろまでは、大井沢の冬は半年以上雪によって外界と閉ざされていたこともあり、一九五三（昭和二十八）年にへき地教育振興法が成立するまで学校は常に教員の人材不足を課題としてかかえていた。

一八七九年に四二人の子どもたちから出発した大井沢小学校だが、その後就学児童の数は若干の変動はあるものの増加しつづけ、中学校が併設された一九四八（昭和二十三）年のピーク時には三九〇人の子どもが地元の大井沢小中学校に通っていた。しかし、一九六二（昭和三十七）年以降減少に転じていき、以来少子化の歯止めがかからず、二〇〇一（平成十三）年には中学校が閉校し、二〇〇七年の小学校休校時には全校児童数は八人であった（前田ほか 2007）。

表5–1　大井沢小中学校と地域社会の出来事の年譜

西暦	和暦	大井沢小中学校と地域社会の出来事
1879	明治12	大井沢学校創設
1884	明治17	大井沢初等小学校と改称
1887	明治20	大井沢尋常小学校と改称
1903	明治36	大日寺の出火による焼失
1904	明治37	宿坊が集中する中村の大火
1934	昭和9	大凶作
1948	昭和23	中学校の併設
1950	昭和25	朝日連峰が磐梯朝日国立公園に指定
1951	昭和26	（4月）佐藤喜太郎校長の赴任（昭和29年度末まで）。自然学習の発足。「自然研究綱領」の決定。（7月）高山植物園の設置。（11月）動物剥製作りの開始
1952	昭和27	郷土室誕生
1953	昭和28	へき地教育振興法の成立
1954	昭和29	町村合併で大井沢が西川町に編入。郷土室を県が博物館に認定
1957	昭和32	産業教育指定校となる
1959	昭和34	小林彰小学校教員の赴任（昭和44年度末まで）
1962	昭和37	佐藤喜太郎校長の再赴任（昭和40年度末まで）。志田悌二朗が自然博物館主事に着任（昭和50年度末まで）
1967	昭和42	土田茂範小学校教員の赴任（昭和44年度末まで）。
1971	昭和46	今田惣太郎校長の赴任（昭和47年度末まで）。郷土班の誕生。志田忠儀が「朝日連峰のブナ等の原生林を守る会」を結成
1972	昭和47	除雪の開始
1974	昭和49	大谷正実校長の赴任（昭和51年度末まで）
1975	昭和50	大井沢中学校生徒の高校進学率が100%になる
1977	昭和52	園部清一校長の赴任（昭和54年度末まで）。奥山育夫小学校教員の赴任（昭和56年度末まで）
1986	昭和61	大井沢トンネルの開通
1989	平成1	寒河江ダム竣工式における子どもたちの「水源地宣言」
1991	平成3	「全国環境教育シンポジウム」で自然学習の発表
2002	平成14	（3月）中学校閉校
2006	平成18	大井沢自然博物館50周年記念事業「自然学習フォーラム」の開催
2007	平成19	（3月）小学校休校

自然学習の誕生と実践

佐藤喜太郎校長は一九五一年に大井沢に赴任した際、生まれ故郷の学校の荒廃ぶりに目を見張ったという。荒れた校舎、図書の不備、教具の老朽、教材の欠如、教職員は全員転出希望といった実態に一念発起した佐藤校長は、同年山形県で有志によるへき地教育振興会を結成し、その運動は間もなく全国的に波及し、全国的連盟も翌年結成され、とうとうその二年後にはへき地教育振興法が制定されるに至った。この法律により、施設の拡充やへき地手当の支給、研究費の増加、人事交流などが実施されることとなった（佐藤喜太郎 1980）。こうして教員の安定した生活環境の地盤を固めた佐藤校長は「へき地教育の振興は、へき地自体の振興が無ければ、真の振興はあり得ない。地域の特質を生かし、地域に根ざした教育でなければならない」（佐藤喜太郎 1976：56）との信念によって、自然学習の実践や内容を教員や子どもたちと共に徐々に確立していった。

佐藤校長が大井沢に着任した最初の四年間の在任期間において、高山植物園、自然研究綱領、剥製作り、自然学習の組織化の四つに代表される自然学習の基本的なかたちが立ちあがってきた。まず、佐藤校長が大井沢に着任して間もなく、まず科学教育を振興したいという一教員の要望が発端となり、前年（一九五〇年）に朝日連峰が磐梯朝日国立公園の指定を受けたこともあって、身近な朝日連峰の植物を研究しようということになった。自然研究綱領は佐藤校長が大井沢に赴任してわずか四か月目の七月に決定したもので、次のようになっており、これは後に「生物五訓」と呼ばれ受け継がれていく（佐藤喜太郎 1976：55）。

一、生物はみんな楽しく生きています。
一、生物は学習に尊い命を捧げています。
一、何の目的もなく生物を苦しめないようにしましょう。
一、学習に入らない部分やよけいな数はとらないようにしましょう。
一、生物をよく理解しかわいがりましょう。

剝製作りは、教員たちの指導のもと、子どもたちが中心となって制作が始まった。増加する一途の動植物、鉱物の標本は「郷土室」と名づけられた部屋に置くことになったが、それらの標本が県に認められ、一九五四年には博物館として県の指定を受けて「自然博物館」と命名され、翌年には西川町に大井沢村が合併されたことから西川町立大井沢自然博物館となった。

さて、自然学習が生まれた翌年の一九五二（昭和二十七）年一月に、教員たちは今後の自然学習の運営、管理等について話し合い、自然学習組織を明文化し、図式化した。自然学習の目標としては、「一、郷土における事物現象を中心に観察、実験、調査及び飼育栽培を行い、自然に親しみ、自然を理解し、自然の保護と利用につとめ、あわせて自然に感謝する態度を養う」「二、科学する態度の生活を図る

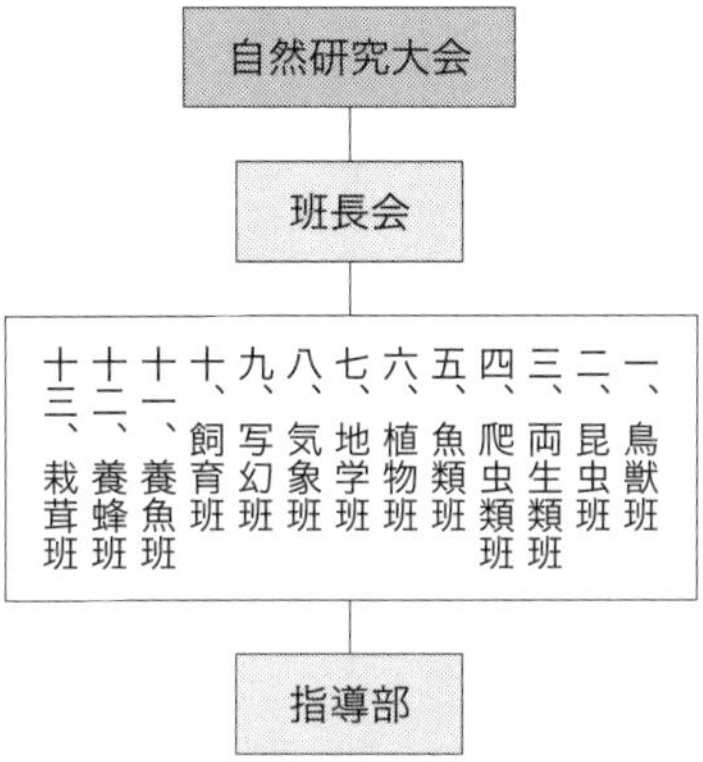

図 5–1　自然学習発足時の班

出典：『峠の小鳥　第一集』（1954：7）

とともに、科学を基盤とする生産教育を推進し、地域社会の振興を図る」という二本柱をたてた。また、運営の方針の中には「全職員、全児童生徒を一丸とする有機的な活動によって行う」「研究と生活の一体化を図り、自主共同責任の態度を養成する」「地域社会との連絡提携共同を図る」といった、教員と児童が一体となり、自主的で地域に根ざした取り組み方法が示されている。この科学の視点が、自然学習という科学教育と産業教育を中核とする初期の「総合教育」の出発点となった（小林 1976：68-70）。

こうして自然学習の実践は、まず課外研究活動として始まった。『峠の小鳥　第一集』（佐藤喜太郎編 1954）には一三の班が組織図に描かれている（**図5―1**）。なかでも鳥獣班や植物班、昆虫班などによる野生動植物や昆虫の自然観察、採集や飼育、気象班による気象観測といった科学教育と同時に、養魚班のイワナと川マスの交配種の研究や、栽茸班の食用キノコ研究と栽培、養蜂班のハチの生態研究、蜜源植物の花粉研究など、地域の生産基盤に直結する産業教育としての研究が次々と実施されていった。

やがて高度経済成長期を迎え、一九六二年をピークとした生徒数の減少は、地域の過疎化の前兆であった。同年に佐藤喜太郎長が再赴任し、自然学習の組織体系は大幅に見直され、研究班の数も六班に減り、学習内容も産業教育から「文章スケッチ」などの質的変容を目指すものへ変わっていった（富樫編2002）。その後一九七一（昭和四十六）年に赴任してきた今田惣太郎校長は「自然研究」を自然学習という名称に改め、新たに郷土班を発足させる。それは「大井沢部落の発生・沿革・生活・慣習といったものも地域の自然とかかわりながら形成されてきた」（鈴木久夫1976：233）との認識に基づいていた。ここから自然学習は社会科学の視点も取り入れつつ、カリキュラム化による再評価の時期に移行し、一九八六（昭和六十一）年まで第二の充実期を迎える（富樫編2002）。

最後の研究文集となった『峠の小鳥　第七集』（小川編2007）から、現代の文脈での自然学習の内容を垣間見てみよう。まず、研究報告に多くの保護者や地元住民の名前が登場している。猟の名人と呼ばれた八〇代の志田忠儀さんをはじめ、生徒たちの父母や祖父母、地元の地域づくりグループ「とんと大井沢」のリーダー、博物館の学芸員、こけし職人、「大井沢どうふ」の主人、「ギャラリー麦わら」の主人、「つけもの工場」の職員、郵便局の職員といった人々が次々と登場している。また、二〇〇三（平成十五）年から二〇〇六（平成十八）年にかけて、十二月の子どもたちの自然学習発表会には、小林彰、奥山繁、長岡信悦、荒木利見といった元教員たちが毎年迎えられて講演をしており、転任後も教員たちと学校の強いつながりが続いていた。二〇〇六年には、大井沢自然博物館五十周年記念事業「自然学習フォーラム」といった催しを通して、元教員、卒業生、保護者、その他地元の住民が再度一堂に会し、自然学習の思い出を共に語り交流している。こうして、自然学習に長きに渡り携わって教員、住民、子どもたちのかかわりを再認識するような活動を伴いつつ、自然学習は二〇〇七年三月に五六年の長い歴史の幕を閉じた。

自然学習の意味を紐解く

ここからは、大井沢という地域社会の文脈において、①どのように学校から自然学習が「内発的」に立ち上がっていったのか、また、②「内発的」の具体として、どういった教育方式や手法によって自然学習が実施され、③地域の変化に自然学習にかかわった人々がどう対応し、④どういう理由で長期にわたる継承や持続が可能だったのか、⑤歴史と共に自然学習の意味づけはどう変遷していったのか、という五つの視角で自然学習を捉えなおしてみたい。

自然学習は学校からどのように内発されたか

佐藤校長は大井沢小中学校赴任時の新しい課題として「その土地土地に必ず必要な教育」（佐藤喜太郎 1980：103）を模索した。そのプロセスで、教員たちの「科学教育の振興」といった要求とのすりあわせの末、大井沢独自の教育としての自然学習を発想したと考えられる。「戦後の教育界には、民主教育の名のもとに、応対しきれぬほどに新教育思潮がはびこっていた」(佐藤喜太郎 1976：50)と佐藤校長が述べているように、こうした米国生まれの外発的な新教育に対抗し、大井沢という土地の教育、言うなれば「地域から内発される教育」を具現化していく際の、学校と地域の共同的かつ創造的な実践が自然学習であったと言えるだろう。いうなれば、前述の「自然学習の誕生と実践」の中で示されたように、自然学習は常に変化する動的な学習だった。内発される教育には、当然ながら最初から確固とした教育理論や教授法などの方法論が存在するはずもない。その意味で教員たちも「私を含めて素人集団です」と認識し、「素人は無駄をくりかえす、思考錯誤で行きましょう。素人は勇敢にやりましょう」(佐藤喜太郎 1976：55)と佐藤校長は教員たちを激励した。素人教師による試行錯誤の教育としての自然学習の出発だった。だが、それはゼロからの出発ではなく、地域の自然という確固たるベースがあった。以下、自然学習という教育が内発される過程を詳細に見ていく。

自然学習の創成期に高山植物園、自然研究綱領、剝製制作、自然学習の組織化といった基本的な枠組みが出来上がったことは前に述べたが、まず高山植物園を作るという発想は佐藤校長のものである。このために予算ゼロで教員と中学生が力を合わせて造った高山植物園から自然研究は始まった。この植物園を充実するために、子どもたちは日曜日を利用し、龍門山、障子ヶ岳《しょうじがたけ》、朝日連山などでの高山植物の調査と採集を進める一方、村人からもシャクナゲやハイマツの寄贈があった(小林 1976：61)。

自然研究綱領は当時の鈴木祖芳教頭が発案したものだが、教員全員賛成で決定したものである(佐藤喜太郎 1976:56)。これは自然学習を実施する際の規範として学校が脈々と受け継いできたいわゆる「自然学習倫理」と捉えてもよい。当時の小学校レベルで、倫理を前提とした学習のあり方を発想したことは画期的でかつ先駆的であった。[1] さらに剝製作りも教師たちの発想から始まった。一九五一年の冬、鈴木教頭が猟師の志田忠儀さんからヤマイタチを手に入れ、「失敗してもいい。やってみなければわからないし、勉強だと思って、やってみんべ」（小林 1976：66）と子どもたちに剝製づくりを勧めた。そして渡辺市美教員の指導のもと、子どもたちの力で最初の剝製が完成する。その際、渡辺教員は山形の剝製の専門家をたずね、その技術を学んで子どもたちに講習するなど大変な努力をしたようだった（小林 1976：68）と小林教員は所感を記している。その他に、自然学習を組織化する案も教員同士の話し合いで明文化された。そこには校長の下に教員から成る自然研究運営委員会が作られ、全校職員をまきこむ共同的な組織化が見てとれる。

しかし、こうした既成の授業とは異なる内発的かつ独創的な教育が、すんなりと住民に受け入れられていったわけではない。昭和三十年の前半ごろ、「村長さんがあのう、反対して、一般の人もそうじゃったけどよ。子どもが勉強を投げ出して作業作業って」とかつての分校教員の妻は語っている。とはいえ、新聞・テレビ・雑誌等のマスコミによって、その価値と意図が紹介されるに従い、次第に住民の理解と協力を得られるようになっていった（鈴木祖芳 1980：111）。

自然学習の教育方法や手法とは

さて、先述の自然学習の目標にも「科学的な態度の生活を図る」とあるように、教員たちの「科学」

へのこだわりには理由があった。「昭和二十六（一九五一）年に自然学習が始まったが、わしが中学二年の時は村も貧しかった。子どもたちの手を借りて親が農作業の手伝いをさせてたなあ」と佐藤征夫元区長（七一歳）は回想する。「ま、生きていく力を持ってるのはあたりまえなんで、それは体験してるんでできるんだってことです。山菜とりは親と一緒に山に行きました」とかつて生徒だった松田富士雄さん（五一歳）も語る。便利な道具や家電に囲まれて生活する現代っ子とは違い、当時の大井沢の子どもたちは、自然を相手とする生業の知や生活知に加え、生活するための「生きる力」を親の仕事の手伝いをしながら小さいころから身につけていた。しかし、「大井沢の気象、大井沢の土壌、そして生活にいろいろな関連のある雪、その他我々の周囲をとりまく自然への交渉に理解をもち、人との関連、生活上の疑問と科学的に取り組むことは、科学的教養を身につける第一歩ではないか」（佐藤喜太郎 1980：103）と、佐藤校長は考えた。これからの村の将来を担って社会人になる時、子どもたちの内発的な力をさらに育て、そこに科学知を統合し、科学的教養も伴った「生きる力」をつける必要があるとの判断だった。以下、この大井沢小中学校独自の教育方式や学習手法を具体例から考察していく。

（1）内発的な力を育む

自然学習の内容は時代と共に変遷していったものの、それは子どもたちが「自然と親しむ学習の中で人間を鍛えていく教育方式」（鈴木久夫 1976：233）で学校教育の科学知を導入する過程でもあった。この方式が、一般的な学校の課外活動とはどう異なるのかを次に具体的に見ていく。
まず、教員たちは大井沢の人々にとって貴重なタンパク源である魚の養殖を学校で試み、将来的には地区の副業として生産に結びつけることを考えていた。その際、養魚池はただ作ればよいだけではなく、イワナは流水を必要とするので、川から池に水を引き、水路点検、上げ口とその付近や途中の砂泥除去、補修作業といった水路管理も工夫しながら子どもたちが毎日行っていた（小林 1976：80）。また、学校の運営予算が乏しかった時代にもどるが、その頃は子どもたちや保護者たちが臨時収入をねん出することがたびたびあった。それは地元の自然の恵みを活用する方法であり、大変な作業だった。にもかかわらず、子どもたちは仲間同士で創意工夫しながら目的を達成する力をつけ、立派に貢献していたことは、以下の小山裕子さん（六一歳）の聞き取り内容からもうかがえる。

自然学習は小学校六年と中学三年間とすべてやってました。先生なんか、勉強はしないでも作業だけはしろ、なんていってましたよ。作業服がかっこよくって、絣の上っ張りなんです。親がつくってくれた。そして、フキ、山ブドウ、蜂蜜を採ったりして売って、教材を買うためにやってたんです。しかも、先生は部落ごとに子どもたちを競争させるんです。リヤカーに積んで、体育館に集合するんです。私たち中のほうの中村は弱かったです。強いのは端っこの根子とか上島でね、山の奥のほうまで入って採って。体育館では二列にナイロンシートを敷いて、その上に採ってきたものを置くんです。子どもたちはそのナイロンシートの両側に座ってブドウをもいだりする作業をして、上級生が別のところで機械を使ってブドウを絞るんです。で、各家庭から消毒してもってきた一升瓶に入れるんです。フキだって、何トンって採ってたんですから。子どもは三百何十人っていたんですから。それで町に出荷する。あと、ナメコとかキノコも学校の裏で植えて栽培していました。子どもたちは朝一番に来て面倒見てました。当番制で。そりゃあ、そういう作業が嫌な子もいましたよ。漆にまけるからいかないとか理由つけて逃げてる子がいました。でも私は大好きでしたよ。

さらに佐藤校長は、自然学習などの実践や教材購入に必要な費用をねん出するため、営林署の伐採の仕事や道路の砂利運びの仕事なども請け負っている。これに関しては当時中三だった小林教員（七四歳）は、朝日登山道下刈り作業の際に山の頂上で野宿をしたときの思い出を「男の先生方がね、飯ごうで炊飯活動をして、半分焦げみたいなのもでたんだけども、登って食べるご飯のおいしさとかね、そういうのをやっぱり味わいましたね」と、生き生きと語っている。下草刈りとはいえ、「一緒に大学の先生についていろいろ高山植物とか見てね」と、小林教員が語るように、学校は植物調査をする山形大学の教授たちも同行するように調整していたのである。

このように自然学習は研究班による自主的な課外活動だけではなく、地域の発展に結びつくような生産活動や、学校運営のための資金調達作業など、あらゆる機会を活用する実用的な学習でもあった。その際、教員自らも子どもたちと共に体を使って創意工夫し、生活知や科学知を獲得するすべを学んだのである。いうなればマニュアルも教科書も無く、子どもも教員も協力しあいながら互いに成長し、人間の内発的な力を育んでいく教育方式が自然学習の特徴であった。「まあ、大井沢に行ったのは、やっぱりこういった自然に対する興味関心も含めてね、まさに私の教員の大部分がそこで培われたなあと」と、二八歳から五年間大井沢に赴任した奥山育男教員（六二歳）は当時を振り返る。

（2）「知の先達」に学ぶ

地域の「自然を教育に導き入れる」（佐藤喜太郎 1976：50）方法としての自然学習には、「知の先達」とも呼ぶにふさわしい地元住民たちの存在が欠かせなかった。特に地域特有の自然的環境、その地形、高山植物の生息場所、地域の野生動物の生態などの生活知は教科書では決して学べない。一方で、動植物の学名や、生態系の理論的知識などは自然科学から学ぶことになる。一般的には地元住民は生活知にたけ、科学知は専門家の領域と考えられるが、大井沢においては、生活知と科学知の両方を持っていた住民は少なくなく、特に地元の猟師でもあった志田忠儀さんや志田悌二郎さんによる「自然学習」への貢献は大きい。

第三章にも登場した志田忠儀さん（九三歳）は、自分の子どもたちが学校を卒業してからもずっと「自然学習」を支援してきた。「自然博物館の剝製の八〇％の動物は自分が獲ったやつです」と語る忠儀さんは、猟師であると同時に磐梯朝日国立公園の管理人を三二年間務め、朝日連峰の山々を自分の庭のように熟知していた。そして日本各地から訪れる大学教授の野生動植物の学術調査のための山の案内役も頻繁に依頼されていたことで、自身も自然科学に興味を抱き、冬虫夏草や高山植物、野生動物の知識を増やしていった。小林教員は、忠儀さんがある時クマタカの巣を発見し、彼に案内されて何度か木に登って雛の成長をみたと語っている。「大変いろんなことを教えていただきましたね、いろんなところで。物知りでしたねえ」と、地元出身の斎藤和夫教員（五九歳）も、中学時代に世話になった忠儀さんの豊かな知識を振り返る。このように、ことあるごとに教員や生徒たちは忠儀さんの案内で山に入って自然観察や調査をしている。

志田悌二郎さん（七八歳）も猟師として豊富な自然の知識を持ち、独学で植物図鑑から植物のことを学び、後に自然博物館主事として一二年勤めたが、悌二郎さんから高山植物のことを学んだ生徒は数知れない。彼も博物館勤務時代には一〇年間毎年のように中学生と共に登山をして山小屋へ一泊し、子どもたちにその豊かな生活知と科学知を伝授していったのである。子どもたちにとって二人の達人はまさに身体における生活知と科学知の統合によって、科学的教養を伴った「生きる力」を身につけた大人のロールモデルでもあった。こうした地域の「知の先達」に導かれつつ、子どもたちも体を使って学んでいった。[2] こうして、生活知に根ざしつつ、科学的教養を伴う「生きる力」の片鱗をみせた子どもたちの学習成果に教員たちはインスピレーションを受け、先述の今田校長によって、一九七一年から郷土班が作られ、地域の過去と現在を知り、ふるさとの将来や発展を考える学習も加わった。自然学習は地域の自然と社会を総合した学習として新たなスタートを切ったのである。

自然学習と地域の変動とのかかわり

自然学習が始まってから小学校閉校までの歴史において、大井沢地域にとって二種類の大きな変動があったと考えられる。その一つが人為的ではあるが、環境変動である。大井沢では戦後の高度成長期の木材需要に伴い、昭和三十年代から四十年代にかけ、朝日山地の国有林のブナの原生林は次々と伐採され、禿げ山となっていった。志田忠儀さんは、ブナ林の大量伐採によって地元を流れる寒河江川の災害や、狩猟の対象となる野生動物、山菜やキノコなどの恵みを失うことに危機感を覚え、一九七一年に町内外の賛同者や、登山者たちも含む「朝日連峰のブナ等の原生林を守る会」を結成し、ブナ林伐採の中止に奔走した（本間篤 2008）。ブナ林伐採は山をフィールドにする自然学習にも影響を及ぼした。学校では協議の結果「学童自然観察地区」の棒杭を五〇本あちこちに立てることを決めた。このために親たちもさっそく必要な資材と資金を提供しようと申し出た。自然を守るための、国有林伐採を強行する国家権力への地域住民と子どもたちのささやかな抵抗であり、その仲立ちを推し進めた力は大井沢の一三名の教師たちだったのである（溝口 1995：134）。多くの人々の協力を得て、志田さんは忍耐強い行政との交渉の末ブナ林伐採を縮小・中止させることができ（本間篤 2008）、朝日連峰の自然はゆっくり回復していった。

二つ目の変動は過疎化という社会変動であった。一九七二年ごろから始まった除雪で冬期の車の移動が可能になった一方、過疎化現象がゆっくり進行していった。教員の土田（1976：229）は過疎化に対応するためにも「大井沢の自然、人間、生活の地域調査、それが、自然学習の本質にせまることになる」と述べている。この発想が一九七一年に赴任してきた今田校長によって「郷土研究」として結実する。この郷土研究は現在の文脈では「地元学」[3]に近く、一九七〇年代初めにすでに大井沢では日本初の「子どもたちの地元学」が始まっていたといえる。この郷土研究を支えるため、地元住民が総動員で協力し、自然学習は名実ともに地域の自然と社会に根ざす教育へと変化していった。

どのように自然学習は継承されていったのか

自然学習が実施された五六年間は、校長をはじめ多くの教員の入れ替わりがあったにもかかわらず、半世紀以上継続できたのはなぜだろうか。そのヒントを鈴木久夫教員の語りから探ってみる。

四、五年のサイクルで入れ替わる教員の多くは新採用で、自然学習のことは全く知らずに子どもたちの指導を任されることになる。この状況でどうやって自然学習が継承されていったのか。その理由を鈴木久夫教員は「新任教師たちを支えたのは、一つは経験をもつ同僚教員の指導であり、二つは自然学習の研究方法が学校に現存しているという伝統の重みであり、三つには、大井沢自然博物館主事の志田悌二郎さんや志田忠儀さんをはじめ、村人の自然に対する洞察の深さであった」（鈴木久夫 1976：239）と述べている。さらに、「はじめて自然学習に取り組んだ教師たちにとっての救いは、子どもたちが自然のことを良く知っているということであり、学習の仕方についても、いままでの学習の積み重ねがあるということだった。（中略）この子どもたちに教えられ、支えられて、歩みはじめた」（鈴木久夫 1976：242）との認識は特筆に値するだろう。自然学習によって、子どもたちは教員を教えるほどの力をつけていたのである。自分が苦労して初めて作ったスズメの剥製を見て、ある生徒が「少し上手になったな。先生。んだげんどもな、生きていねえな。先生、野鳥の標本は形だけではだめなだ。生態をよくみで、つくらんなねなだ」と教えてくれた言葉は二十余年たっても耳に残っている、との教員の正直な記録もある（佐藤敬 1976：131-132）。斎藤教員も赴任して初めて昆虫班を担当した際、学校に泊りがけで蛾の採集をする手順を「わかるんですね、その上の子どもたちは何年もやっていますから、引き継いでいるわけですね、伝統を引き継いで。そして、こうしてこうしてという風に次々にこう、準備して」と、その手際の良さを回想する。このように、先輩・同僚教員、子どもたち、住民たちが一丸となって、自然学習の継承にかかわっていたといえる。

また、自分の子どもに「自然教育をやらせたいと思ってここにいるんです」と語る元卒業生の佐藤浩美さん（四九歳）は、大井沢小が休校して町の統合小学校となる際に自然学習の継続を要望したと言う。このように、親となって自然学習の持続を支援してきた元生徒としての住民の存在も無視できないだろう。加えて自然学習という伝統の象徴としての自然博物館の存在も大きい。博物館は、教員や生徒たちと地域住民たちの努力の結晶であり、自然学習の産物として生まれた[4]。信州の大町《おおまち》山岳博物館など市民が作った博物館の例はいくつかあるが、子どもたちが中心に作りあげた博物館は日本広しといえども大井沢のみであり、住民が誇る大井沢のアイデンティティとなっている。

自然学習の意味づけの変遷

自然学習が立ちあがった当初は、大井沢の子どもたちが持っていた生活に密着した「生きる力」を土台に、科学的教養を加えた広義の「生きる力」を教員たちが目指し、村の発展を展望していたことを論じた。これは敗戦からわずか六年後のことである。しかし、半世紀の間に大井沢の地域社会も子どもたちの生活も大きく変貌していく。高度成長期を迎えた一九七五年には大井沢中学校の生徒の高校進学率は一〇〇%に達した半面、小中学校生徒数がとうとう一五〇人を切ってしまう。そのころ大井沢では、戸ごとにマイカーを持つようになっていた（大谷 1976）ほど、便利になった一方、過疎化も加速していく。そして自然豊かな大井沢に育っても都会とほとんど変わらない生活をおくるようになった子どもたちの存在は、教員たちに今後の自然学習のあり方を根本的に考えさせるきっかけとなった。一九七一年に自然研究は自然学習という名称に改められ、その年に導入された郷土研究によって、自然学習は「人（生徒）—自然」をつなぐ学習から一歩進んで「人—人」「人—地域」を考える学習という新たな意味づけが加わるのである。

だが、実質的に自然学習が転換期を迎えたのは、一九七七（昭和五十二）年に園部清一校長が赴任してきたころであると考えられる。同年に赴任した奥山教員は「この子どもたちが本当に社会人として生きていくために、自然学習だけでいいのかっていう、一方での課題なんかあってね」と模索していた当時を振り返る。「つまり生きる力を育むためにどんな活動が必要かが求められた」（奥山 2002）のである。かつての産業教育や資金調達作業のような人間を鍛える教育方式の要素を強く持った自然学習の活動もなくなり、もはや農業も機械化し、子どもたちが野良仕事も手伝うことがほとんどない時代に、教員たちはその代替を模索した。そして野球部やバスケット部などを創設し、生徒会を作らせ、自然学習を継続しつつ、生徒たちの自治能力の育成に力を注ぐことになる。また、合唱や和太鼓などの文化活動などの試行錯誤の取り組みが続いた。

だが、新たな展開として、一九九一（平成三）年に滋賀県大津市で開かれた第一回「全国環境教育シンポジウム」において、大井沢の自然学習が発表されている（富樫編 2002）。事実一九九〇年代から環境教育が学校教育にもゆっくり浸透してきたが、すでに自然学習は長い実践の歴史を持っていたことから、自然学習を環境教育として、「後づけの意味」で捉える状況が起こってきたわけである。こうして自然学習の歴史を振り返ると、養蜂や養魚、キノコ栽培などの産業教育、ヤマブドウ採りなどの資金調達作業、地域の歴史や伝統文化の調査、朝日連峰登山、早朝探鳥会、雪中ハイキングなど、自然学習でこれまで実施されてきた色々な活動や教育のあり方は、今日で言われるところの環境教育や野外教育などの自然体験学習、そして総合的学習の要素が統合されていた先進的なものであったと言えるだろう。

自然学習のまとめ

内発的ＥＳＤと科学知の統合

ここまでの五つの視角から捉えた一連の事例から見えてきたことは、生活知や技能の習得などを含み、地域社会や自然という現場において身体性を伴って実践され、現場から内発的に形成された自然学習の独特の教育形態は、従来の科学知を教授し学力を評価する学校教育とは明らかに異なるということである。教科書に書いてある生物の知識を深く理解することは、全国どこに住んでいてもできるが、大井沢という地域独自の自然を深く理解することは、そこに住み、その自然に親しみ、深いかかわりを持ち続けた大井沢の子どもたちにしかできない。

大谷正美校長（1980：121）が「自然学習、つまり自然性の育成」と述べているように、この自然性の育成は内発的ＥＳＤに相当し、そこに科学知を統合することで、子どもたちが大井沢地区の未来の発展に貢献できるような科学的教養を伴った「生きる力」をつけることが目的であったと考えられる。この、普遍的な科学知と、大井沢という唯一無二の現場から立ち上がってくる内発的な学びの知の統合には、人間の身体から遊離した「科学の客観性」はみじんもない。それは、イワナと川マスの交配実験のように思い通りには交配できない自然の不確実性と、外気や水の冷たさと、その温度において交配する自然の営みに対する驚異とが入り混じった、生々しくもリアルな知である。(5)

表5–2　大井沢小中学校の自然学習の取り組みの一部にみる共育の構造

	人と自然とのかかわり			人と人とのかかわり		
自然学習の取り組み	知　識	技能・能力	価値観（精神性）	知　識	技能・能力	価値観（精神性）
資金調達活動としてのヤマブドウやフキ採り	ヤマブドウ・フキの生態知識 山と山道の知識	採集の技能 観察力	発見の喜び	自然研究綱領 山の規範	共同作業などの対人能力	共同作業の喜び 競争する楽しみ
資金調達活動としての登山道の下草刈り	野生生物の生態の知識 山と山道の知識	草刈りの技 観察力	発見の喜び 大自然の感動	自然研究綱領 山の規範 野営の知識	共同作業などの対人能力	共同作業の苦労と達成感 教員・仲間と野営する楽しみ
なめこ・キノコの栽培	なめこ・キノコの生態知識 山と山道・雪道の知識	栽培の技能 ほだ木のソリ運搬の技能	発見の喜び、キノコの成長の楽しみ	自然研究綱領 山の規範	ほだ木のソリ運搬などの共同作業における対人能力	共同作業の苦労と達成感
探鳥会の野営	鳥や木の生態知識 山と山道・雪道の知識	鳴き声で鳥を特定する能力 観察力 木登りの技	発見の喜び 自然の驚異の認識	自然研究綱領 山の規範 野営の知識	共同作業などの対人能力	仲間と発見を共有する楽しみ 教員・仲間と野営する楽しみ
昆虫班のせみの研究	セミの方言名 セミの生態知識 山と山道の知識	木登りの技 採集の技 観察力	発見の喜び	自然研究綱領 山の規範	共同作業などの対人能力	共同作業の喜び
伝統の四つの型	技術の型		意識構造の型	社会関係の型		感情・感覚・情動の型

　自然学習の活動で、科学知との統合度が弱く、比較的生業や自然体験学習に近い取り組みを取り上げて、内発的ＥＳＤの構造を持つかどうかを**表５—２**で検証してみた。この**表５—２**の取り組みや、それに近い自然学習の活動は内発的ＥＳＤの構造を持っているといえるだろう。そして、こうした内発的ＥＳＤの要素に加えて、野生動植物の学名の知識、定期的な記録と観察、化学薬品を使った剝製づくりや実験などが教員の指導で行われ、科学知との統合が起きる。そこには、先述の教員の主体的な取り組みや「産業教育の導入」などの独創的な発想の貢献があり、また地元の「知

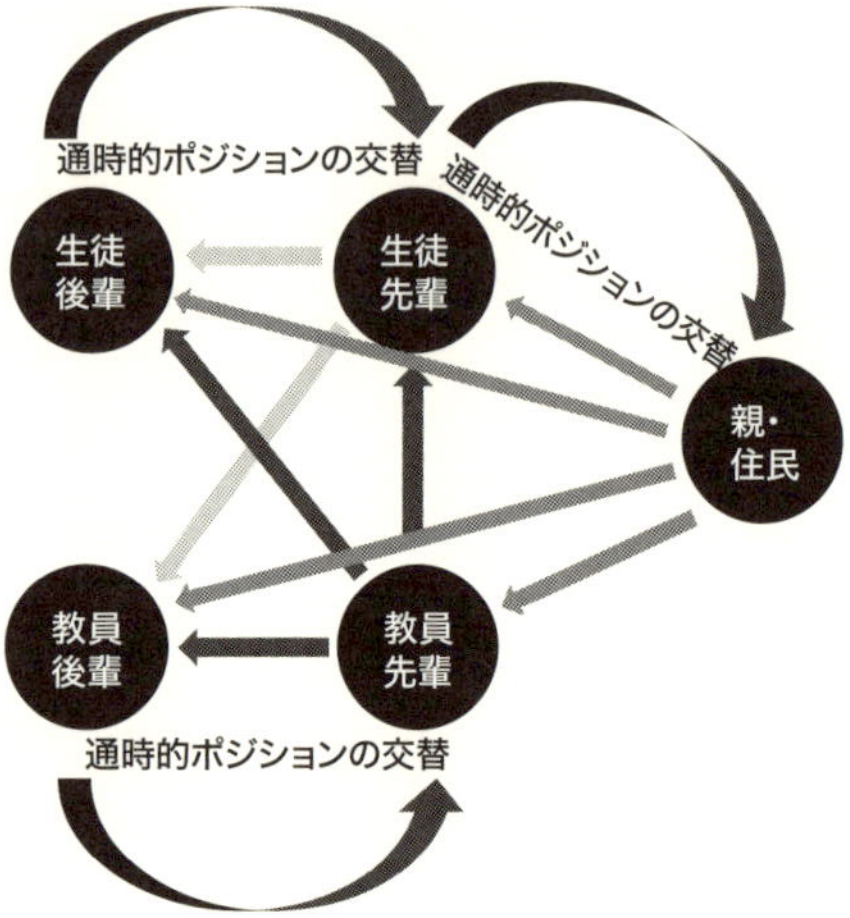

図 5–2　自然学習の継承の構造

の先達」や、地区外の専門家の異質な知との統合があった。さらに、学校も地域も新たな取り組みに次々と着手しながら、子どもも学校も地域も、すべてを包括するような「動的」な内発的ＥＳＤとして自然学習は変化し、進展していったと考えられるだろう。

自然学習の継承の構造

自然学習の継承については、小中学校で一貫して自然学習を学ぶ子どもたちが最も長い経験を持つことは明らかであり、その継承の最大の貢献者である。そして、子どもの中にも先輩から後輩への継承があるように、先輩教員から新任教員への継承が行われる。さらに子どもから新任教員への継承も起きている。住民については、地元出身であれば当然卒業生であるから、自然学習の経験者であり、自分らの子どもが実践する自然学習の強力なサポーターとなって、持続的に学校や教員たちを支えていったのである。これを図式化したのが図5―2だが、自然学習の継承を強固にした理由がこの図に示されている。

即ち、生徒の先輩から後輩への継承と、教員の先輩から後輩への継承と、教員から生徒への継承は一般的な自然体験学習においても考えられるが、それに加えて、生徒から教員への継承と、親になった元生徒を含む住民が生徒と教員の継承を強力に支えているという強みがある。もちろん、継承と同時に新しい要素が出てくれば、それを相互的に学ぶ機会も含まれているだろう。そうしたことも踏まえて、大井沢小中学校の自然学習の持続可能性は、こうした複雑で通時的な継承の仕組みが、がっちりとした暗黙の構造となって半世紀もの間受け継がれてきたと考えてよいだろう。さらに、大井沢自然博物館が自然学習の最初の精神の象徴として、常に学校と地域を結びつけてきたといえる。

伝統の再創造

こうして自然学習を多角的に見渡すとき、この大井沢小中学校の自然学習は行政によってトップダウンで導入されたのではなく、佐藤喜太郎校長の発想と教員たちの主体性によって内発的に生まれてきたゆえに柔軟で動的な教育であることを示しており、これを動的な内発的ＥＳＤと捉えてよいだろう。このダイナミズムとは、子どもたちが地域の自然と人とかかわっていく力（伝統）と、学校教育の科学知という異質なものとの出会いの連鎖であり、教育の「再創造」の連続だった。そうした創造的な取り組みが学校のあり方も根本的に変えていったことは、「常に変化する学校はよい学校だ。生きている学校だ」という佐藤喜太郎校長の言葉が座右の銘として後の校長に継承されていった（鈴木祖芳 1980:111）ことからも確認できる。いうなれば、変化する学校とは、学校という場が萃点となって異質な学びを出会わせる機会を作る学校なのである。

大井沢小中学校の「自然学習」が実施された五六年間の歴史を振り返ってみるとき、大井沢小中学校の教員や子どもたちと共に、住民たちは経済や人口といった指標では測りえない、「生き方の質」という豊かさをもって大井沢の歴史を築いてきた。それは、「自然学習」という伝統を守りつつも、社会の時代時代の変動に応じて、教員や子どもたち、地区住民が創意工夫しながらその伝統の再創造を繰り返しつつ持続してきた内発的発展の歴史でもある。端的に言うならば、ブナ林伐採という環境変動や、少子化や過疎という社会変動の波にもまれながら、新しい校長や教員たちの赴任が常に契機となって、彼らの「自然学習」に対する新鮮な感動や、地域と子どもたちに向ける新しいまなざしと情熱が「自然学習」の再創造を繰り返し導いてきたのである。

大井沢の人口減少は今でも進行している。それでもなお大井沢に残った自然学習の申し子たちが「大井沢の元気を作る会」を発足し、[6]「大井沢地域づくり計画」作成にかかわり、工夫を凝らしながら毎年「雪まつり」を開催し、[7]「IJUターン受け入れ組織」の設置に貢献するなど、地域の持続可能性を目指した取り組みをしている。「一〇年前、あと一〇年したら大井沢は消えてなくなるって危機感もってたな。それが、今皆長生きすっからまだ大井沢はあるんだが。予想してねがったなあ」としみじみと、しかし嬉しそうに語っていた佐藤征夫元区長の姿が思い起こされる。

2 創発から捉える内発的発展

「地域に根ざした共育」の創発と学校教育

地理的に不利な地域でありながら、ライフスタイルの変化や過疎化といった変化に寄り添って伝統の再創造の過程を繰り返してきた自然学習は、最終的には一般的な環境教育や自然体験学習のような「人—自然」の次元を超越し、郷土研究という「人—人」と「人—地域」という次元も超越し、地域の自然も、学校も、社会も住民もすべて包括的に取り込んだ「地域に根ざした共育」としての質的変容を遂げたと言えるのではないだろうか。半世紀にわたる自然学習の変遷の過程において、学校が地域に開かれ、学校教育（科学知）と内発的ESDは統合され、「地域に根ざした共育」が「創発」したと考えられる。数年ごとの校長や教員の異動を乗り越えて自然学習が半世紀以上持続できたことの根底には、この共育が特定の個人の理念でも行政の事業でもなく、「地域」、即ち大井沢の風土に根ざしていたということがある。社会や環境の変動と共に共育の内容が変化しようとも、「地域」という軸は決してぶれなかった。ありのままの「地域」に共育が根ざすことが、実は最もゆるぎない持続性を生み出したのである。

ここで、伊里前の事例を振り返ってみたい。復興作業として、住民が学校と神社の清掃を優先したことや、五月に契約会が学校にわかめの養殖体験を復活したいと申し出たことが示すように、住民らは主体的に子どもたちの教育と向き合っている。加えて、伊里前小学校と歌津てんぐのヤマ学校との連携を見てみると、学校は助成金に依存せず自律的にヤマ学校を支援し、蜘瀧仙人さんは萃点となって、学校と子どもたちと住民をつなげ、そこから新しい学びを創造する役割を担っていると言えるだろう。ヤマ学校は小学校の総合的学習の授業や放課後や週末の遊び場として、「さえずりの谷」を拠点に、伊里前川や、気仙街道、洞の浜と伊里前地域をくまなくつなげ、広がりつつある。そこには、学校教育と自然体験学習という縦割りの教育ではなく、地域という一つの大きな場を包み込み、学校や住民、地域の自然や歴史、伝統文化を包み込んでいる有機的な「地域に根ざした共育」のあり方の一例が示されている。

歌津てんぐのヤマ学校の事例から見えてきた「地域に根ざした共育」は、学校と地域ぐるみで子どもたちに地域に根ざして生きる力をつけることを目指している。それは自然学習においても、次のエピソードが如実に示している。『峠の小鳥　第二集』（渡辺編 1970）には、「郷土の産業転換」「産業調査」「きのこと生産」といった生徒たちの研究が載っているが、土田茂範教員は「初期の自然研究が、ここまで地域に根をおろし、たしかな展望をもっていることにあらためて驚いた」と記している。それらは大井沢の現実をふまえながら、将来の大井沢の産業構造を展望しているものだった（土田 1976：

228)。しかしながら、高校がない大井沢では、一九七五年に高校進学率が一〇〇％になって以降、近隣地方都市の高校へ子どもたちが進学し、当時の経済成長も相まって、結果的に高校・大学進学や雇用による都市への若者の人口流出の構造ができてしまった。日本全国の中山間地域の過疎化に歯止めがきかないのはおそらくこうした構造に一因があることは否めない。

最近は保護者の学校選択権の尊重、いじめや不登校の問題、あるいは特色ある学校づくりの観点から学校選択制を導入する自治体も増えており（佐藤晴雄 2002）、このような学校の多様化や学校制度の弾力化に都市化が追い打ちをかけ、子ども達は自分の生まれ育つ地域社会の自然や経済、文化伝統という文脈で「生きる力」を育むことがますます困難になっている。さらに、「生きる力」を育てる取り組みの目玉であった「総合的な学習の時間」は、学力を再重視した二〇〇八（平成二十）年の新学習指導要領においては減少傾向にある。(8) また、昨今では少子化を理由に、学校統合による小中や小中高一貫教育を地方自治体が推進する動きもめだつ。そうなると、子どもたちが地元からの長距離通学を余儀なくされるケースも増えるだろう。そうした課題の一方で、一貫教育は、九年、あるいは一二年という長期間、一定の地域において学校教育を受ける機会を提供する。つまり、減少する総合的な学習の時間のギャップを補うべく、学校がより長期的な視野でじっくりと「地域に根ざした共育」を地域住民と共に実践し、子どもたちも、小中高の学年を越えた交流や学習を長期的に実践する可能性もでてきたと言える。

西川町では二〇一二年から町内すべての小学校を統合し、町立西川小学校を開校した。準備に携わった奥山育男教育長（当時）はかつての大井沢小学校の教員であり、自然学習の経験を生かして、地域学習や自然体験学習を小中一貫教育の九年間のカリキュラムに組み込むことに尽力した。こうして大井沢の自然学習は長い変遷の歴史を経て、大井沢という地域を超え、西川町すべての子どもたちと共に今も持続している。ただし、広域をカバーせざるを得ない学校統合の課題は、それぞれの子どもの生活する地元と学校の距離的なギャップであり、各地域の多様で多彩な自然や伝統文化の豊かさを土台に「地域に根ざした共育」をどう創出できるのかは、学校と保護者や住民たちとの協働や、公民館や自然学校及びＮＰＯとの連携などの創意工夫にかかっている。

価値創造型の発展としての創発

次に、自然学習が持つ様々な機能のなかから生まれた、もう一つの「創発」の例を見ていくことにしよう。現在の大井沢を訪れると、目を引くものは三つある（二六七頁地図参照）。一つは大日寺跡にある湯殿山神社で、大井沢の湯殿山信仰の歴史を象徴する場所である。二つ目は温泉館で、これは佐藤征夫区長時代に建設され、地区内外から利用者がやってくる。三つ目は大井沢自然博物館・伝承館の建物である。自然博物館の原型は、大井沢小中学校の敷地内にあった郷土室から始まった。一九五一年の冬に、たまたま志田忠儀さんからヤマイタチを手に入れ、「勉強だと思って、やってみんべ」と鈴木教頭が子どもたちの力を信じて、剝製づくりを始めたことに端を発する。地域振興や地域づく

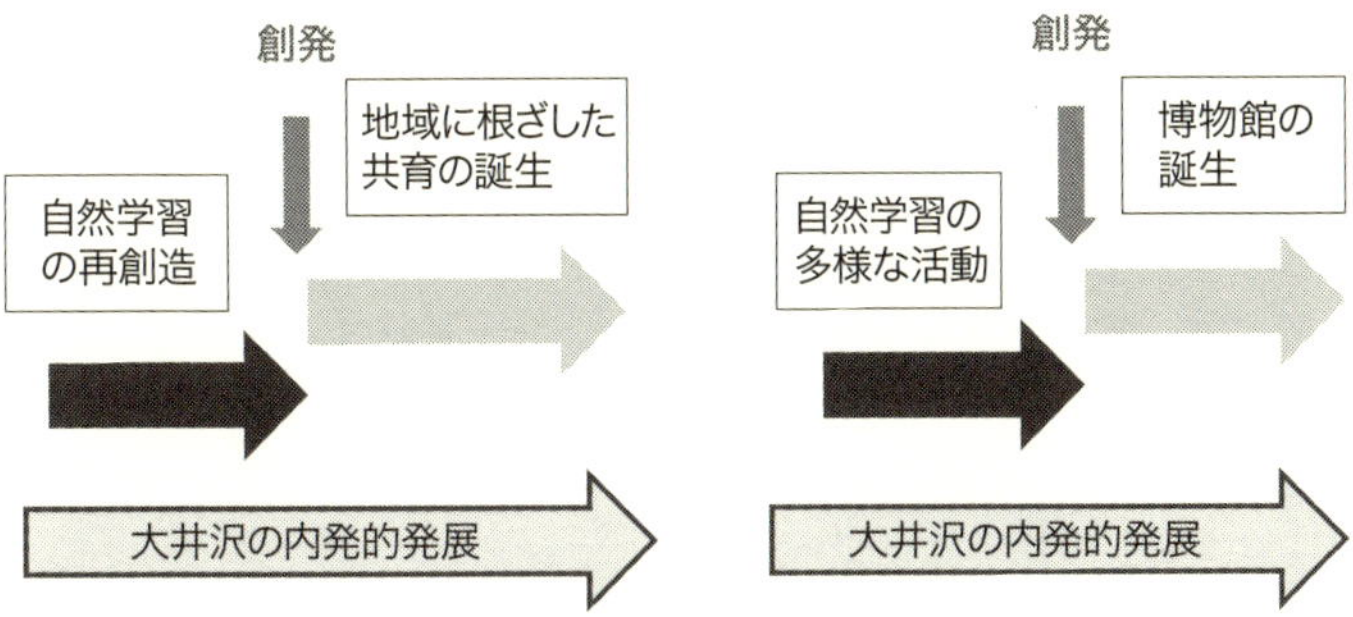

図 5–3　内発的発展の過程に起こる創発

りのために博物館を作ろうと意図して剥製づくりを始めたわけではない。すべては、教員、子ども、住民らが力を合わせ、試行錯誤で自然学習を創造していったことから始まった。つまり、そうした様々な共同の営みのなかに「潜在的可能性」が潜んでいて、それがある時、自然学習とは異なる次元の自然博物館として結実したのである。これが内発的発展の過程において生まれてくる「創発」だと筆者は考える。このことを図式化したのが**図5―3**である。

鶴見（1989, 1999）の内発的発展論における「伝統の再創造」が、内なる伝統と外からの異質な要素との格闘によって生み出された新しい伝統と捉えるなら、「創発」とは、主体自らの中に潜んでいた潜在的可能性が成熟して、新しい次元を創造することであり、共に価値創造型の発展を形作っている。内発的発展の過程に起こる「創発」は、鶴見の内発的発展論では顕在化していないが、その「萌芽」は多田富雄との対談の中に見られる。そこでは、鶴見は、一人一人が抱え持つ多義性（多様性）をそれぞれの後天的な経験によって生成発展させるとき、予測不可能なものが新しく出てくる（多田・鶴見 2003：67-68）と、創発に匹敵する発想を語っている。

「伝統の再創造」にしても「創発」にしても、共にそのプロセスにおいて内発的ＥＳＤが深くかかわっていることを強調したい。この「創発」の欠点を挙げるとするならば、人々の創造性の成行きに任せるので予定もたてられず、その多くは時間がかかる。そして何が出てくるか予想がつかない。この自然学習にしても、最終到達点のような目標はなかったが、その長い時間の過程に人々の交流があり、信頼関係が育ち、楽しみが埋め込まれている。つまり、時間がかかることもあるが、その過程そのものにも意味があり、人々の生活の豊かさが埋め込まれているのである。

創発の土壌は人づくり

大井沢の自然学習は人を育ててきた。それが長い目で見れば地域の財産となる。人間一人の力は弱いが、様々な人々の力、言うなれば知恵や知識、技能と創造性を結集すれば大きな力になる。そうした力の源は、地域の自然と深くかかわることから生まれる創造性や、多様な人々との長期的な人間関係構築から生まれる信頼や相互扶助の精神であり、それが幾多の変動と折り合いをつける地域社会のレジリエンスとなっている。

かつて自然学習を学んだ卒業生で「大井沢の未来を描く会」を発足させた志田龍太郎さん（五〇歳）は、過疎ではなく、「適疎」という横山万蔵《まんぞう》元西川町長の考え方に共感している。何が何でも昔のように人口が多ければ大井沢にとっていいことなのか。そもそも地域地域に見合った人口があるのではないかという発想の転換である。また一年後に会った際、彼は「楽しみの経済」という言葉も口にした。儲けるための経済でなく、楽しみを生み出す経済もあってもいいのではないか、というもう一つの発想の転換である。変動と折り合うための新しい発想を創造する能力がここにある。そこには未来の可能性を開放したまま、楽しみながら活動を持続していく楽観的な発想が根底にあり、そこに草の根の自治の原点と社会変動と折り合うレジリエンス能力を筆者は見る。だからこそ、自然学習が生まれた一九五一年を起点とし、移住者らによる外来の知や技や力を取り入れつつ切磋琢磨する大井沢の人々の内発的発展を、自然学習の申し子の孫の世代を見据えて百年のスパンで見守りたいと筆者は考える。

注

（1）西川町大井沢自然博物館誕生五〇周年記念自然学習フォーラムにおいて「大井沢に学ぶ自然の学習」という題で記念講演した追手門学院大学助教授の瀧端真理子氏は一九五一（昭和二十六）年という時代において自然学習綱領をつくったことは「科学以前の道徳教育」であり先駆的で画期的である（小川編 2007）と評価している。

（2）一例として、産業教育では中学三年生全員で初めて実習田の稲作での電気温床を試みた際、地元の農家の人たちや電気屋に協力してもらっている。収穫の際は「清二郎さんのはぜを借りて、稲を乾燥させてから、伝吉さんの小屋を借り、稲こきをし」（佐藤敬 1976：140）と生徒が作文に書いているように、生徒らは電気温床といった科学的な手法を学びながら、同時にこうした伝統的作業の技能も学んでいた。

（3）「はじめに」でも引用したが、水俣で吉本哲郎が始めた取り組み。
（4）注（1）と同様、瀧端真理子氏は講演会で「大井沢自然博物館は、戦後日本の公立博物館成立史の中で、地域の人たちが協力し作ったことが先駆的な取り組みとして注目される」と高く評価している。
（5）こうして、自然とのかかわりを内包する内発的ＥＳＤが、現場で科学知と統合し、動的になるとき、科学知は「自己中心的統合」によって「意味読解」される知識から、自然という現場のまっただなかで起こる、暗黙知のプロセスを経た「自己放棄的統合」によって「意味付与」され、身体に刻み込まれた創造的知識（Polanyi 1975）に変容する。そして自然と親密な関係を持つ科学知が自分の中で誕生する。即ち、自然なるものと科学なるものが自分の身体によって媒介され、親密な関係となって結び合わされ統合されるのである。こうした知の統合に根ざす科学ならば、人は自然を汚し、破壊するような暴力的な科学を発想するに至らないだろう。
（6）二〇〇八（平成二十）年には「大井沢の未来を描く会」へと移行した。
（7）雪まつりは二〇〇九（平成二十一）年の第二〇回で幕を閉じたが、新しい行事が毎年企画実行されている。
（8）例えば小学校では四三〇時間から二八〇時間、中学校では二一〇—三三五時間から一九〇時間に減少される。

第六章

ＥＳＤから「内発的ＥＳＤ」へ

――生活世界からの再創造――

1 生活世界の教育・学習理論を求めて

はじめに

この章では、これまで見てきた各章の事例から手繰りだしてきた内発的ＥＳＤの様々な要素を整理してその全体像をまとめ、生活世界の現場から再創造されたＥＳＤとして提示したい。そのためにも、現場から立ち上がってきた具体としての内発的ＥＳＤの内実が、教育論や学習理論の先行研究と照合した場合、果たして理論としても成立しえるのかという問いに答えなくてはならないだろう。そこで、まず1で理論的整合性を確かめ、2で内発的ＥＳＤの全容をまとめてみたい。

教育の本質を探る

社会教育学者である宮原誠一は、思想の科学研究会での鶴見の主催した共同研究の成果である著書『デューイ研究――アメリカ的考え方の批判』（思想の科学研究会編 1952）の中で「子どもの教育とは社会改造への参加である」という発想を示して鶴見を驚かせた。一九五二年以後から生活綴り方運動が復活したことを考えると、宮原は「その理論を先取りしておられた」と鶴見は記している（鶴見1998d：162）。宮原は社会と子どもや成人の教育との関係性を射程に戦後の教育学をけん引し、「教育の本質」（1949）という論文で、教育とは異なる「形成」と呼ばれる非定型（インフォーマル）領域を示したことでも知られている。そこでは人間形成と教育が次のように区別されている。即ち、社会的生活による人間の形成の過程には、①社会的環境、②自然的環境、③個人の生得的性質、④教育、という四つの力が働いており、前の三つの力は「自然生長的な力」であるが、残りの一つは「自然生長的な形成の過程を望ましい方向にむかって目的意識的に統御しようとするいとなみ」であり、これが教育であるとしている。そして宮原（1949：20）は、「形成の過程と並行的に教育の過程が進行するのではなくて、教育とは形成の過程と取り組む努力に過ぎない」とし、「教育が形成にとってかわることはできない。形成が基礎的な過程である」と述べている。

対して、宮原と共に綴り方教育や教育本質論に取り組んだ勝田守一《かつたしゅいち》は、学習論をピアジェやヴィゴツキーの心理学を土台に子どもの発達と能力という視点から展開しているのを特徴とし、著書の『教育と教育学』（1970：63-64）では宮原とは異なる定義で形成を捉えている。そこでは人間形成の過程は社会の複雑な作用の総体としてあらわれる。人間は、社会の諸関係の中で、そして、意識的な指導や教化と、社会の中で生まれ形作られる自己の希望や意欲によって、自らを形成するのであり、宮原の「自然生長的」形成概念にはない、形成における当事者の「意識性」が明確に示されている。そして、この形成の「意識性」を保障するのが学習となる。勝田（1970：65-66）は「人間の形成には、学習という行動の可能性、自発的なその傾向が前提とされている」とし、「主体が環境との相互作用の中で、もって生まれた刺激と反応の傾向を土台としながら、適応の努力を繰り返す過程で、習性を変容し、新しい能力を形成する」（勝田 1964：140）ことを学習と捉えた。従って、学習とは自らの力で新しい能力を形成するプロセスであり、外部からの目的意識性の作用によるものではない。よって、教育とは学習の指導（勝田 1964：141）となる。

それでは、勝田の形成概念に深い影響を及ぼしたヴィゴツキーの理論に今一度立ち返り、改めて「形成」から学習や教育を捉えるとどうなるのだろうか。ヴィゴツキーによれば、子どもには生活の中で自然と身についていく概念とそうでない概念がある。ヴィゴツキーは前者を「生活的概念」と呼び、後者を体系化された概念と捉えている（柴田 2006：95）。この「生活的概念」は、日常において、様々な生きた事物に子どもが直接に触れることで（柴田 2006:101）自然的に形成されるのだが、例えば「兄弟」という言葉は知っていてもそれを言語で理路整然と説明できない状態を示している。言い替えると、子どもが日常的に経験することの積み重ねによる長い発達の過程を通して対象を正確に意識し、概念そのものを自覚することなしには、その概念を操作する抽象的思考、つまり体系的概念には到達できない。よって、子どもが教育の介入によって体系的概念を習得するためには、自身の興味や意識に導かれて生得していく「生活的概念」の発達が一定の水準に達していることが必要となる[1]。こうして、子どもが「生活的概念」の次元から体系的概念を「背のび（高次の模倣）をしながら学習する」（勝田 1964：104）ことを、ヴィゴツキーは「発達の最近接領域」と呼んだ。従って、子どもに潜在する可能性を見出し、その能力を引き出す働きかけが教育となる。これは、Education のラテン語の語源 educo が持つ「引き出す」という意味（大田 1993：viii）と見事に一致する。従って、年長者や仲間の協力や援助などの多様なかかわりによって子どもの発達を促すことが「発達の最近接領域」の実践であり、「教育とは学習の指導」と述べた勝田の捉え方とも親和性がある。子どもが興味や好奇心を持って遊びなどを通して周囲の環境（モノ、コト、人）とかかわり、環境に刺激されたり反応したりといった、試行錯誤の過程を通して自発的に学習をし、生活の具体的経験を積むことが形成の前提である。そこに教育が介入した際に、序章でも解説したように、生活知に近い「生活的概念」と形式知である「体系的概念」を暗黙知によって統合できるようになる。

しかしながら、現実としては「人間の可能性を見出し、その能力を引き出す働きかけ」としての教育よりも、宮原の述べるように「形成を目的意識的に統御する」教育のほうが優勢であることは否めない。こうして、産育や養育、しつけ、学校教育や社会教育といった制度、あるいは公的私的な教育施設や教育組織、自発的な学習組織やスポーツ活動などを通して、色々な教育が社会的慣習、義務といった形で介入してくる。したがって、人生という動的な過程において、自分の生活経験による学習で体得する生活知や能力や概念という「内なるもの」と、教育機会から得る形式知や技術や体系的概念という「外なるもの」を常に照合し、統合しながら、人は常に一貫して学習し、人間形成を継続していくことになる。言い換えると、変動する環境の中で生き残っていくため、脳を発達させる戦略をとって進化してきた人間は、学ぶことと生きることが直結しているのである。以上の「形成」についての宮原と勝田の論考を足場に、本書が着目するインフォーマル領域の教育と学習について、次に改めて考察してみたい

インフォーマル教育の再考

まず、インフォーマル教育とは、単に秩序のない、偶発的で、定型以外のすべての教育を寄せ集めた捉えどころのない教育なのだろうか。これについても、宮原（1949）の知見を参照したい。宮原は、基本的な諸機能のそれぞれの末端――もっとも実践的な末端――でいとなまれるところの再分岐的な機能こそが教育の本質である（宮原 1949：23）としている。換言すると、「人類は、長く学校というような特別な教育機関をもつことなしに生活してきた」（宮原 1990：12）のであり、教育とは歴史的に商人の学校、僧侶の学校、軍人の学校といったように、経済の教育化、文化の教育化、政治の教育化であるにもかかわらず、これらの機能と並行して、別の一機能のように教育が分離し、歴史的社会における現実の政治や経済や文化を離れて教育を考える愚かしさに耐えられない（宮原 1949：23）といった批判をしている。このように歴史的に展開した社会の営みに埋め込まれた教育を、宮原（1990：13）は「教育の原形態」と呼んだ。

果たしてこの教育の原形態は近代教育によって取って変わられ、消滅したのかと言われれば、そう

でないことは自明である。現代社会においても規模は縮小しているとはいえ徒弟制度は持続しているし、企業で働く社員は先輩や仲間から日々学んでいる。家庭内の子どものしつけもされているし、祭りの芸能なども継承されている。現代社会に今なお継承されている農山漁村の習俗については、産育や子育てと、子どもを一人前にするための共同体の知恵や教育観についての大田堯（1993）の優れた研究がある。(2) このように、時代によって変化する社会的環境に応じて、教育の原形態も、その時代に適応しながら持続している。なぜなら、人間の生活の営みという普遍的なものに密着していることが原形態の原形態たる所以であり、この意味からも、インフォーマル教育は普遍的である。このことから、インフォーマル教育とは、社会や自然的環境と相互作用し、自発的で生涯一貫したインフォーマル学習という人間の内なる学習（形成）領域に、外部から、目的意識性のあるなしにかかわらず介入し、非定型な取り組み方で指導する役割を持つ。そして、生活世界に生きる子どもにおいては、「発達の最近接領域」の概念が示すように、地域の実践共同体に導かれ支援されながら全人的なかかわりをもって学び、成長していくのである。

インフォーマル学習の再考

「組織化されていない日常的な学習」（佐藤一子 1998）と定義されているインフォーマル学習だが、換言すると、この学習は人がこの世に生を享け、その一生を通して生活世界において社会的環境と自然的環境とかかわり、自発的に学び続けるという、人の生き方の土台を形成する学びであるといえるだろう。宮原が人間の形成の過程に働くとした四つの力のうち、自然的環境と社会的環境の力とインフォーマル学習との関係を以下紐解いていく。

自然的環境の学び

まず、自然的環境に身を置いて学ぶとはどういうことだろうか。ヴィゴツキーが解明した、日常的に「さまざまな生きた事物に子どもが直接に触れることによる自己の経験の積み重ねによる自然発生的・生活的概念」（柴田 2006：101-102）が生まれる現場を生活世界で探すとなれば、繰り返しになるが、子どもの遊びの要素は避けられない。川遊び、海遊び、野山の遊びで子どもは自然そのものに接し、観察し、体験し、自然材料で道具を作ったり、大人に怒られることもなく、モノを破壊したり、虫などの生き物を殺すことも覚える。また、見慣れない木の実を食べ、まずくて吐き出すこともある。まさに自然そのものが教師となる。さらに岩田（1986）が発見した遊びと仕事が一体になったような世界は、なにも東南アジアだけにあるわけではなく、日本においても釣りや狩猟、キノコ採りや山菜採りなどの遊び仕事（鬼頭 1996）は情熱を持って持続されている。この半生業的狩猟採集の方法は、親兄弟、祖父母といった家族や仲間から学ぶこともあるだろうが、遊びの要素も強いので、そのうち独りで営むようになると、まさに自然と一対一の学びの世界が繰り広げられる。そして成人ともなれば、農林漁業といった生業も自然的環境と生涯かかわっていく営みである。

この黙する自然との、マニュアルのない「非言語」のかかわりにおいては、人間は想像力を働かせるしかない。この想像力についてヴィゴツキー（1930=2002：8-11）は次のように説明する。まず、人間には二種類の基本的活動があり、一つは再現的あるいは再生的な活動であり、記憶と非常に密接に結びついている。これによって同一の条件下では同様の行動をする習慣を形成することで、環境に容易に適応できるのである。しかし、人間が以前体験しなかった新しい、思いがけない環境上の変化には、再現的活動ではうまくいかない。そこで人間は過去に体験した印象や行為の再現とは違う、新しいイメージや行動の産出をする。これが二番目の種類の創造的な行動である。これには脳が過去経験の要素から新しい状況や新しい行動を複合化し、創造的に作りかえるプロセスがかかわり、このような脳の複合化能力による創造活動を心理学では想像と呼ぶ。これが創造的想像力と呼ばれるものである。

そもそも学習や発達の理論化のために実施される心理学の実験は、自然的環境が介在しない人工的な環境の設定でなされてきた。だが、人と自然の関係は歴史的にも文化的にも根源的なものである。現生人類二〇万年の歴史において、人類を文明に導いた農耕が始まったのはわずか一万三千年ほど前であるから（矢原 2011）、人間の想像力の発達の長い歴史において自然が全く関与していないと考えることは不合理だろう。例えば、人が山仕事をしている際に天候の急激な変化が起きたときなど、生死にかかわる想像力が働くと言えるだろう。まさに過去の天候の記憶や経験を走馬灯のように一気に想像力で呼び起こしつつ、自分のいる山の中の空間的、距離的位置づけ、時間や服装、持ち物といった要素を一瞬のうちに統合し、環境の変化に対応し、自分の安全を確保する手段について判断を下すのである。その手段として、普段なら絶対利用しないけもの道を通ったり、以前発見した大きな洞穴を思い出してそこに避難する行動をとるかもしれない。それらが創造的な行為となる。

つまり、言語や記号では一切何も教えてくれない自然とかかわるということは、経験によって蓄積された感性などの身体性に基づく想像力や創造性を最も的確に育むことでもある。実際、現実の世界の物象はすべて言語や記号で説明されているわけではない。なかでも何も語らず、予測不可能な反応をする対象（乳児、生物、天候など）とかかわるためには、対象の行為や状態などがどういった意味を持つのかを過去の経験などから学習し、そこに現在の状況という要素を複合化して想像し、想定外の状況に対応する行動力や判断力をつける必要がある。特に自然とかかわるそのプロセスは、身をもって怪我をしたり危険な目に遭うというリスクを伴っているからこそ、生存のための必要不可欠な危機回避能力としても人間は豊かな想像力を育んできたと考えられるだろう。この意味で、自然相手の子どもの遊びは、自然の非言語性と、その無意図で偶発的な性質が生み出す不確実性やリスクゆえに、子どもの想像力を無限に伸ばす可能性を持っている。

社会的環境と文化的環境の学び

自然的環境に対して、社会的環境の学びとはどういうことだろうか。宮原（1949：5）は、自然をそれに働きかける人間生活空間を含めた風土と捉え、「（自然的）環境とは本質的に社会的なもの」として、社会的環境と切っても切れない関係性を持つものとして捉えているが、社会的環境についてはこれ以上詳しい説明をしていない。一般的には、社会的環境とは自然的環境の対極にあって、人間によって創りだされている環境である。その中でも家庭環境は子どもにとって重要だが、家庭や地域社会を包含している文化的環境がさらに重要な位置を占めているということは、本書独自の視点としておさえておきたい。これは、生活世界の文脈においては「生活文化」を意味している。この生活文化は、自然的環境と社会的環境の相互作用で生み出されるものであり、生活文化のスコープとは、個人が生まれ育つ地域の自然的環境と社会的環境に限定される[3]。ここから文化的環境の学びとは、その地域の自然的環境と社会的環境が作用し合って生み出した食材、郷土料理、生業、慣習やしきたり、祭りや芸能、民謡、民芸、民話、方言、言い伝えといった様々な文化的ツールを、個人の形成の過程で具体的に家庭や地域の人々からインフォーマル教育としての働きかけを通して学ぶことである。

こうしたローカルな社会的、文化的環境に重なるように、合理的、論理的思考が科学の発達によってもたらされ、政治、経済といった分野で民主主義や資本主義といった概念を土台にした制度を含む社会システムも普及してくる。そうすると社会的環境には、暮らしの現場の生活文化などのローカルなレベルと、民主主義社会、資本主義社会や市場経済といった制度やシステムのようなマクロのレベルが、層をなして重なっていると考えられる。自然的環境と同様に、社会的環境も変動する。マクロレベルでは戦争や経済恐慌などが起こるし、ローカルレベルであれば水俣病のような公害問題が起き、都市化による治安の悪化などもあるが、地元が世界遺産として登録されるといったこともローカルな社会変動として捉えられるだろう。また、転勤や開発、開拓などによる移転や移住による社会的環境の変化ももちろんありうる。このような社会的環境におけるありとあらゆる変化に人が影響を受けるとき、先述の自然的環境とのかかわりと同様、経験に根ざした創造的想像力が必要となってくる。そこから生まれた人々の創造的行為とさらに相互作用しながら社会も文化も変化し、新たな出来事へと展開していく。そうした社会とのかかわりの過程に、勝田（1970）の定義する自発的な学習が埋め込まれた人間形成が営まれている。

教育と学習が一体化する生活世界

以上のことから、インフォーマル領域の教育と学習を形成の概念で捉え直したものを図式したものが**図6―1**であるが、社会的環境と自然的環境の重なった部分にあるのが個人の形成に埋め込まれたインフォーマル学習であり、矢印の時間軸は生涯を示している。自然的環境や社会的環境の学びは非文字かつ非言語的やりとりで応答するインフォーマル学習を含み、それは形成の発達過程に埋め込まれている。さらに、この自然的環境と社会的環境が重なった部分に、形成の時間軸の契機ごとに介入し、他者が働きかけ、導くインフォーマル教育が縦の矢印で示されているが、地域の風土に根ざした他者の指導（教育）と学びの産物として、太枠の楕円で示される文化的環境が生成されることになる。[4]

図6―1が示す、自然的環境と、社会的環境と、それらが重なり合う文化的環境における学習と

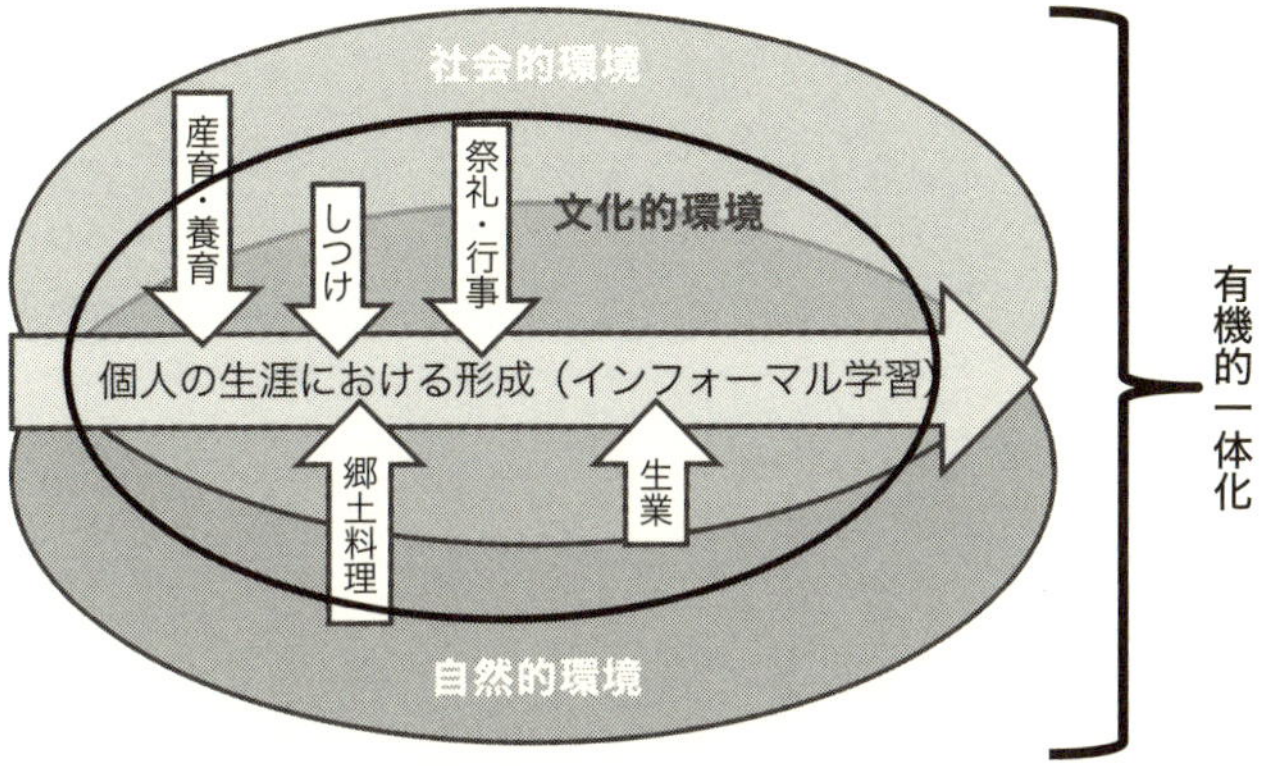

図 6–1　インフォーマル学習とインフォーマル教育と形成の関係性

教育が相互作用するインフォーマル領域は、まさに有機的でダイナミックなやりとりの世界であり、包括的な環境教育の形成の場である。こうした学習と教育と環境が混ざり合い、一体化して「インフォーマル共育」が生まれるような世界において、固有の文化が生成され、人々の共有する精神性が育まれる。この一体感を生み出す現場のリアリティにこそ、緒方正人が戻っていった「命のつながる世界」という包括的な世界が広がってくると本書では捉えている。

ここで、国家政府が目指す発展ではなく、現場から立ち上がるような発展に着目するならば、それを支えるための、現場の生活世界に埋め込まれた「インフォーマル共育」の充実が必要となる。これまで近代化を支えてきた教育は、宮原が指摘するように、生活世界では融合的だった教育と学習を区分し、生活世界の外に新たに経済発展とリンクした人材育成教育を実施してきた。学校教育や社会教育は制度化され、国家によって体系づけられ、普及され、設備が常に更新され、教員は研修を受け、教育科学の発展と共に現代まで充実してきたし、これからもそうだろう。では、「インフォーマル共育」の充実とはどういう意味を持つのだろうか。そこには国家も制度も設備も教員研修も教育科学もありえない。そうなると、生活世界そのものが充実し豊かであることが前提となる。言うなれば、豊かなかかわりに満ち、それらが交わり響きあう学びの世界であると考えられる。そのためには、多様な教師が必要である。例えば親や近所の人たち、老若男女、地元の人もよそ者も、健常者も障害を持つ人も、病人も健康な人も必要である。そして、生きている人だけでなく、モノも、動物も、山も海も川も、森も、死者も、神様も含んだ、教師の役を演じる多様な登場人物が入れ替わり立ち代わりして現れ、響きあう曼荼羅的な舞台としての世界である。

そうした多様性に満ちた現場の、変化に富んだ状況における豊かなかかわりから、あまたの経験が蓄積し、知識の豊かさだけでなく、コミュニケーションの豊かさ、技の豊かさ、知恵の豊かさも生まれてくる。「想像力による創造活動は、人間の過去経験がどれだけ豊富で多様であるかに直接依存しているということです。（中略）人間の過去経験が豊かであればあるほど、その人の創造に資する素材も多くなります」とヴィゴツキー（1930=2002：21）も述べている。ある意味、自然的環境、社会的環境、文化的環境が統合可能なインフォーマル領域での共育こそが本来の環境教育であり、この豊かな経験に根ざす知恵が創造性を育み、社会や環境の変動といった危機に対応する現場の人々のレジリエンスを形成しているのではないだろうか。

集団の学習理論と本書の位置づけ

ここからは、集団の学習理論の先行研究を通して、それらの理論における本書の位置づけを考えていきたい。まず、持続可能な発展の文脈で、特に自然資源管理などの環境にかかわる公共事業の分野において注目されているのが、ソーシャルラーニングとして提唱された参加型の共同学習である。ソーシャルラーニングは単に教育的な学びを意味するのではなく、共同で意思決定などを行う社会参加の要素も組み込まれており、結果的に管理を通り越して、政策やガバナンスと結びついていく連鎖を含めて捉えられるべきだとされている。この背景には、自然資源開発が行政や開発企業関係者による専門知の見地のみに基づいて計画実行されてきたことによって起きる地域住民との対立や軋轢を避け、住民の伝統的な生態学的知識（TEK）[5]も含む広範な知識ベースをもって資源管理をする必要があるとの認識がある（Rist et al. 2007）。ここでの共同学習とは行政・住民の協働的参加型の意思決定プロセスを支える手法としての学習である。

そして、この共同学習によって、多くの人々の個人によって異なる資源の認知が、一つの共同の認知へと変質していく過程から生まれるのがダブルループラーニングである。ダブルループラーニングという学習理論は、既存の前提に則った解決策を考えるシングルループラーニングを飛び越えて、既存の前提を疑うという二つ目のループを作り、これによって前提を壊し、それを変革することで問題

表6–1　学習活動の構造

学習0	刺激による固定された反応		
学習Ⅰ	学習0の反応が、道具使用によって変化し、反復的に修正する		
学習Ⅱ	学習Ⅰの進化形。無意識的で暗黙的な習慣というかたちをとる	Ⅱa	再生産的 道具：既存の手法
		Ⅱb	生産的 道具：実験を通じた理論化
学習Ⅲ	学習ⅠとⅡが埋め込まれている 学習Ⅱの内的矛盾の解決が動機づけとなり、問題や課題そのものを創出する ⇒学習Ⅱの文脈を破るか変更するかが迫られることで、学習者をより広い文脈に置く **＝拡張的学習**	個人レベル	意識的自己変革、個人的危機、脱却、ターニングポイント、天啓の瞬間
		集団レベル	学習Ⅲは基本的に集団的性格を持つ

解決を試みるという理論である。[6] この理論は、集団の学習によるグループ・ダイナミックスに焦点をあてて集団の活動を捉えようとする、エンゲストローム（1987=1999）の「拡張的学習」と呼ばれる活動理論にも応用されている。エンゲストロームはベイトソン（1972=1990）の学習理論に基づいて学習活動を構造化しているが、ここでは理論の詳細な解説は割愛し、その概要を**表6―1**にしてみたので参照されたい。

拡張的学習はこの表の学習Ⅲに相当する。緒方が「チッソは私だった」と覚醒したこともこの個人レベルの拡張的学習だったと考えられる。この、ヴィゴツキーを筆頭とする文化―歴史的心理学派の研究を源流とする活動理論を土台に、日本では杉万俊夫（2006）を中心とした研究者たちによる、実際のコミュニティにおいて展開する集団活動や学習をダイナミックに捉えた事例研究もある。エンゲストロームの唱える学習活動を一言で言い表すならば、それは集合体や社会で自明の前提とされている文化的―歴史的基盤を問い直し、新しい前提を創出していく活動のことであり、学習活動とは脱構築を実践する活動にほかならない（杉万 2006：66）。

この拡張的学習に基づく集団活動が起こす段階的な革新のプロセスは、「伝統の再創造」（鶴見 1989）のプロセスに共通するものがある。この理論が土台とする文化的―歴史的発達理論の観点から、人間活動の「発達」のダイナミズムを捉える視座は、「発達」を「発展」に置き換えれば、違和感なく社会の発展概念にも結びつく視座である。また、ソーシャルラーニングが自然資源管理や開発事業における住民参加といったインフォーマルな領域での学習に限定されるのに比較して、拡張的学習は学校の授業や企業経営、地域づくり活動のように、フォーマル、ノンフォーマル、インフォーマルのすべての領域の学習にまで応用可能な理論である。このような優れた特徴も踏まえたうえで、本書と同様に集団の活動と学習に着目する拡張的学習と、本書の立ち位置の主な相違点を以下のように二つ挙げてみた。

第一に、拡張的学習と本書の立ち位置が根本的に異なるのは理論のスコープである。拡張的学習の背後には社会の矛盾を打開し、革新していくという弁証法的な活動の目的志向性がある。換言すると、これは学習という手段を使った社会運動ともいえる。それは社会の矛盾をダブルループ、さらにはトリプルループラーニングで批判し、脱構築し、究極的には持続不可能な制度やシステムを革新して持続可能に変革していく可能性をも秘めている。そうした学習による社会変革運動といったスコープが拡張的学習の背景にある。一方、本書のスコープは、同様に社会とその発展のあり方に着眼はしているが、制度改革などによる発展ではなく、質的発展、それも現場を生きる人々が内発的に選択していく、非決定論の発展をスコープに入れている。そのために、集団が望む様々な「機能」を実現していく潜在能力（佐藤仁 1997）に着眼し、その能力を支える学びのあり方を追求する。その際重要なのは、集団だからこそ可能になる多様な機能である。個人は集団に属して活動することで、自身の望む機能の幅を広げることができ、それが人々の生き方の質を豊かにする発展概念につながっていく[7]。

第二に、前段でも説明したが、拡張的学習が強調するものは、学習活動自体というよりは、社会変革をもたらしめるような学習活動にこめられた運動的な力である。対して、本書が強調するのは、いつ、どの時代においても、環境の不確実性と向き合いながら現場に根ざして生活や文化を持続し、継承し続けることを可能にする住民や集団の潜在能力である。よって、強調するものは学習の力ではなく人間の持つ本来の力である。

個人と集団の「形成」のダイナミズム

ここからは、先の**図6―1**に示された個人の形成が集合し、集団として活動する場合のダイナミズムを見ていきたい。人々が共同して活動をする際には、集団活動の経験のある先輩から後輩への指導や教えがあり、後輩が学ぶという相互的なやりとりが起きることは自明であるが、それ以外にも、経験者同士の教え合いもあり、新人たちの新しい発想を先輩が学ぶこともあり得る。そうしたやりと

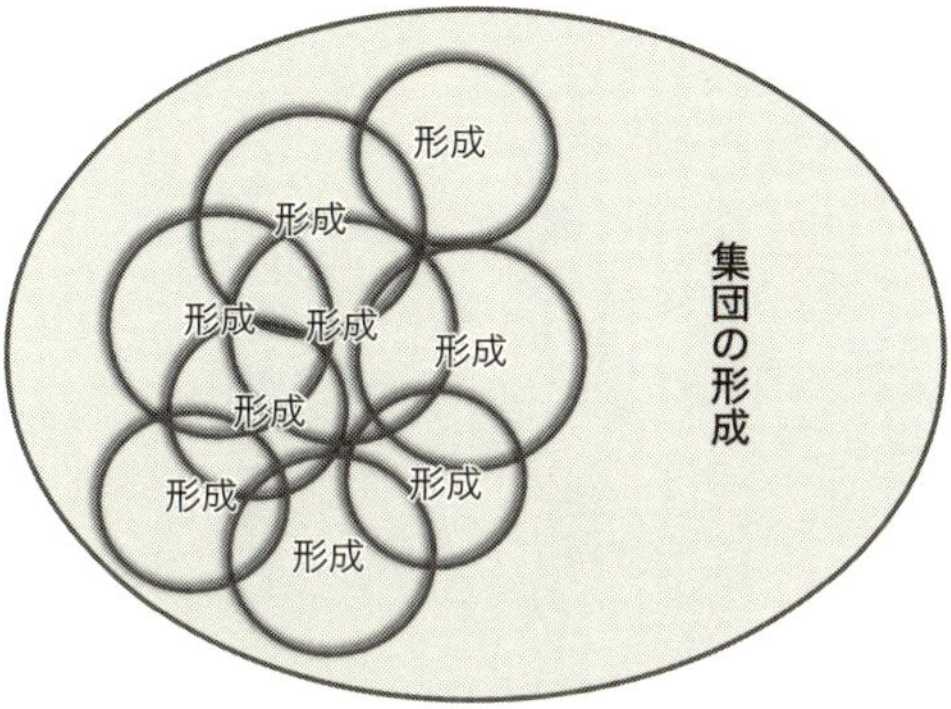

図 6–2　個人と集団の学びによる「形成」のダイナミズム

りは、一対一の場合もあれば、一対多、多対多ということもあるだろう。集団の学びとは、このような教え合い、学び合いの複雑なやりとりが行きかう状態を指している。集団が親密に活動し結束力を高めるに従って、このやりとりはより結合度を増し、共有性が高まってくると考えられる。こうしたやりとりを形成の重なり合いと捉えたのが**図6—2**である。

インフォーマル領域では、教えることは信頼関係に基づく自発的な行為であり、報酬を払うことはまれなことから、自分の学びを贈与していると捉えてもよいだろう。言い換えると、この形成の重なり合いは、学びの相互贈与の動態を示しており、この重なり合いの多いところにおいて集団が共有する知や技、価値観が育まれる。この図に見る、他の形成との重なりが少ない形成は、共有部分が十分に発達していないことを示唆し、集団内での新人に相当する。このように、個人という個性を持つ形成が集合することは多様性を集団がとりこむことでもあり、多様な形成が響きあいながら重なり合うことで、その全体性をもって集団独自の形成も育まれることだろう。このとき個性の多様性とは知性的に理解するものではなく「感じる」ものであり、感性と直結している。この集団独自の個性的な形成に、地域の自然の個性と地域社会の個性が融合され、三山講のように集団独自の文化が形成されることになる。そして、こうした集団独自の文化を持つような集団がある地域に多数あるならば、その地域の文化の多様性を形成していくことになる。

2 内発的ＥＳＤの全容を捉える

「魂のゆくえ」に立ち返る

以上、社会教育における形成概念やヴィゴツキーの心理学の先行研究に加えて、代表的な集団の学習理論と比較することで、本書の提示する内発的ＥＳＤという包括性のある共育の理論的整合性も検証することができた。このことをふまえ、これまでとり上げた四つの地域の事例から、内発的ＥＳＤの全容を総括して提示することを試みる。

その前に第一章の緒方正人による問題提起に立ち返ってみたい。そこでは、巨大な「システム社会」に組み込まれ、自分の魂が出口のない迷路を彷徨い続けてしまうことを悟った緒方が、取り戻すべきものは、不知火の海と共に生きていくという、実感に満ちたリアリティ、つまり現場の生だったという思いを語っていた。本書は、「根本的に自発的である」（勝田 1970：66）学習行動をする人間の主体性に根ざし、地域の自然と住民の創造性にもとづき内発的に発展することと、「システム社会」ではない「もうひとつのこの世」を形成することとを連関して捉えることができると考える。即ち、「システム社会」という「ひとごと」の世界による形式知主導の発展ではなく、「じぶんごと」の世界に立ち返り、人間自らが望む機能を拡大することこそが人間主体の発展（Sen 1992=1999）であると捉え、個人や集団の望む機能を達成することを可能にする潜在能力を身に着ける共育のあり方を探求した。これが内発的ＥＳＤである。即ち、人々が主体となって、手間と時間をかける苦労を自分たちで引き受けつつも、自由と自治に基づく共同性が内発的に立ち上がってきた日本各地の現場から内発的ＥＳＤを発見し、社会や環境の変動に折り合いつつ動的に共育を変容していく人々の「生命」の輝きをこうした事例で捉えることができた。ここに内発的ＥＳＤと既存のＥＳＤの大きな違いが見てとれる。

ＥＳＤは既存の制度的枠組みを通して普及されながらも、逆説的に個人の価値観の変容によって社会変革を目指す教育だが、内発的ＥＳＤは潜在能力を拡大しながら、社会変動や環境変動へのレジリエンスを獲得していく自己や集団の変革の共育となる。譬えるならＥＳＤは、政策、事業、法律、産業構造やシステムといった型を改造するための人材の育成といった、外科手術をする西洋医学の手法を取り、内発的ＥＳＤは、人間自身が持つ「潜在的可能性」や人と人とのつながりを通して潜在能力を発揮できるような人材を育むことで社会の体質を改善していく、東洋医学の手法を取ると言えるだろう。

現代社会の文脈では発展にとって科学技術の必要性は自明であるが、現行の環境問題の根底には、そうした科学知やその技術が持つリスクや潜在的な暴力性を、知恵や英知をもって制御するべき人間本来の力、つまり、自然や人と直接的かつ持続的にかかわり続けるという人間の主体性による知や能力の脆弱化があるのではないだろうか。ESDとは、持続可能な社会への変革を実現することを目指す教育である（「国連持続可能な開発のための教育の一〇年」関係省庁連絡会議 2006：4）ことを明記しているが、もしその変革が、政治経済の制度や法律、システムといったものの変革であるなら、エコロジー的近代化を支える教育が有効であり、その学習方法論としては拡張的学習の弁証法的な学習活動が有効であろう。しかし、もしその変革が発展そのもののあり方の変革だとしたら、緒方の目指す「命のつながる世界」という「もうひとつのこの世」をそれぞれの地域で創造し、拡大していく、多元的発展の取り組みになると本書は捉えている。究極的にはそれは人間の生き方にかかわってくる。

本書は、既存のESDが、まず個人を対象に持続可能な発展に必要とされるすべての知や技術や方法論をつぎ込む労力を費やしていることに根本的な問いを呈したい。個人のキャパシティには限界がある。一人の個人が持続可能性に必要なすべてを学びつくすことはできない。そして個人の生涯は短い。だからこそ人が集団を形成することは、知恵や文化を継承し、可能性を広げ、自治によって潜在能力を拡大し、生き方の幅をひろげ、持続可能性を担保するという意味がある。そして、内発的

ＥＳＤが根ざす住民の主体性による「生命の知」を「生命の力」と結合させていく、人々の意志と絶え間ない努力の過程としての内発的発展の持続こそが、現在の「システム社会」を根底から掘り崩していくのではないかと本書は問いかけたい。

ＥＳＤを再創造する

ＥＳＤを動態的に捉える

ある瞬間で世界を止めて、ものごとを静的に捉えるのが従来の科学の方法である。村上陽一郎（河合1994）は、河合隼雄との対話で「ダイナミズムを止めない学問」というテーマにおいて、人間や社会のダイナミズムというリアリティを以下のように語っている。

一人の人間とは、どこか一つの場所で安定しているわけではなく、常に動いていて、一つの固定的な層を考えることはできないのではないか。精神分析の言葉を使えば、深層に入ったり、意識の表層に出てきたりというようなことを含め、いつもダイナミズムの動いているようなサイクルを繰り返している。そして、そのサイクルは決して自己だけの中に閉じているのではなく、いつも外の事柄を巻き込みながら動いている。その時に、どこかで止まってしまっても具合が悪い。多分異常と言われる状態になるのだろうと思います。（中略）個人が生きていて複数の人間が生きて社会もそういう構造をもっていて、しかもそれはバイオスフェアといった生命論や、地球全体、宇宙全体まで包み込んだ構造をもっているとすると、従来の科学というものはそのダイナミズムを全部「ない」ものとして…（中略）どこかで止めてしまって、切り口のところで問題を論じている。

（河合 1994：22-23）

世界恐慌然り、リーマンショック然り、経済も社会も環境も不確実性をもって変動するこの世界に身を置くことを前提として、村上の見解を受け止めるならば、我々の見据えるべき持続可能性とは、固定的な「あるべき」型にこだわらない「変動に寄り添う持続可能性」である。持続可能な発展や教育を、国家や制度でなく人間の知恵と手の中に取り戻すためには、変動が実際に起きている現場の次元にＥＳＤを移行し、そこから立ち上がってくる動態的な共育及び、その共育を育むメカニズムと共に持続可能性を考えていく必要があると本書では考える。

暗黙知と形式知のバランスを取り戻す

形式知による客観的知識主導の制度教育が、これまで持続不可能な発展に不本意ながら貢献してきたという事実は否めないし、そうした教育はＥＳＤとは呼べない。極端な言い方をすれば、地球環境問題解決のための先進的科学技術教育はＥＳＤではなく、むしろ持続可能性に照らし、そうした科学技術を取り扱う人間の資質を問うているのがＥＳＤという教育である。人間の資質とは、地域独自の自然的、社会・文化的環境の文脈に沿って、人が生涯を通して営んでいく生活現場で育まれる。「正義、公正、寛容、充足性、責任[8]」といったＥＳＤの価値観を教室でテキストを通して教えるより、大人がその価値観を実践して模範を示す方が、子どもたちにとってよほど説得力があると言えないだろうか。

ＥＳＤの理念にはインフォーマル教育が明確に含まれているが、ＳＤの発展観が国家レベルで形式知主導であるゆえに、暗黙知を含む生活世界のインフォーマル教育を推進する説得力を持っていない。よって、ＥＳＤ実践は「人間の資質を育む」ことを目指しつつも、それに欠かせないインフォーマル領域の教育や学習が脆弱であるという矛盾を抱えている。対して内発的ＥＳＤは形式知も現行のＥＳＤも排除しない。現在の社会においては、形式知も人間の創造性に欠かせない知である。そして、内発的ＥＳＤは、内の力に外の力を取り入れながら変化していく。その外の力には現行のＥＳＤ実践の取り組みも含まれて然るべきであり、こうして暗黙知と形式知がバランスを取り戻していくのである。従って、現場の生活知から立ち上がり、形式知や科学知といった外来の知を現場の文脈で統合し、変動と向き合い変化していく共育としてＥＳＤを再創造しなければならない。この共育を内発的ＥＳＤという概念で以下に総括して提示したい。

内発的ＥＳＤを解き明かす

内発的ＥＳＤの核となる伝統

内発的ＥＳＤは正式には「持続可能な発展のための内発的共育」であり、この用語は「内発的共育（Endogenous Education）」を含んでいる。「内発的共育」は第三章から第五章にかけて表としてまとめた生活世界の様々な共育（表3―1、表4―4、表5―1、表5―2）の総称である。いわば、生業などを通して自然とのかかわりが深かった近代化以前には、庶民がごく自然に身に付けていた「あたりまえ」かつ、基本的な人間の共育であり、地域独自の風土が生み出す価値観や精神性を伴っている。この内発的共育は「伝統」を内包する構造（表6―2）を持つ。換言すると、地域社会で生きる人々の主要な生活機能には、知識や技能、価値観や精神性を軸とした「人と自然とのかかわり」と「人と人とのかかわり」という二重の関係性を常に内包している構造が埋め込まれている。この構造を「伝統」たらしめるものが、それらの共育に対応して埋め込まれている伝統の四つの型である。

これは一見ローカルな構造のようだが、一九九二年の地球サミットの際に開催された市民会議が採択した国際ＮＧＯ条約（INGOF 1992）で提示されている、「人間社会と自然的環境の関係にかかわる問題（環境持続性）」と「人間と人間との関係にかかわる問題（社会的公正）」と、その先にある持続可能性の究極的な目標としての「存在の豊かさ（精神性）」という、持続可能性に向けた根源的な三つの

表6–2　内発的ESDが内包する構造=伝統

	人と自然とのかかわり			人と人とのかかわり		
生活機能	知　識	技能・能力	価値観（精神性）	知　識	技能・能力	価値観（精神性）
伝統の四つの型	技術の型		意識構造の型	社会関係の型		感情・感覚・情動の型

課題と重なってくる。これは、この三つの課題が遠く離れた国際会議の場での抽象的な理念でなく、まさに人々が日々生活する地域の現場という草の根レベルに具体的にかかわっており、そこが地域、ひいては地球の持続可能性に向けてのすべての出発点であることを思い知らせてくれる。

静的な内発的ＥＳＤとは

平常時における静的な内発的ＥＳＤは、地域の自然的、社会的、文化的環境が重なり合った有機的な生活世界で育まれる。その定義と特徴やそれが育む能力について整理すると、以下のように五つの要点にまとめられる。

（1）定義　個人の生涯において、あるいは共同体や地域の発展の過程において、個人や集団が達成したいと望む機能（セン 1992）を維持、継承する際に発生する、学び合いや教え合いによる知識、技能、価値観や精神性の集合であり、それらは地域社会の自然や歴史に根ざした文化や伝統、価値観の共育と、そのプロセスで培った能力を含む。

（2）特徴　この共育は身体に埋め込まれており、個人や集団の言動や行為、表現によって顕在化する。また、地域の自然や共同体の歴史的文化的文脈に沿っており、遊びや生業、そして交流の楽しみの要素が深くかかわっている。だからこそ、鶴見（1989）の伝統の四つの型がその構造に見事に合致するのである。そして、日常生活の文脈においては、この共育は遊びや仕事と生活の行為に埋め込まれ、生き方と一体化したような包括性を備え持っている。

（3）学習手段と方法　自然と直接かかわる人間自身の主体的行為や、非文字の口頭による経験者からの伝授が主要な学習手段となり、その学習や教育方法においては、独学のような自己教育、集団での学び合い、教え合いといった自在なかたちが基本となる。

（4）育まれる能力　以上のプロセスから、洞察力、想像力、対人能力、危機対応能力、コミュニケーション能力、リーダーシップ能力、判断力、決断力、直観、創造力といった様々な能力が形成される。

（5）二つの「かかわり」の構造　内発的ＥＳＤは「人と自然とのかかわり」と「人と人とのかかわり」という表裏一体の構造を持っており、それは自然とのかかわりで蓄積した知恵や生活知を維持、継承していくために、地縁、血縁、有志縁のつながりを通して個人と個人、個人と集団がかかわりながら学んでいくプロセスである。自然村だったころの自治組織も、究極的には、「共同体と自然とのかかわり」のために組織化した「人と人とのかかわり」の一つの型である。これが綾町では自治公民館制度という現代的な制度に結実した。この「人と人とのかかわり」において、人間関係形成に欠かせない、コミュニケーション能力や、対人能力を育む学びが埋め込まれている。それが慣習化されたのが習俗の行事であり、儀礼である。稲作を基本とする中山間地域においては、地域の自然と祖霊信仰が結びつき、先祖が山の神、田の神となって人々と定期的に交流する。そうなると「人と自然とのかかわり」には「カミガミとのかかわり」が、「人と人とのかかわり」には「死者とのかかわり」が暗黙的に含まれていることになる。このように、「目に見えない」もの、つまり科学的には学ぶことができないものを生活世界では学んでいく。これが科学知と内発的ＥＳＤとの大きな相違点である。

動的な内発的ＥＳＤとは

内発的ＥＳＤを世代間や長期的スパンで捉え直すとき、継承の構造が見えてくる。静的に捉えた上畑住民の内発的ＥＳＤにも、通時的に見ると祖父母や親から子や孫への通時的継承（図3―2）が起きているが、第四章の三山講や第五章の自然学習の事例では、通時的なものと共時的なものが入り交じり、交替する、複雑でダイナミックな継承の構造（図4―3、図5―2）が伴う。このように、継承一つをとっても、動的な内発的ＥＳＤの構造が浮上してくると言えるだろう。さらに、平常時に蓄積している静的な学びが、発展の過程における変化や変動の契機において外来の知や技といったものを取りこんで、動的な状態に変容する。自然学習の事例では内発的ＥＳＤと科学知の統合が見られた。そして、内発的発展のプロセスに埋め込まれた動的共育として、内発的ＥＳＤは以下の二つのタイプの展開（development）を生み出すという特徴がある。

（1）社会や環境の変動、あるいはそれに関連した共同体や集団内の変動の契機と人（集団）の学びの変容が重なるとき、「伝統の再創造」という内発的発展の新しい展開が起きる。第二章の歌津伊里前の「歌津てんぐのヤマ学校」、第四章の三山講の「人間性の再創造」や、第五章の大井沢の「自然学習」の変遷がこの展開を示している。

（2）人（集団）が潜在的に蓄積する内発的ＥＳＤの知や技、価値観や精神性といった様々な要素が成熟していき、結果として、ある契機に「創発」という内発的発展の新しい次元の展開が起きる。第五章の大井沢の「自然学習」から「地域に根ざす共育」や「自然博物館」が創発するといった事例がこの展開を示している。

動的な内発的ＥＳＤの仕組み

動的で、ダイナミックな教育というと、異質で特殊な概念のようにもとられるかもしれないが、その実は日本人にはなじみ深い概念であると筆者は考える。つまり、ハレとケの循環性や、継承、曼荼羅という概念と強い親和性があるのである。

（1）**循環性**　上畑や大井沢の住民や、毎年出羽三山を登拝する三山講の事例が示しているように、自然が季節の循環に従って変化していくと共に、それに働きかける人の共育も、住民の顔ぶれの変化や、人の生涯をとおした身体的変化に伴い、変化しながら季節に沿って繰り返されていく。毎年、数年、あるいは何十年に一度といった周期で起こる自然災害の学びや、先人の知恵の学びが、現代の科学知と統合されながら、津波などの災害から人々を救うことにもなるのだろう。

ここで、櫻井（1985）のケ―ケガレ―ハレ―ケの論理で内発的ＥＳＤを捉え直してみたい。まず、平穏無事な日常の生活世界を意味するケでは、内発的ＥＳＤで培った能力の多くは発揮されることなく自分の中に蓄えられているケの状態であるが、ハレという非日常的な変化の契機が起きると、[9]内発的ＥＳＤも活性化され、ハレの状態になる。東日本大震災などの大災害に被災した時には、まさにケが枯れて、茫然自失状態に陥り、何も考えられず、何も行動できない「ケガレ」の状態となる。しかし、日常で蓄えていた内発的ＥＳＤのケの力がやがて活性化され、強化されて「ハレ」の状態に転じることで復興し、ついには平常のケの日々に戻っていく。このように内発的ＥＳＤという共育がケ―ケガレ―ハレ―ケと入れ替わりながらもアイデンティティを維持していくという風に動態的に捉えると、内発的ＥＳＤは循環する共育であると同時に循環するメカニズムも備え持っていることがわかる。重要なことは、良い意味でも悪い意味でもハレという非日常時に力を発揮できるかどうかは、いかにケという日常で力を蓄えておくかにかかっているということである。普段の「あたりまえ」の生活機能に埋め込まれた内発的ＥＳＤが育む力こそが持続可能性の鍵となる。

（2）継承性

上述した循環の概念は継承性に密接している。自然とのかかわりに満ちた生活世界では、自然の循環性に伴って毎年共育が繰り返され、地域社会の人間関係を紡ぎながら、人から人へ、世代から世代へと時間をかけて継承されるのが特徴である。継承するためには、そこに確固とした人間関係が長期的に存在しなければならない。そして、自然の循環には再生が含まれ、再生を繰り返し持続していく持続可能性の道筋が内包されている。この再生とは、自然界においては命の継承であり再生産である。しかし人の一生は短い。人間社会の持続可能な発展においては、持続可能性の道筋を示す先人の育んだ知恵や価値観、知識や技を次世代に継承することが必要となる。資本主義社会における企業教育や研修では、作業や工程の知識やノウハウ、技術などの形式知を記号化・記録し、マニュアルなどを通して上意下達式にシステマティックな方法で確実に次世代に継承することが可能である一方、自然と向き合う知恵や、生業の知、文化伝統の知や技、価値観や地域のルールの継承は、義務として強制できず、あくまでも住民の自発性にまかせるので、継承が保障されないという課題もある。

（3）曼荼羅的ダイナミズム　これは上畑や大井沢の生活世界の共育から導かれた内発的ＥＳＤの大きな特徴である。また、これは教育と学習（形成）が一体化するインフォーマル領域で繰り広げられる**図6―1**に見る共育である。いうなれば、ある時は教え、ある時は教えられ、学び合うというインタラクティブと呼ばれる金剛界曼荼羅の逆対応のベクトルを持つと同時に、親であり、生業を営み、共同体の役を担うといった、様々な機能も交替してこなし、学びもそれに付随させている。共同体や集団をこの曼荼羅の中に配置してみるとき、共同体の住民や集団のメンバー

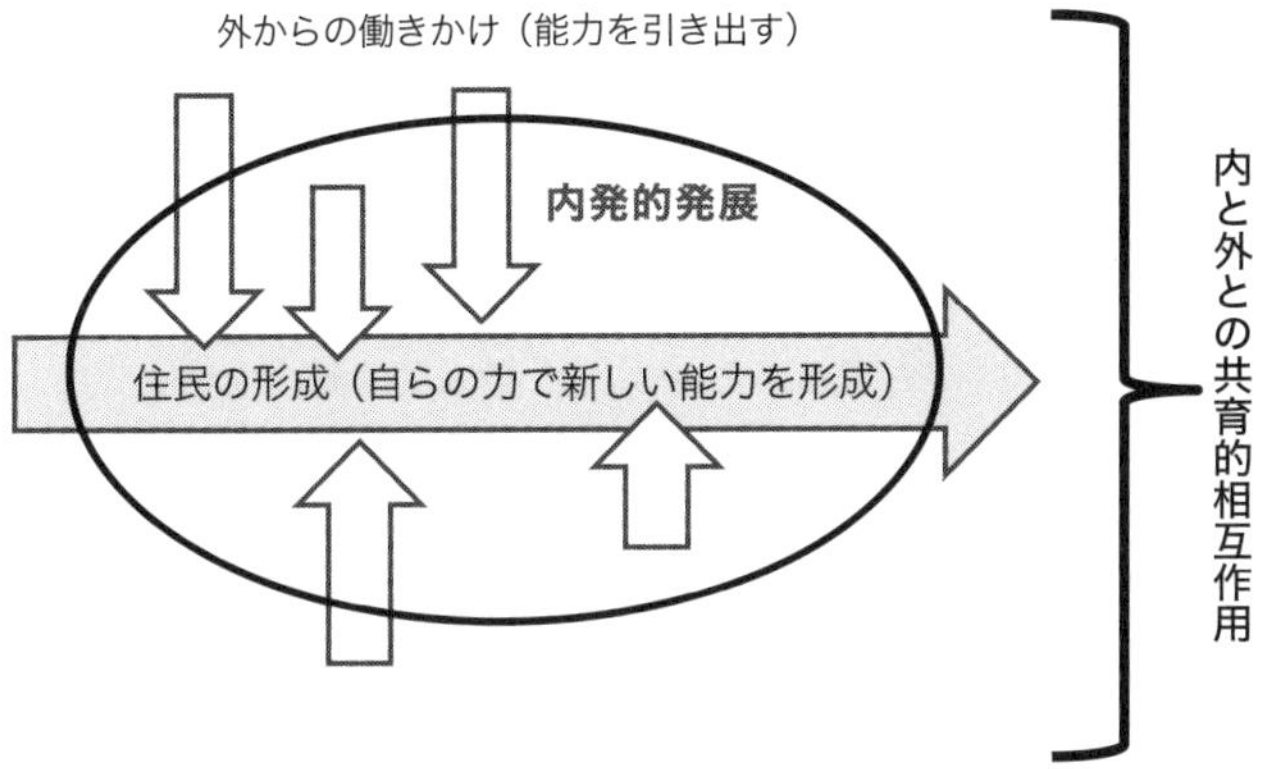

図6–3　内発的ESDの内と外のダイナミズム

の機能や立場の逆転や交替によって、インタラクティブで複雑かつダイナミックな学びの流れが渦巻いていることになる。さらにその継承の構造は、第四章、第五章で見たように、通時的共時的な逆転や交替が起きるダイナミズムを示していた。こうした曼荼羅的ダイナミズムこそが「伝統の再創造」や「創発」という内発的発展の動的なプロセスの生まれる源となる。

（4）内と外との共育的相互作用　前述の曼荼羅的ダイナミズムは地域の住民同士のインタラクティブな相互作用を示しているが、内発的ESDのダイナミズムの最大の特徴は、内（定住者）と外（漂泊者）との出会いから生じる共育的相互作用である。それは本章の1の教育・学習論でも見てきたが、学習とは自らの力で新しい能力を形成するプロセスである（勝田 1964）ならば、住民自らの力（内）に外から働きかけ、その能力を引き出す「教育」の役目を外（漂泊者）が果たすことになる。実際は、住民自ら外へ出会いを求めていくこともあるだろうし、外から支援という形で住民側へやってくることもあるだろう。このことから、図6―1のモデルがほぼ内発的発展における内発的ＥＳＤの共育的相互作用にも応用可能となり、それを図式化したのが図6―3である。

例えば、危機は大きな変化の契機であると述べたが、同時に外からの新しい要素が現場に到来する契機でもある。伊里前では、ＲＱや自然学校という新しい組織がやってきて、契約会や住民たちと力を合わせて復興活動をし、さらに蜘瀧仙人さんがやってきてヤマ学校が始まり、学校の授業との融合が起きる。漂泊者と定住者の出会いが新しい学びや関係性を生みだし、新しい展開が起こってくる。また、危機の文脈以外で、第四章で千葉で三山講が誕生したのも出羽三山の修験者という漂泊者が契機であるし、第五章の自然学習の変遷と持続を支えたのは数年ごとに入れかわる教員たちという、一時定住をする漂泊者であった。こうした外からの異質な知識や発想、技術などをとりいれながら、これまで培った内発的ＥＳＤという伝統と闘い合わせ、新しい展開（復興）へ進んでいく。内発的発展の過程で創出される「伝統の再創造」である。外のまなざしを持つ異質なものとの出会いという契機が萃点となって、内のまなざしを持つ内発的ＥＳＤがさらに動的なものに変化していく。定住者にとって「あたりまえ」のことが漂泊者から問い直される。そういう見方ではなく、こういう見方もあるのではないかと新しい提案が起きてくる。また、それに対し対案を提示したりしつつ、「ぶつかりあって、格闘しながら折り合いをつけて、新しいものが生まれる」（中村・鶴見 2002：142）のである。そうした内と外との相互作用のなかにも新しい共育が発生する。

集団に拡大される内発的ＥＳＤ

セン（1993）によれば、人が望ましいとする状態のありさまが機能であり、それを実現する力が潜在能力である。これまでに挙げた想像力や対人能力といった様々な能力は、潜在能力にとっての必要条件である。本書では、この個人ベースの潜在能力を、集団の文脈に適用し、集団が望ましいとする状態のありさまも機能とし、この集団の望む様々な機能を実現する力を地域の潜在能力として捉えた。個人の知識の蓄積や能力向上を目指す学校教育や生涯学習とは異なり、内発的ＥＳＤは、その共育の構造が組み込んでいる人と自然、人と人との関係づくりを通して、個人レベルの能力形成や潜在能力形成のみならず、集団としての潜在能力形成にも寄与し、さらなる持続可能性を担保している。それが現行のＥＳＤと大きく異なる点である。この集団に拡大された内発的ＥＳＤが育む集団の潜在能力の特徴として以下の四つの要素が挙げられる。

（1）地域の知識、技、能力のストック　共同体や集団の文脈においては、上畑の生活世界の共育の**表3―1**にある生活機能のための知識、技、価値観や能力といったものが集合し、知的共有資源としてストックになる。教育・学習理論でも論じた集団の形成（**図6―2**）はこれらのストックを表している。これが集団や地域共同体の潜在能力の一部として、集団や地域共同体が望ましいとする機能の達成に寄与するのである。加えて、フォーマル、ノンフォーマル教育の教育方法においては、多種多様な知識を個人に注ぎ、個人が消化できなかった知識は流れ出てしまうシャワー型の方法が主であるのに対し、内発的ＥＳＤでは知識や技能を共同性の枠組みにため込んで、それを知的共有資源としていつでもアクセスし活用できるようにするプール型の方法を用いるので、知識のロスが少なく効率がよい。そしてその中でも特定の知識や技、能力などに長けた名人と呼ばれる人は、その集団や地域共同体の機能の達成に欠かせない知的財産や能力を保有するかけがえのない存在として、尊敬され一目置かれるのである。何十年も途絶えていた伝統芸能も、地域にその芸能を身体化した古老や名人の存在がある限り復活は可能である。

（2）地域のリーダーシップ養成

三山講の事例が示していたのは、三世紀もの歴史を持つ講集団の持続性を支えてきた力の源は、擬死再生の登拝に象徴されるカミガミの力であり、それは自然（山）の教育力でもあったことである。山の厳しい自然に鍛えられ、経験を積んだ先達たちは、内発的ＥＳＤを身体化し、講集団のみならず、地域のリーダーとして、地域社会の多様な機能を実現する潜在能力を育んできた。こうした先達たちを複数抱える三山講は、かつての農村社会における潜在的なリーダー養成集団であったと言えるだろう。

このことは、第二章での伊里前の契約会が被災の際に発揮したリーダーシップの事例でも示された。地域のリーダーシップは、内発的発展を担う、地域の小さな民としてのキー・パーソン（鶴見1989：59）の育成にもつながってくる。地域のリーダーシップを生み出すキー・パーソンは一つの分野にたけた専門家ではない。地域の多層的共同体ネットワークを駆使し、人脈とモノやコトの縁をつなぎ、地域の自然と歴史的文化的文脈を生かしながら、個人プレーではなく、共同性によって人々を動かし、創造的展開を導く地域の小さな民であり、決して英雄でもエリートでもない。地域に根ざしてこうしたモノ、コト、人をつないで統合していくような力を持つ人がキー・パースンとなる。

（3）地域の共同性のネットワーク形成　三山講自体の閉鎖性と同時に、自由な信仰を許されている行人という個人の開放性という矛盾こそが、行人が掛け持ちで所属する他の講や地縁組織を個人がつなぐネットワーク形成に寄与していた。これは、第四章で論じた多層的共同体を形成するネットワークでもある（図4―5）。この個人のネットワークの増幅は、地元で信頼関係を持つ人々の増加であり、地域の共同性を広く厚く育み、これも地域社会の多様な機能を実現させる力を持つ潜在能力として捉えることができる。綾町が誇る自治公民館制度にしても、制度以前からあった多種多様な講による住民の共同性や、そのネットワークが、制度を下支えしていると結論づけても異論はないだろう。

（4）多様性が育む独自の文化　内発的ＥＳＤが培う集団の潜在能力とは、人間各自の多様性の認識に立った相互扶助の原型であると考えられる。この相互扶助の一部に集団の学びの相互贈与というやりとりが含まれ、それが集団独自の形成（学び）となり、集団独自の文化をも形作る。多様性の認識は他者の異質性を受け入れることであり、そこから１＋１＝２以上の創造的な力が生まれる。しかしながら、鶴見（中村・鶴見 2002：134）の述べるように、いろいろなものを組み込むことは「破壊的」なリスクもあるが、そこから新しいものが創出するのであって、多様性との共生とは単なる「仲良しクラブ」（中村・鶴見 2002：144）ではなく、時には自治公民会の役員会などで「とことん格闘し」議論して、何か新しいものを生み出すプロセスである。

こうして、地域に根ざした集団が包含する人間の多様性が地域の潜在能力の一端を担い、地域独自の多種多様な草の根の文化を創造してきた。こうした多様性を包含する潜在能力こそが、日本全国各地で現在も継承されている地域独自の祭りや伝統行事などの文化の多様性の源であるといっても過言ではない。人間が共同するとき、人間同士はもとより動物たちやカミガミ、さらに死者たちとの交流があり、遊びがあり、そして祈りや歌や踊りが生まれるという創造的付加価値は、科学では論じられないし、無視されている。内発的発展を支え、変動へのレジリエンスを生み出す人々の共生や共同性には、単なる生き残りのための切磋琢磨だけではない、生を享受する豊かさと楽しみが伴っていることが特徴である。

内発的ＥＳＤによるレジリエンス形成

大井沢の自然学習や伊里前の契約会の事例は、人々や集団が内発的ＥＳＤの土台を持っているならば、社会や環境の変動や危機の際に、それが規模の大小にかかわらず、その変化に対峙し、応答するために必要となる力を生み出してくれることを明らかにした。その代表的なものが「生きる力」や「危機対応能力」にみる「レジリエンス」と呼ばれる復元力である。

（1）生きる力の育成　文科省（2010）は子どもたちの「生きる力」の育成を目指しているが、この「生きる力」とは、安全安心で安定した環境に守られ、ぬくぬくと生きる力ではなく、社会や環境の想定外の変動へのレジリエンスをつける力を意味する。そのためには、科学知だけではなく、自然の教育力を導入することが必須であり、教員が持たない生活世界の知や技にアクセスするために、「知の先達」のような地域住民の力に頼ることが必要となる。その詳しい事例を大井沢小中学校の自然学習を通して見ることができた。

この、自然の教育力をとりこむ必要性もさることながら、自然学習が「生きる力」の育成に最も貢献したのは、子どもたちの主体性を育てる共同作業であったと考えられる。従って、従来の自然科学は知の伝達や獲得を強調するが、内発的ＥＳＤはそれと同時に「人と人とのかかわり」のプロセスを必ず含むことになる。自然学習でも、子どもたちは研究班という集団に属し、教員や地域住民たちによる根気強い指導によって、野生生物調査や飼育、大井沢の歴史探訪などを主体的に実施している。こうした自然学習に組み込まれた多くの共同作業が、自然的環境や地域の文脈における子どもたちの連帯感や相互扶助の力、つまり共同性における「生きる力」をつけてきたと結論づけられる。これは後述する、危機のような契機に動的になる内発的ＥＳＤによっても強化され育まれる。

（2）危機対応能力　環境変動と社会変動は相互に密接にリンクしている。特に環境の劇的な変動と折り合う能力は、一つには災害などに直面した際の危機対応能力であり、環境変動が大規模な場合は、その後引き続いて直面する社会変動（例えば伊里前のような小地域社会の避難生活など）の危機対応能力が必要となってくる。危機とは、平常ではない異常事態である。平常時に当然機能しているものが機能しなくなり、普段あるべきモノやサービスにアクセスできなくなる。その際に、平常時を過ごすための能力では対応できなくなる。このような危機には、人々が最低限必要な生活機能を創意工夫し、協力し合って達成する能力が必要となる。契約会の所有地への高台移転は実現しなかったが、そうした失敗もまた貴重な学びとなる。

そうした能力は、伊里前の事例では、子ども時代のヤマ学校で身についた力が土台になっていることがわかった。つまり、遊びの創造性であり、対人能力や組織技術（organizational skills）、情報収集能力、決断力、判断力である。そして、それらは、誰かが何かをやってくれるのを待つのではなく、自らが考え行動を起こす自発性や主体性に基づく自立した人間を形成する。ここでの自立とは、鶴見が指摘するように、単に自分の世話ができることではなく、人の世話をすることができる力を持つ自立である（本間繁輝編 1994）。こうして、平常時に内発的ＥＳＤをとおして蓄積され、潜在している様々な能力が、危機の契機にスイッチが入り発揮され、内発的ＥＳＤが動的に変容する。

内発的ＥＳＤの統合性

ＥＳＤが開発、環境、人権などのテーマや、エネルギー問題、ごみ問題といった課題ごとに知識を細分化していく傾向を持つのに対し、内発的ＥＳＤは地域共同体という文脈においては、基本的に四つの意味で共育を統合へと促している。第一に**図３—３**が示す、上畑地区住民の生涯過程における共育の統合（時間における統合）、第二に生活世界の場における**表３—１**の生活機能の統合（場における統合）である。伊里前、上畑、そして大井沢の事例がつまびらかにして見せたことは、住民は自分をとりまく外部環境として自然を客観的に認識しているのではなく、精神的な楽しみや、家族や地域の信仰の対象として、あるいは生業や生計のために欠かせない存在として、実質的には自分たちの共同体の一部に自然を組み込んでいる包括的な世界観を持っており、そうした世界観がすべての生活機能を必然的に連関させ、統合していると結論づけられる。第三に教育・学習論における**図６—１**が示す、インフォーマル領域における学習と教育の統合、そして第四に形式知と暗黙知の統合が人間の身体において起きる（身体における統合）。普段は個人に潜在して統合されている暗黙的なものが、その個人の言動や行為を通して顕在化し具体化する。集団についても同様で、内発的ＥＳＤを身体化した個人個人が共同して生み出す集団の営みや活動から成るパフォーマンスから[10]、地域共同体の文脈で統合された内発的ＥＳＤが浮き彫りになり、見えてくるのである。

内発的発展とは、個人や集団が望む様々な機能の集合から成っているが、それらあまたある機能の多くが個人や集団によって共有され、そうした共有機能が幾重にも重なり合い、個人や集団を複雑につないでいくとき、自治や地域独自の文化伝統の創造や再創造をもたらしていく。内発的ＥＳＤとは、こうした機能を達成するための内発的共育が個人や集団のうちに身体化され、統合されていることを意味する。身体化されているからこそ、そこで育まれる知識も技も精神性も能力も、すべてかけがえのないものとなる。この希少な固有性こそ内発的ＥＳＤの最大の特徴である。

内発的ＥＳＤの課題

ここまでは、内発的ＥＳＤの全体像を整理し、総括してきたが、この共育の課題や問題点にも触れることが必要だろう。そこには強みと弱みが背中合わせになっている構造が見えている。

（1）一般化・体系化できない　「インフォーマル共育」であることは、固定的でなく自由自在な教育と学習を生み出す一方、個別具体的、状況依存的に発生するので、上畑や大井沢といった特定の地域の集団からその学びの内容の類別を試みることは可能であるが、当然、特定する集団によって生活機能の学びのカテゴリーは多様でそれぞれ異なってくる。個別的な学びを逐一文字化、文章化することも困難である。唯一引き出せて一般化できたものは、周知のように「構造」であった。

（2）システマティックに普及できない　特定の地域の文化や伝統の継承などを含む質的な発展には欠かせない共育であるが、そもそも地域独自の自然と社会に根ざした共育であるから、教科書もカリキュラムも無く、そうした地域独自の学びを他地域で普及することは不可能である。前項でも内発的ＥＳＤの身体性について述べたが、つまるところ、そうした共育を身体化した人間や集団の生活圏で具現化されるので、内発的ＥＳＤを学ぶには内発的発展が立ち上がってくる個別具体的な現場に身を置くしかない。実際、内発的発展を目指した取り組み自体にも内発的ＥＳＤは埋め込まれており、その最も基本的で重要な取り組みが吉本哲郎の地元学ではないかと筆者は捉えている。そうした取り組みがきっかけになったり、あるいは特定の住民たち（キー・パースン）が、その地域の自然や人々に潜在する可能性に気がつき、創意工夫して他の住民を巻き込みながらその可能性を開花しようとするときに内発的発展が立ち上がってくる[11]。

（3）個人に埋め込まれた知　ある特定の住民が所持する生活知は、地域共同体にとって重要である可能性があっても、その住民が他者に伝達・継承しない限り、開示されず、持続しない知である。また、そうした知はその住民の死とともに失われてしまう可能性をもつ。こうした地域にとって潜在的な価値のある身体化された生活知を顕在化し、地域の潜在能力に転換するには、やはり地域内での自治を高め、人々の活発な交流や行事を通して相互に面識を深め、いかに生活知を共有し、伝達・継承する機会を創っていくかにかかっているだろう。

内発的ＥＳＤの普遍性を探る

自然と人、人と人の二つの枠組みと四つの伝統の型から成る構造（**表6―2**）を持つ内発的ＥＳＤ

の背景には、生活世界における自然的環境と社会的環境が重なり合う次元でインフォーマルな学習とインフォーマルな教育との相互作用が起き、地域や集団独自の文化的環境が創造されるというメカニズム（図6―1）があることを、本章の教育・学習論で見てきた。実は、このシンプルな構造とメカニズムは、国内はもとより世界各地で一般的に見ることができる。いうなれば、独自の生活文化形成の背景には独自の風土や社会があり、そこに独自の内発的ＥＳＤが作用していることは自明であり、この共育の普遍性を支持する文化的枠組みを提供しているのが中尾佐助（1966）の農耕文化論である。

育種学、栽培植物学の研究者である中尾（1966：12-14）は、文化が包み込む様々な要素のうち、農耕による栽培植物の「種から胃袋まで」の利用の要素に限って農耕文化基本複合と名づけて捉えることにした。こうすることで、全世界の宗教や言語、その他もろもろの文化複合よりも簡単に文化を把握できる特色があると主張する中尾は、世界を主に「根栽農耕文化」「照葉樹林文化」「地中海農耕文化」「サバンナ農耕文化」「新大陸農耕文化」の五つの文化圏に類別している。各々の農耕文化圏における生活世界から立ち上がってくる内発的ＥＳＤの構造やメカニズムは共通しているが、自然的環境、社会的環境、文化的環境の内容が異なれば、内発的ＥＳＤの具体的要素は異なってくる。例えば、「サバンナ農耕文化」圏については、『サバンナの博物誌』（1991）で、現場に根ざした詳細な観察とイラストを駆使した川田順造のリアリティ溢れる解説により、西アフリカの人々の衣食住、ものづくり、儀礼、精霊などの世界観の豊かさに満ちた生活文化独自の内発的ＥＳＤを窺い知ることができる。

なかでも綾町の郷田前町長を惹きつけた「照葉樹林文化」は日本の文化と深いかかわりがある。日本人が日本独特と捉えているような伝統や文化、例えばクズやワラビ、シソ、モチゴメを食し、麴を使った酒を造り、茶や絹、漆を利用する文化を共有する地域は、実は西はヒマラヤ南面の中腹から、シナ南部、日本本州南半部に渡る地域に共通する山岳地帯の照葉樹林という自然的環境に根ざしており、そうした地域の生活文化を中尾は「照葉樹林文化」として提唱した。さらに、中尾と共に「照葉樹林文化」を探求した佐々木高明（2007：87-91）の研究では、習俗と信仰の分野も加わり、山の神信仰や狩猟儀礼、山形の端山信仰に匹敵する山上他界の祖霊信仰が、東南アジアの照葉樹林帯の焼畑農耕をおこなう人々にも見られることを指摘している。文化圏内の栽培植物の利用形態や習俗のヴァリエーションはあるにしても、「照葉樹林文化」を共有する国内外の地域の内発的ＥＳＤの具体的内容にある程度の共通性を発見できるだろうことは想像に難くない。

翻って「根栽農耕文化」圏は、広く東南アジアの熱帯雨林地帯から南太平洋の島々をカバーしている。この文化圏にあるソロモン諸島のマライタ島における民族誌を綴った宮内泰介（2011）は、住民が焼畑以外に森の様々な植物を利用している実態を観察し、栽培と自然（野生）の中間形態を、中尾佐助の言うところの「半栽培」（上山・佐々木・中尾 1976）であると結論づけた。そうした中間形態の植物が住民の衣食住に欠かせないものであり、それらと住民の多様なかかわりと知識、技能の深さを宮内は著書『開発と生活戦略の民族誌』（2011）の第三章で克明に記している。特筆すべきは「自然と人とのかかわり」と対になる「人と人とのかかわり」における人間のルールとして、コモンズ、即ち「環境を共有するしくみ」（宮内 2011：172）としての住民の自然資源の所有と利用が存在し、しかもそれが重層的であるという発見である。マライタ島の住民たちが、開発に伴う土地争いや民族紛争などの社会変動を、様々な相互扶助の仕組みや、村に歴史的に蓄積されてきた自然資源のコモンズによる利用という共同性と、変動の過程で新たに加わった人的ネットワークなどに支えられて乗り越えてきたことを、宮内は民族誌を通して示唆している。ここに内発的ＥＳＤのダイナミズムの片鱗を見ることができる。

次に、一見日本固有の伝統のように捉えられている講集団の共同性の、グローバルな側面から、内発的ＥＳＤの普遍性を見ていきたい。実は、地域における集団やその共同性が支える内発的発展といったメカニズムは日本のみならず、世界各地で実証されている。第四章の「講の歴史的背景」において、仏教という枠組みを超え、農山漁村地域の「結い」などの相互扶助の仕組みと融合した講にも触れたが、その代表的なものに頼母子講がある。英語では rotating credit association、即ち回転信用組合と呼ばれている経済共助の仕組みである。(12) 世界広しといえども現金のニーズは共通しており、そうしたニーズを満たそうにも、銀行などの仕組みにアクセスできない庶民が知恵を絞って自発的に生み出したインフォーマル金融の仕組みは世界各地に存在している。海外での研究の古いものでは文化人類学者のクリフォード・ギアツによる頼母子講の論文が一九六二年に発表され、そこでアジア（日本、中国、ベトナム、インドネシア）とアフリカ（ガーナ、ナイジェリア、カメルーン）における頼母子講の先行研究やギアツ自身のインドネシア調査の分析、考察が展開されている。論考の総括として、ギアツは頼母子講を伝統的な農耕社会からより流動化する商業社会への移行の産物として捉え、それは狭い職業的な意味ではなく、広く文化的な意味において農民が商業的取引を覚えるための教育的なメカニズムであり、社会における重要な機能としての新たな行動様式を大人が学ぶための社会的メカニズムでもある（Geertz 1962: 260）と述べていることに着目したい。このことは頼母子講という集団の共育によって、メンバー各自が社会の新しい行動様式を獲得し自己変革を遂げることで、また講集団自体も社会変動に適応していくことを示唆しており、三山講の事例とも親和性のある「伝統の再創造」のパターンを示していると言えるだろう。

こうした自発的集団の共同性が、現在でも一般的に社会構造の一部として存在していることを示す具体例としては、「カメルーンの頼母子講組織――ヤウンデにおけるバミレケの場合」（野元 1996）の論考が挙げられる。そこでは頼母子講が単なるビジネス的金融機能を意味するのではなく、集団に帰属することで可能になる相互扶助、アイデンティティの再生産、教育などの多義的機能を持ち合わせていることが指摘されている。また、バミレケは西部州出身の人々のことを指すが、ヤウンデなどの都市へ移住して主に商業活動に従事しながら、故郷の伝統である頼母子講を都市において同郷の仲間たちと活発に展開するに至ったことは、「伝統の再創造」のプロセスに相当する。[13] 何よりも、頼母子講が国家や海外からの援助によってでなく、あくまでもそこに住む人々自身の必要と英知によって生み出され、人々に支持されてきたというあり方に、野元が内発的発展、あるいはアフリカ的発展（野元 1996: 112）を重ねあわせて見ている点にも注目したい。

内発的発展においては、頼母子講のような一集団の共同性と、より広範な地域の共同性との関係性も重要であり、その国際的な事例としてはサハラ以南アフリカの voluntary associations が挙げられる。カメルーンを始め、様々な地域の頼母子講組織に注目が集まり、研究されてきた理由の一つは、頼母子講が voluntary associations（任意団体、自発的結社）[14]であるからであり（野元 1996 : 112）、とりわけサハラ以南のアフリカの都市において、この自発的に形成されるインフォーマル組織が数多くあることはこれまでの研究によって知られている。[15] こうした組織全体が都市社会に果たす役割は無視できない。その背景には、多くのアフリカの都市が主にヨーロッパ人による外発的発展によって植民地都市としてつくられた歴史がある。Voluntary associations に帰属するということは、伝統的で多様な村落社会から雇用を求めて都市へ流れ込む個人が直面する、近代的で西欧的な都市社会との生活様式や価値観などあらゆる局面での鋭い断絶（宮治 1976 : 178）に、これら自発的な集団が生み出す力を借りながら適応していくことを意味している。[16] ある意味、これら数多くの voluntary associations の存在があるからこそ、農村からの人材が都市に定着することが可能になるのであり、voluntary associations 全体が農村と都市の紐帯となっていることも見逃せない。

伝統的なものに則りながら新しいシステムを取り入れ、社会変動や環境変動に応じて切磋琢磨する住民主体の内発的発展は普遍的なものであり、世界のどの地域であろうと、そうした生活世界の営みがあるところには内発的ＥＳＤが見つけられるといえるだろう。アフリカの頼母子講や voluntary associations の事例は、農村から都市へ移住した人々が自発的な集団に属することで、故郷での子ども時代に培った内発的ＥＳＤと都市で習得する外来の知識や価値観、文化などを統合しながら異質な都市社会に適応していくという、都市部のインフォーマル集団や社会における動的な内発的ＥＳＤ及びそれが生み出す内発的発展のあり方を示唆しており、内発的ＥＳＤを国際的な観点からも今後研究していく必要があるだろう。

注

（1）勝田（1964：104）は、幼児が形成する「自発的概念」というピアジェの理論と、この「生活的概念」をすり合わせ、「生活的概念」が秘める「自発性」を強調している。
（2）大田（1993：204-205）も現代の管理的人工化社会にあって、子どもの内発性及び人間の主体性に立ち返った教育の必要性を説いている。
（3）よって、本書ではネット文化やアニメ文化といった、より広範囲で形成され、特定地域の自然や社会に囚われない文化は生活文化と区別する。
（4）これは、農山漁村的環境をモデルにしたものであるが、例えば都市においては、インフォーマル学習は職場や家庭で起こりえるにしても、社会的環境の学びが自然的環境のそれより支配的な傾向になることから、その重なりとなる文化的環境の部分が脆弱であることは想像に難くない。
（5）Traditional ecological knowledge の略である。ＴＥＫとは、欧米の近代科学の基準における「自然」環境についてだけでなく、「社会」や「超自然」をも含むかたちで先住民に把握されている環境全体について、過去何世紀にもわたるその環境との相互作用を通して先住民がそれぞれに鍛え上げてきた知識と信念と実践の統合的体系の総称である（大村敬一 2002：151）。
（6）米国の行動学者であり経営思想家でもある Chris Argyris が提唱した。（http://www.infed.org/thinkers/argyris.htm 二〇一一年六月二十三日閲覧）
（7）例えば、活動理論はある特定の運動目的を追求するために学習活動を実践していくが、実際は、その活動のプロセスにある、飲み会など一見とりとめのないような多種多様な機能に集団やそのメンバーが価値を置いていることもある。そうした機能にも学びがあり、信頼関係構築といった集団の潜在能力形成の機会が埋め込まれている。こうした多様な機能の蓄積によって「共同性」が構築されると考えられる。

（8）二〇〇九年の「ボン宣言」の第八項で言及されている。

（9）通常は祭りなどがハレの代表例であるが、この文脈では非日常という意味で災害時にも採用している。

（10）例えば整然と手入れされている田畑やあぜ道、里山、ごみ一つ落ちていない水路、ホタルの飛び交う小川、掃き清められた神社といった農村景観は、内発的ＥＳＤが育んできた地域住民の共同性のパフォーマンスであると言えるだろう。

（11）一例として宮本憲一（1982）が内発的発展の事例として挙げている大分県の湯布院の町づくりがある。詳細は木谷文弘（2004）の『湯布院の小さな奇跡』を参照されたい。

（12）一般的には「二人以上の人が集まりそれぞれが金を出しあい、その全額をその中の一人に、毎回順番に貸し付けていくインフォーマルな金融活動」であり、カメルーンをはじめとするフランス語圏アフリカでは tontin と呼ばれている（野元 1996：106）。

（13）野元（1996:111）は頼母子講集団について「彼らはその頼母子講という故郷の伝統とともに故郷にやってきたのであり、それを都市の生活経済に適応させてきたのである」と述べている。

（14）宮治（1976）は、頼母子講以外にも互恵協会、職業的結社、娯楽結社、女性連盟、慈善・倹約協会、近代的な文化・教育・社会的団体などを voluntary associations の具体例として挙げている。

（15）ガーナのアクラの例では、一九五四年当時二二の部族区分に九四の部族結社があり、会員数が五〇から百人のものが一般的であった（宮治 1976：182）。

（16）宮治（1976：179）は「適応と言っても、古いものを即座に、完全に失ってしまうわけではなく、古い伝統的な生活様式なり行動が、新しい意味をもって存続していく場合もあるから、むしろ選択的適応の過程といった方がよいのかもしれない」と指摘している。

終章

「地域力の再発見」に向けて

1　内発的発展論の再考

はじめに

鶴見和子はその生涯を通して内発的発展論を探求してきたが、その理論は完成を見ることはなかった。むしろ、鶴見の思想に照らしてみれば、内発的発展論は完成することなく、変化し、生成し続ける理論であり続けることが鶴見の本意なのかもしれない。終章では、この変化し続ける内発的発展論を深化する意味でも、日本の地方に見る新たな課題を鶴見和子の内発的発展論に照射することで、地域に潜む力を再発見するための道筋を探りたいと考える。そのためには、まず本書が提示する四つの新たな視点を通して内発的発展論を再考してみる。第一と第二の視点はこれまでの事例によって既に詳細に論証してきたが、第三と第四の視点については鶴見の「曼荼羅と萃点」の思想や「漂泊」と「定住」の解釈に立ち返り、それぞれに項を設けてさらなる考察を試みる。

まず、第一の新たな視点は環境変動、特に昨今の顕著な異常気象や自然災害という視点である。人間社会の発展が拠りどころとする自然的環境は決して人間の思いのままにはならない。鶴見は水俣体験で、人間が自然的環境を破壊する実態に直面し、社会学が自然を排除していた学であることに気づき、人間の精神性の分野における自然との関係性をアニミズムやエコロジー思想から内発的発展論に取り込んでいったが、自然的環境そのものの変動が人間やその社会に与える大きなインパクトは想定していなかった。そこで本書では、社会変動はもとより、環境変動を視野に入れた持続性を目指す内発的発展のあり方を第二章の歌津伊里前の事例で追求した。これによって、人間が主体的に社会変動を起こす、という従来の視点に加え、人間が遊びや生業などを通して形成した能力によって環境変動と折り合う危機対応能力や、新たな地域づくり（復興）へつなげるレジリエンスの力を発揮するといった新たな視点が内発的発展論に含まれることが可能となる。

二つ目は、共同性という視点である。鶴見の内発的発展論は、自身が病に陥ってから、自己の可能性を発現するという意味での人間の内発性に軸を移し、「一人一人の可能性を実現する」（中村・鶴見 2002：107）内発的発展のあり方を「創造性」というキーワードを通して模索していった。しかし、発展の持続可能性は、個人が最大限に可能性を花開かせたとしても担保できない。鶴見は、初期には内発的発展を社会運動と捉えており、そうした運動とは伝統の再創造というメカニズムとキー・パーソンのような小さき民の創造性によるもの（鶴見 1989：59）と示唆しているが、どちらかといえば、個人の可能性や主体的役割を重視しているものだった。この個人の内発性の視点は、鶴見が半身まひを患ってから、ますます強化されていく。つまり、集団の視点を内発的発展の定義に組み込んでいたにもかかわらず、内発的発展に果たす集団や仲間の役割についての考察が十分ではなかった。よって、本書は序章でセンや佐藤仁の理論的枠組みを用いながら、個人の可能性を集合した集団の潜在能力に着眼し、集団がどのように内発的発展に関与できるのかを第二章の伊里前契約会や第四章の三山講の事例で実証した。

三つ目は、もう一つの「出口」という視点である。鶴見は水俣での調査で、自分たちが使っている学問の分析の道具は、近代工業文明の枠の中の学問用語であり、その方法で分析していくならば、「出口」なしという推論が最も客観的、科学的であることになると気づいた(色川ほか 1983:501)。翻って、『水俣の啓示　下』に収められた石牟礼の作品に鶴見は「魂の救い」[1]という「どんでんがえし」、つまり別の「出口」を見た。そこから鶴見は、近代化を推進する国家や市場経済、科学技術といった権力による公害という暴力に常民が対抗し、その困難な状況を主体的に変動させていく「出口」としてアニミズムとシャマニズムを追求していく。本書では、内発的発展論には、アニミズムなどの思想への「出口」という要素以上の意味を持つ「出口」、即ち社会のカオスからの突破口としての「出口」を持つ点として萃点を捉え、これをポランニーの「創発」の理論で解き明かすことを第2項で試みたい。

最後に、四つ目の視点として、内発的発展論が根ざしていた柳田の社会変動論における「漂泊」と「定住」が意味するものを現代社会の状況に照らし合わせ、より柔軟で動的なものとして捉えることである。第3項では日本の地域の現場が現在直面する課題を取り上げながら、このことをじっくりと再考してみたい。

「曼荼羅と萃点」へ立ち返る

鶴見は後年に半身不随の身となっても、内発的発展論を曼荼羅と萃点のモデルによって再構築するという試みを、情熱をもって追求していた。ここでは、序章で解説した「曼荼羅と萃点」をもう一度正面からとりあげ、そのより深い意味を頼富本宏の『密教とマンダラ』(2003)から捉え直したうえで、それと内発的発展を支える内発的ＥＳＤとの接点を探り、「地域力の再発見」への道筋を手繰ってみる。

内発的ＥＳＤが内包する曼荼羅の構造

胎蔵曼荼羅は密教経典の『大日経』の世界観を示し、金剛界曼荼羅は『金剛頂経』の悟りへのプロセスを現しているが(根津美術館学芸部 2013：8)、この二つの曼荼羅をモデルとして内発的ＥＳＤの構造への適用可能性を見てみたい。胎蔵曼荼羅は、中央に本尊の大日如来が座り、そこから同心円的に仏の数が増えていく配置となっている(**図7―1**の左)。これは、中央の大日如来本尊の徳性が密教の教義にのっとって外部へと遠心的に展開することを示している。胎蔵曼荼羅は、それと同時に、周辺のものたちが本尊に向かって帰依するという回帰の構造がある(頼富 2003：188)。この回帰の構造を示したのが**図7―2**である。

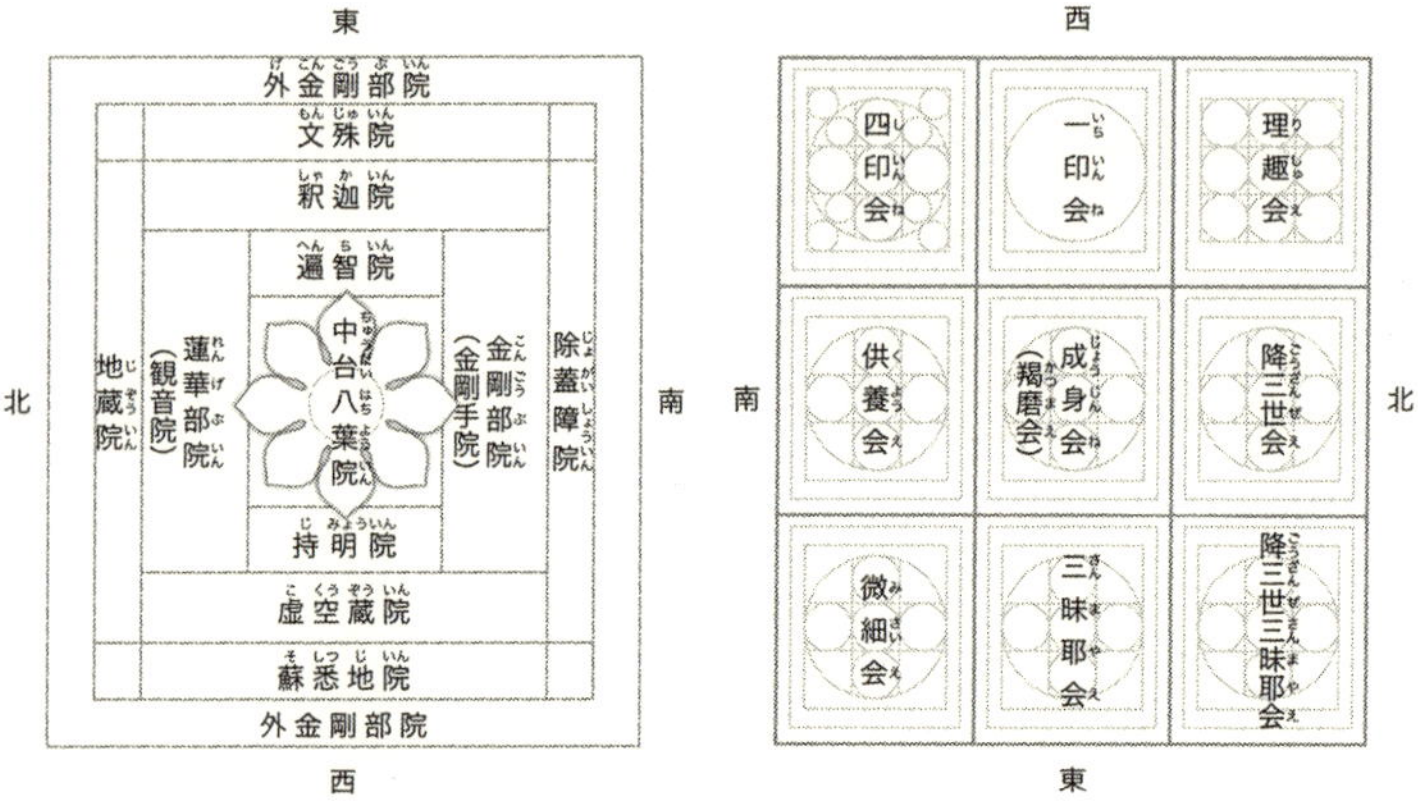

図 7–1　胎蔵曼荼羅（左）と金剛界曼荼羅（右）の構成

出典：根津美術館学芸部（2013：14-15）

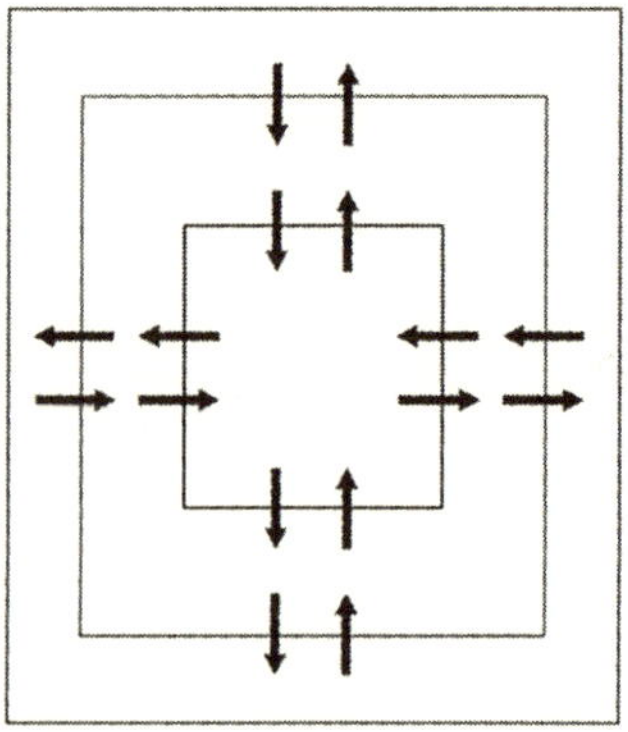

図 7–2　胎蔵曼荼羅の世界観

出典：根津美術館学芸部（2013：13）

この図7―2を内発的ＥＳＤの構造の「人と自然のかかわり」の世界観として捉えてみる。つまり、仏を自然に置き換えてみると、遠心的な矢印は、自然の恵みのベクトルである。逆に中央に向かう矢印は、その恵みを利用し、知識や技をつけ、自然とのかかわりから生み出した価値観や精神性によって、自然のカミガミに祈りをささげる人間から自然へのベクトルである。これは、鶴見の伝統の四つの型のうち、「技術の型」と「意識構造の型」が相当する曼荼羅となる。

一方、図7―1の右に示された金剛界曼荼羅は、一般的に九つの部分からなる現図系九会《くえ》曼荼羅であり、この一つ一つのマスに同じ仏たちが何度も姿形をかえて登場する、喜怒哀楽の交錯したドラマの世界であると頼富（2003：189）は譬える。この曼荼羅の中心部分は、さらに金剛界五仏、十六大菩薩、四波羅密菩薩、八供養菩薩、四摂菩薩からなる金剛界三十七尊によって構成されている。これを頼富（2003：196）は、金剛界五仏の中尊の大日如来を社長とし、四仏は総務部、営業部、人事部、製品部の各部長といったように、金剛界曼荼羅全体が、会社組織そのものであると解説している。このように、金剛界曼荼羅が人間社会の組織や共同体といった集団の概念に相当すると捉えるなら、内発的ＥＳＤの構造の「人と人とのかかわり」のプロセスと見立てることができる。その際、同じ人間が、講集団の例のように、いくつもの集団を掛け持ちしながら、その集団において萃点となって、色々な役割を果たすこともこの構図から想像できるだろう。

序章でも解説したが、この九会からなる金剛界曼荼羅には二種の流れがあり、そこで示した図0―2の右の向下門の流れは、仏によって救われるという救済論的な道程を教義的に説明し、左の向

表7–1　内発的ESDの構造＝伝統と両界曼荼羅の関係性

	人と自然とのかかわり			人と人とのかかわり		
学びの構造	知　識	技能・能力	価値観（精神性）	知　識	技能・能力	価値観（精神性）
両界曼荼羅	胎蔵曼荼羅			金剛界曼荼羅		
伝統の四つの型	技術の型		意識構造の型	社会関係の型		感情・感覚・情動の型

上門の流れは、密教の修行によって日常的な俗の世界から、仏によって象徴される聖の世界への移行を示している（頼富 2003：197）。「人と人とのかかわり」の構造からみるならば、これは、集団や共同体において、（救いの道を）教えるものと（それを）学ぶものとの相互関係のベクトルである。そして、そうした人と人とのかかわりのなかに議論があり、懇親があり、喜怒哀楽のドラマが生まれてくる。これは、鶴見の「社会関係の型」と「感情・感覚・情動の型」が相当する曼荼羅となる。**表7―1**はあくまでも曼荼羅をモデルとして見立てて捉えたものだが、内発的ＥＳＤの構造と鶴見の四つの伝統の型が、さらに胎蔵曼荼羅の世界観と金剛界曼荼羅の悟り（学び）のプロセスとも合致してくることになり、大変興味深い。

異質なものとの共存＝自己変容

ここで、鶴見が格闘した、多様性という異質なものの間の対立を避け、どう折り合うのか、という問いに戻ってみたい。実は異質性そのものには問題はない。お互いが異質であるということでは対等である。問題は、異質なものとかかわることができる能力があるかどうかである。根本的には他者、即ち自分と異なるもの（人、言語、文化伝統、慣習、思想、イデオロギー、宗教など）と折り合い、

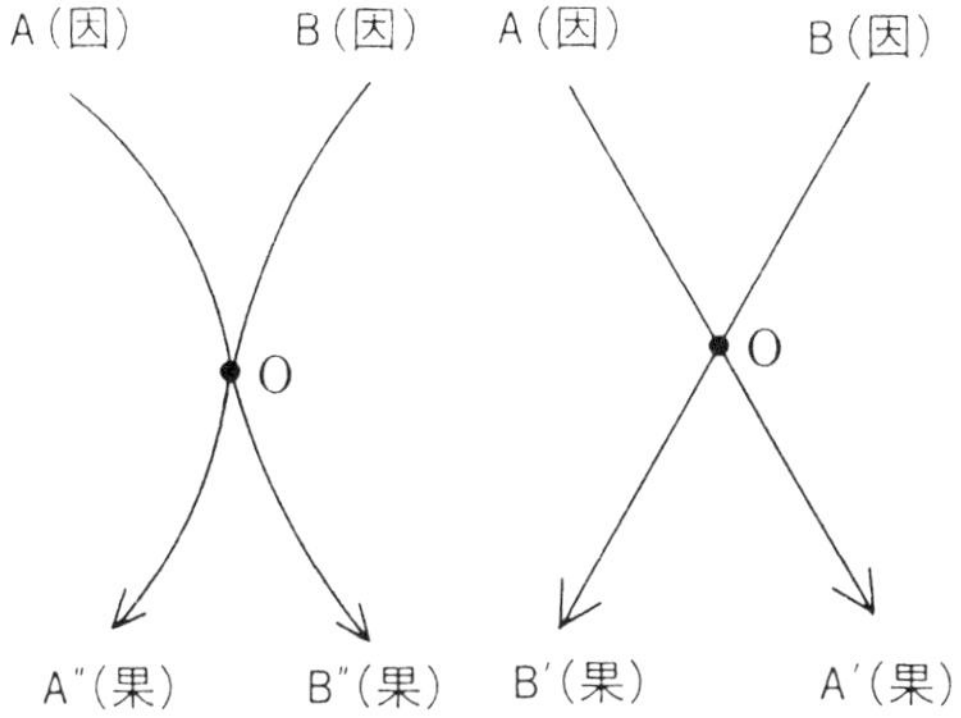

図 7–3　因果律と偶然性の図
出典：鶴見（2001：126）

そこから学ぶことができる能力である。この能力が欠けると、異質性に許容力が無く、無視するか、排除しようとする行動をとってしまう。この異質性を知り、理解するという行為はまさに学びであるが、その行為によって、自分自身が変化することを回避したいという欲求が排除となってしまうのではないだろうか。つまり、異質性を拒否するということは、自分が変化することを拒否することでもある。

南方は十九世紀末のイギリスの自然科学が採用した因果律では、社会科学は解けないと考え、仏教の因縁の概念のほうが優れていると考えていた。因は因果律をあらわし、縁は様々な因果系列の鎖が偶然に出会うことをあらわしている（鶴見 2001：126）。**図7―3**の右側の二つの直線が交差しているのが因果律の図である。右側のA―A′とB―B′はそれぞれ必然性のベクトルであり、それらが途中で偶然に出会っても、まっすぐ必然へ向かっている。これが偶然性を考慮しない必然の因果律である。一方、左側の図ではAもBも、出会ったことが契機となって、必然性へ向かうベクトルが直線ではなく曲線へと変化している。これが偶然性とかかわって起こる「縁起」である。おそらく、ある結果には必ずある原因があるという必然性を説く因果律は、あることをすれば必ずある結果になるといった決定論にもなりえる。もし、その結果を目的に置き換えると、その目的（A′）達成のためには、あらゆる異質なもの（Aではないもの）との出会い（縁）を無視し、排除する必要があるのである。そしてその目的（A′）とは、最初から想定された目的であり、それ以外の何物でもない。ところが「縁起」では、異質なものの出会いによって、方向が変化し、異なった目的（A″、B″）を達成する、あるいは最初に意図した目的を達成できないという結果になるのかもしれない。これは非決定論的で、変動と寄り添っていく道筋である。

この意味では、右の図は、すべての国が米国社会の産業発展を最終目標として、そこに到達することを目的とすることを必然視するような決定論によって発展を推し進める近代化論のモデルを示し、左の図は、社会変動といった不確実性を組み込みながら自律的に発展する内発的発展論のモデルを示し、二つの発展観の相違を提示しているとも言える。しかしながら、内発的発展とは、目標を設定して、その達成を目指すことを否定するわけではない。目標を設定しても、実際は様々な変動によって影響を受け、すべてが計画したとおりにならないのが現実であり、途中で目指す方向性が変わったとしても、それで自分を全否定するのではなく、それは自分が変わり、創造的なものを生み出す契機であると捉えるのである。

結論として、異質なものと対立を避け多様性の中で共生していくためには、「自分が自分らしく生きることを知り、他者が他者らしく生きることを尊重することを学ぶ」という、最も基本的な学びに収れんしていくのではないだろうか。[2] この学びの前提にあることは、仏教でいうところの無常の世界で限りある生命を持つ、生きとし生けるものに対して等しく敬意を示すことである。このように、生きていく過程で「自分を知り、他者を知る」学びによって、自分と他者が相互的にかかわり、変容することから生み出される豊かな展開こそが生物や文化の多様性を重視する道筋である。それは、「人と自然とのかかわり」(生物多様性)と、「人と人とのかかわり」(文化多様性)の対の領域を持つ内発的ＥＳＤの学びを持続していくことでもある。内発的ＥＳＤの観点から見るならば、変化と折り合うということは、変化に飲み込まれ翻弄されるということではない。人間が赤ん坊から老人になるまで身体的な変化を経ても、アイデンティティの一貫性を持つように、内発的ＥＳＤは変化しながらもゆるぎない一貫性を持ち、主体性を持つ。即ち、ある契機が訪れ、異質なものと出会い、異質な要素を取り込む際にも、その構造＝伝統を失うことはない。外来の要素によって内発的ＥＳＤの伝統にとって替わられたり、それらに支配される(それを外発的発展と呼ぶのだろうが)のではなく、持っていた伝統の構造は変化せず、内発的ＥＳＤの知識や技能、価値観を補完するかたちで異質で新しい要素が取り込まれ統合されるのである。それが可能であるのは、内発的ＥＳＤが一人一人の人間の個性に根ざし、身体化しているからである。内発的ＥＳＤの観点から言えば、異質な要素とは、新たな創造的展開の契機をもたらしてくれる手段となる。

最後に、異質性を矛盾として捉えるとすれば、第六章の教育・学習理論でも扱った活動理論は、矛盾と直面した際、拡張的学習を通して、矛盾を弁証法的に打開しながら問題解決をするという、矛盾自体の脱構築を目指す学習の道筋を示している。それに対し、内発的ＥＳＤはむしろ矛盾は矛盾としてある程度受け入れ、それと折り合いながら、主体自身の変化と展開を生み出している。この意味で、後者は異質性（矛盾）との共存という曼荼羅的な世界観との親和性が前者よりも高いことを示していると考えられる。

萃点の意味するもの

ここまでは曼荼羅について考察してきたが、そうすると、鶴見が最後まで追求していた「萃点」の意味はなんであろうか。『鶴見和子曼荼羅Ⅸ　環の巻』（1999）の一九九八年十二月二十日付の「あとがき」に鶴見はこう書いている。

> 何ものも排除せず、何ものも殺さないで、どうやって社会を変えられるか、人間を変えられるか。それを考えるのが内発的発展論の究極の目標である。今まで周辺にいたもの、もっとも弱い立場、差別される立場にいたものを真ん中にもってきて、「萃点」とする。「萃点」の移動によってメンバーの配置換えをしていく。それによって社会の構造をかえていく。「萃点」が非常に大事な概念になってくる。南方曼荼羅の「萃点」を社会変動論の観点から定義し、考えてみたい。
>
> （鶴見 1999：344）

鶴見の、この排除の論理に対抗する「萃点」の捉え方は、以後様々な識者との対談で練り上げられていく。二〇〇〇年十月にもった若手の南方熊楠研究者である松居竜五との対談において、南方が西洋側の論理をわきまえて、そこから日本へ向けて逆照射し、いつも視点がひっくり返るところがあるという会話のやり取りから、「視点の移動なの。それが萃点移動なの。萃点がいつでも移動できる。つまり萃点が固定していないの。あれが面白い。(中略) 内発的発展をこれからどう展開していくかというときに、萃点移動ということを私は考えたの」(鶴見 2001：153) と鶴見は語っている。松居との対話の後半に、多様性を認めつつもばらばらではなく、一つのまとまりを持つ論理として鶴見は曼荼羅を捉え、「今考えているのは、南方曼荼羅をどのように内発的発展論に取り込むかということなの。南方曼荼羅で非常に大事なのは『萃点』だと思う。(中略) 萃点は中心ではないの。中心にあると命令することになる、天皇制みたいになる。そこですべての人々が出会う出会いの場、交差点みたいなものなのね。そして非常に異なるものがお互いにそこで交流することによって、あるいはぶつかることによって影響を与え合う場——それが萃点なの」(鶴見 2001：165-166) と、内発的発展論にどう萃点を組み入れていくかを今後の課題として示唆している。

翌年の中村桂子との対談では、鶴見は自分の研究の方法論として「私、切り捨てるってことができないの、性質上。それが曼荼羅なの。曼荼羅は切り捨てないの」と再び曼荼羅の話題を持ち出す。それに対し、「何でも組み込んでいく時に矛盾が起きる」と反応する中村に、「だから矛盾が問題なの。

そこをどうするか」と鶴見は応答する。対話を進めるうちに中村は「同じものだけど変わるということこそ、生き物の本質」とし、こうした生物の魅力的なダイナミズムは、どう見てもＤＮＡに蓄えられた矛盾からきていると指摘している。即ち、生物を一言で表現すれば「矛盾に満ち、矛盾から生まれるダイナミズム」であり、新しいものはゼロから生まれるのではなくて、異質なものが結びつくことによって生まれるのである（中村・鶴見 2002：134-142）。このように、「新しいものを生み出す異質なものとの出会いや格闘」の象徴として、鶴見は様々な曲線や直線が交差している南方曼荼羅の萃点に着目し、その意味を探っていたのである。ところが、実際の両界曼荼羅は配置図であり全く交差がない。曼荼羅に潜在し、見えていなかった関係性を南方は萃点を使って顕在化させたかったのだろうか。ここで、序章で取り上げた「曼荼羅と萃点」に立ち戻ったうえで内発的ＥＳＤの総括の内容を照射し、次のような萃点の捉え方を提示することを試みたい。

（１）内発的発展における二種類の萃点

頼富（2003：85）によれば、ビンドゥと呼ばれる点が曼荼羅には存在する。このビンドゥを萃点として捉えるならば、胎蔵曼荼羅は地蔵として大地から出生する萃点を持っており、対して金剛界曼荼羅は虚空蔵として、虚空から出生する萃点を持っている。この論理に従えば、萃点はたった一つではなく、二種類あることになる。これを内発的発展の文脈で捉え直すならば、ある地域の共同体や集団の共同的営みから内発してくる展開としての創発を出生する点は、胎蔵曼荼羅の地蔵から出生する萃点に相当すると考えられる。この場合、萃点は内から創発するものを生み出す「出口」としての役割を持つ。ここに胎蔵の意味がある。一方、ある地域の共同体や集団に環境や社会の危機や変化が起こり、それによって異質なものとの出会いがもたらされ、伝統の再創造を出生する点は、金剛界曼荼羅の萃点に相当すると考えられる。この場合、萃点は外（虚空）の異質なものをとりこむ「入口」であり、同時にそこから伝統の再創造という力が生み出される「出口」となり、モノやコトや力が行き来する「交差点」となる。南方曼荼羅の萃点は、この後者の萃点に相当すると考えられる。換言すると、内発的発展は、内から生み出される力の「出口」としての萃点と、外と内のモノやコトや力が出入りし、交差する「交差点」としての萃点という、内と外の両方の力の出入口としての萃点を備え持ち、そこに出入りする力に応じた展開を生み出す発展と捉えられるだろう。

（2）創発を生み出す萃点

まず、この創発を生む「出口」としての萃点については、頼富が曼荼羅の原点をカオスに置くところから考察してみたい。頼富は鶴見との対談で、鶴見が書いていることで自分が思っていることをズバリと言い当てているところがあり、それは南方の曼荼羅にはカオスとコスモスの相互交流があるということだと告げる。曼荼羅の成立のもとは混とんとした火山のマグマのようなドロドロとしたエネルギーの塊のようなカオスであり、それが次第に形をとってコスモス化したのが結果としての曼荼羅で、むしろエネルギーや力を発揮するのは、カオスとしての曼荼羅だという見解を示している（鶴見・頼富 2005：90-92）。

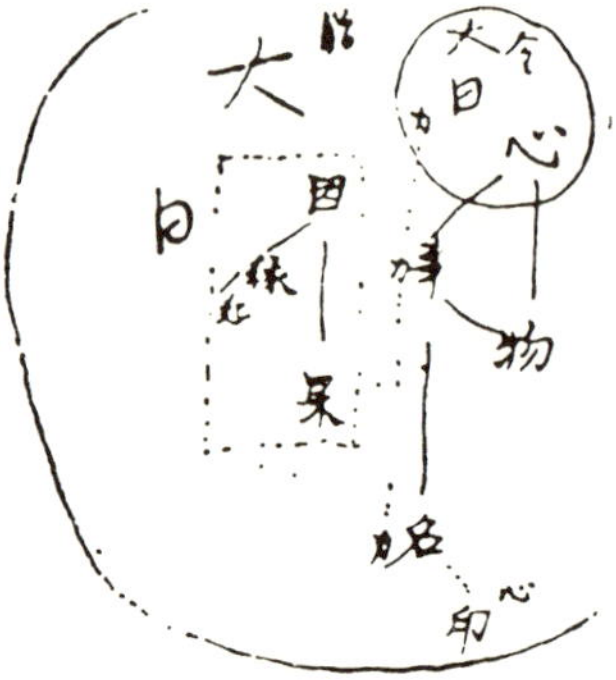

図 7–4　南方曼荼羅 II

出典：1903 年 7 月 18 日付土宜法竜宛書簡より（鶴見 1998a：522）

そして曼荼羅の流れは、あるきっかけが働いたときにある力が働く、あるいは、ある力を発散するときにそれが構造をとって形になると頼富は考える。その発想に応答し、まさにカオス的なドロドロした粘菌の形の変化に重なるという認識を鶴見は頼富に示すが、それに続けて頼富は南方が書いた最後の曼荼羅（図 7―4）について、小さく書かれている「力」を指摘し、何か変化するときに力、これはプラスの力、マイナスの力、両方あるかもしれないが、南方が力という点に注目したことは重要であり、曼荼羅では、その力が働く時点かポイントが萃点の一つの特色であるという考えを述べている（鶴見・頼富 2005：102-103）。

さて、現代社会に目を向けるとき、地方が過疎化する一方で、都市の人口過密は解消されず、地球温暖化が進み、経済格差が拡大されていくといった、様々なバランスを欠いた社会が見えてくる。社会が持続不可能な状態に陥っているのである。こうした状況においては、人間のケがどんどん枯れてケガレていく。それが極まって複雑な社会的危機が起きてくる。例えば、無差別殺人やテロといったように、他者を敵視し、拒否し排除することで他者との関係性を断ち切り、ばらばらになる傾向が社会的に強まってくる。こうしたケガレ状態にある社会状況では、それぞれの人やモノやコトの「潜在的可能性」はあっても、それを生かすような有効な関係性を持つことができず、意味のないカオスのような状態で混沌として集合している。何かを生み出すエネルギーも潜在しているだろうが、それを生みだすことを可能にするような環境ではない。

これまでの、そして現在進行形の発展や開発事業は、こうした社会の問題解決を国家や行政、産業主導で行ってきている。現場に目を向ければ、多様で可能性に満ちた人やモノやコトがあふれているにもかかわらず、それをしっかり把握することなしに、一部の専門家や役人が自分たちの論理で計画し、事業化して地域振興策を推進する。しかし、それでは現場で生きている人々のケガレは取り払えないのである。彼らのケが再生し、ハレになるためには、現場に道路や箱モノを建設することではなく、現場に潜在している人やモノやコトの潜在的可能性というケを十二分に発現し、生かせる環境づくりをする必要がある。過疎で空き家が点在し、耕作放棄地が増加し、バス路線も廃止されたような、一見混沌に見えるような現場であっても、そこにある人々や自然資源、文化伝統といった地域の多様性を最大限に生かせる方法を住民自身が主体的に考え、工夫し、自らの力で新しい展開を創発させるような力点、言うなれば、創発の出口となる萃点を生み出すならば、そこに、外からの新しい知や技を交差させることが可能になる。地域には必ず再生する力が潜在しているのである。ここに内発的

ＥＳＤの果たす役割がある。序章でも関満博や吉本哲郎の地域との向き合い方に言及したが、地域に問題があるからといって、あるいは、地域に危機が襲ったからといって、その現場に全く力がないとは言えない。劣勢な状況であっても地域は歩み続ける力を持っているかもしれない。曼荼羅の原点はカオスであり、そこにこそエネルギーが渦巻いているように、問題や危機という色眼鏡をはずし、素のままで地域に存在する潜在的可能性と向き合い、それを発現できるような共育を人々が主体的に積み重ねていくならば、創発を生み出す「出口」としての萃点は必ず見つかるだろう。

（3）異質なものと出会う萃点　鶴見は南方曼荼羅の萃点にこだわるあまりに、交差点としての一種類の萃点しか見ていなかった。だが、この交差点としての萃点について、鶴見は様々な解釈を残している。例えば、萃点は移動することで、曼荼羅を支配しないから、多様性が保たれ、いろいろな萃点があっていいのだと、ある講演で語り（鶴見 1997：270）、また服部英二との対談では、萃点を変化の契機であるとし、それは異なるものが出会うことだと述べ、「そうすると矛盾するものが出会う。出会ったところで何が起きるか。そこで討論する。暴力はつかわない。討論することでお互いが変わっていく。それが萃点なの。そこから出てくると今度は少し違う方向に行くようになる」（服部・鶴見 2006：124）と、南方曼荼羅の解釈を述べている。これは、**図7―3**の左側の、二つの曲線が交差する「縁起」の図に相当する。この、外からの異質なものと地域の現場が出会い、モノやコトや力が出入りする「交差点」としての萃点は、伊里前の事例が端的に示している。そこでは、外からの支援という異質な要素が入ってきて、そこに出会いが生まれ、新しい展開が起きる。その際の出会いの萃点が阿部教員だった。阿部教員を通してRQと契約会が出会い、さらにそこからRQのボランティアである蜘瀧仙人さんとの出会いが生まれる。ここで萃点が阿部教員から蜘瀧さんに移動していく。蜘瀧さんが伊里前小学校の子どもたち、地域住民、小学校校長とをつなげ、そうした出会いからヤマ学校という伝統が再創造された。こうした危機や契機におこる異質なものとの出会いで内発的ESDは次々と動的に展開していく。

交差点としての萃点はモノやコトや人であり、一見偶然出現するようにも見えるが、実は萃点という契機を見逃さず、それをチャンスに変えるのは現場の人々が持っている潜在的可能性であると筆者は考える。その潜在的可能性には内発的ESDが培った想像力、対人能力や創造性の力が含まれている。こうした力を日ごろから人々が蓄積しているからこそ、偶然の縁を機会に変え新しい展開を起こすことができる。「自分たちには力がないから、誰かに地域を開発してもらえば地域おこしになる」と、自分や地域の潜在的可能性を否定した発想を持っている限り、萃点を見つけることも見ることもできず、多くの機会を喪失してしまうことになるだろう。

「漂泊」と「定住」を再考する

三山講を始め、富士講、御嶽講など、山岳信仰を土台とする歴史的な参拝講は、都市における地域の仲間と、遠くの自然を信仰でつなぐ仕組みを持っている集団である。しかし、三山講にしても、単に集団と遠くの自然との直接のつながりではなく、その遠くの自然に拠点を置く修験者のようなキー・パースンの存在があり、人と自然をつなげていることがわかった。遠い辺境の地域からその辺境の価値を発信する人間を介した自然とのかかわりが、三百年にわたる三山講の活動の持続を可能にしているのである。

鶴見（2001）は南方熊楠研究者の松居竜五との対談で、南方熊楠が、紀伊那智という辺境の辺境に居を構えて、ロンドンという国際的な大都会へ向かって、論文を発信していたことに言及する。そして、そういう形はいまでも日本に残っているとし、石牟礼文学や、東北に拠点を置く赤坂憲雄の例を挙げ、「辺境から新風」という南方方式の人々に期待を寄せる。そして「もうこれは負け戦であることは確かですよ。けれどもその火を消さないということが、私は大事だと思う。そしてそういう動きが、やはり第三世界の核になっていくと思うの。それをつないでいく。今ある環境破壊を、辺境からなおしていく――私の言葉で言えば『回生』していく――動きが、公害先進国日本のなかでさえ、というより、だからこそある」（鶴見 2001：175）と語っている。その辺境において、新しい風を起こしていく先頭に立つ人がキー・パースンである。確かに本書の事例においても、郷田前町長を始め、佐藤喜太郎校長、三山講の先達たち、千葉正海さん・拓さんなど、多くのキー・パースンが内発的発展を現場から切り拓いている。その中でも、今から六四年も前に、「僻地」、即ち「辺境」であった大井沢地区を逆手にとって自然学習という独創的な共育を発想し、そこから大井沢の内発的発展を紡ぎ出していった佐藤校長の行動力に見る、逆境をものともしない創造的パワーは、住民が利用しようともしない箱モノづくりに何十億円もかけて地域活性化を図るような陳腐な事業を圧倒的なレベルで凌駕している。

ここで、経営という視点から、陸前高田の気仙町の地場産業のリーダーを担ってきた、醤油づくりを生業とする八木澤商店の震災後の復興の取り組みに着目してみたい。河野通洋《こうのみちひろ》社長（三九歳）の語りから見えてきたのはまさに講集団やそのネットワークモデルに相当する取り組みであった。それは、赤字を抱え、人材を無くし、あまたの困難を抱えている経営者仲間が知恵を出し合って助け合いながら、一社もつぶさないことを目指す地元の中小企業家同友会や、復興後の新しい起業を支援する「懐かしい未来」という新規起業支援の会社と、今泉地区復興協議会の取り組みとを、河野氏が自社経営と同時進行でこなしていくことである。まさに仏が一人何役もこなす金剛曼荼羅の「交替」の原理の実践であるが、いくつもの組織に所属して活動することは多くの時間とエネルギーを要求する。しかし、そうすることで一社長としての狭い知見でなく、広い知見で復興状況や支援状況を見渡し、様々な可能性を見渡すことが可能となる。この多層的共同体の構造から見えてくるのは、自社再生のみに財やエネルギーを集中させた復興の形ではなく、地域の中小企業の仲間たちと力を合わせて復興する形であり、地域全体の雇用と経済の底上げを狙っていく戦略である。「自分たちの作っているものを信じて、一つ一つやっていくことですよ。社員も共同体の仲間です。いい地域にしようと思っている中小企業が良い会社になる。いい経営をしていればいい街になる。そういう会社が四、五社も出てくればいいんです。衰退することは役場や政治、行政のせいではない。自分たちの問題なんです。泣き言は言わない」と、しっかりと地域に根ざして経営することが結果的にまちづくりであると前向きに語る河野氏の言葉には、地方でも都市と対等に勝負できるという自信が示されている。

さらに、鶴見の「辺境」についての語りから、筆者が南三陸町で聞き取りをした南三陸町復興推進ネットワークの代表である及川博道さん（三五歳）の語りが思い起こされる。「仕事は都市と一緒に変えていくものだと思ってます。南三陸町は地方と呼べるかどうか。僕は田舎の最先端だと思っているから、足立区と同じような位置づけをしてます。リソースや人材をすぐ買うような市場主義には支配されていないんです。少子化だから、もう都会詣でなんてしなくてよくなる。無視してきたものを支援にしていく価値転換が必要だと思っています。青い鳥は足元にいるんです。地域のエリートはフィールドワークで育つ」と、南三陸町を「田舎の最先端」であり「足立区」と同等と位置づけている。インターネットなどのテクノロジーの恩恵もあって、辺境に居を構える若者らが地方や都市に対する考え方を変えつつある。「定住」しながらもネットを通して都市の「漂泊者」に地方の「定住者」と連携してもらい、「じぶんごと」として仲間に加わってもらう工夫をしながら、地方で働くことにまとわりつく既成概念を飛び越え、「定住」の新しい価値や可能性を模索している若者は増えつつある。

都市は地方なくしては生きていけない。地方の自然や社会は水と食料と人材という、都市生命を根本的に支えるものを都市へ供給し続けている。また地方も都市の経済の恩寵にあずかり、多彩で多くの最先端の情報や文化を得ている。地方も都市も相互依存、相互扶助の関係にある。都市住民の多くは農村からやってきており、同時に、都市で蓄積された資本や経済的な余剰が農村に還元されていく。結局、多くの都市住民は地方や農村とつながり続けている。人のレベルから捉えれば、決して都市対農村の二項対立にはならない。

このように、鶴見の内発的発展論の土台となっている柳田国男の社会変動論における「漂泊」や「定住」にしても、移動手段やＩＴテクノロジーが発達した現代では、村の内と外といった固定的な見方ではなく、より柔軟に捉えることが必要となってくる。(3) 地域づくりの方法にしても、より緩やかな設定に組み替え動態的に見ていく可能性も無視できない。戦後に右肩上がりの高度成長とともに突っ走ってきてほぼ七〇年経ち、今ここにきて、インフラも、制度も、エネルギーも、雇用も、地方も、「このままでよいのか」という疑問と不安が社会に充満している。地方の過疎化はその不安の象徴的現象かもしれない。こうした変動の真っただ中にある今こそ、見えている危機の奥にある、見えない潜在的可能性を見るという吉本哲郎のアプローチが必要なのではないか。鶴見の内発的発展論を支えていた「漂泊」や「定住」の型が壊れつつあるにしても、またその崩壊のカオスに突破口としての「出口」を発見するとき、新しい型の定住や漂泊が創発してくるとは考えられないだろうか。

実際、農村の人口を高度成長期時代のように増やすことだけが地域活性化なのだろうか。季節ごとに農村の空間を満たす人口が増えたり減ったりしながら、そうした人間の循環でゆっくり地域が活性化するという発想の転換が起きている。地域づくりを動態的に捉える新しい方向性である。瀬戸内の島々のなつかしい風景と、島の自然とアートを融合させた瀬戸内国際芸術祭は、二〇一〇年から三年ごとにシーズン中に春・夏・秋と三回開催されている。アートの発信地だった直島に続き、廃虚になった銅精錬所がある犬島、一九七〇年代に産業廃棄物の不法投機場だった豊島《てしま》もやはり芸術島に変貌した。全て近代化の過程で中央から収奪されて捨てられた辺境地だ。この三つの島をはじめとして近隣の島々も芸術の可能性を開花させ、二〇一〇年には、ハンセン病療養所がある大島をはじめとして瀬戸内海の七つの島が瀬戸内国際芸術祭を開催した。一八か国から七五チームが参加、一〇五日間で九四万人が訪れた[4]。春・夏・秋の季節ごとに「漂泊者」であるよそ者と島々の「定住者」のふれあいが繰り返され、島の伝統がアーティストたちの芸術によって再創造されている。瀬戸内の名もない辺境の島に新しい風が吹き、変化が訪れたのである。

辺境は中央にはなれないし、なる必要もない。都市型発展を辺境が無理にコピーする時代はもう終わらなくてはならない。辺境は辺境なりに地域の自然に根ざして人づくりやものづくりをし、自治に則り、伝統の再創造や創発という新しい価値を創造し、そしてその価値を外へ広く発信していく時、都市住民は辺境から吹く新しい風に気づき、自ずと辺境へ出会いを求めていくのではないだろうか。都市においても、京都のように昔ながらの共同性の仕組みが強固に残り、多層的共同体を形成しながら、地元の山や川との精神的絆を象徴する土地固有の祭りや伝統文化を持続している地域もあるだろう。逆に、大規模開発や再開発によって土地の記憶を失った地域では、プライバシー優先のライフスタイルゆえに、近所づきあいなどの関係性を構築できないでいる都市住民は増える一方だ。だが、三山講のように、一時漂泊者としての集団を形成し、他地域の自然との関係性を持続することや、他地域の人々の内発的発展のプロセスに関わることは不可能ではない。事実そうした例は、東日本大震災以来、東北地域への復興支援という形で既にあちこちで起こっている。鶴見は東京出身であったが、研究者という職業を通し、国内外を問わず、各地の内発的発展を担う人々と出会いから多くのことを学び、そのことが彼女の研究者生涯を豊かなものにしたことは言うまでもない。また鶴見と出会った人々も鶴見から多くの影響を受けている。こうして異質なもの同士が出会う萃点が生まれ、新しいモノやコト、そして新たな発展の物語がそこから創造されていく。辺境には辺境なりの発展を追求し続ける人々がいる限り、そこに「もうひとつのこの世」が立ち上がり、人と人がつながり、その人々が自然と人をつなげていく「命のつながる世界」の可能性が開花していくのである。

2 内なる持続可能性の構築を目指して

本書を締めくくるにあたって、本書の題にもある「地域力」の核となる部分、即ち「生命から内発する力」とは何を意味するのかという問いの答えに迫りたいと思う。そのためにも、「何ものも排除せず、何ものも殺さないで、どうやって社会を変えられるか、人間を変えられるか。それを考えるのが内発的発展論の究極の目標である」(鶴見 1999：344)という鶴見の内発的発展論の原点に戻ってみる必要がある。

内発的発展論が「伝統の再創造」というプロセスを経ると考えた頃（一九八九年）の鶴見の発想の前提には、社会変動論といった社会学や地域生態系の視点で捉え、定義してきた発展が前提であり、「どうやって社会を変えられるか」という視点を持っていた。それから一三年後の二〇〇二年、鶴見（中村・鶴見 2002）は中村桂子との対談で、弱者としての自分という当事者性をもって、社会や地域といった前提を崩し、「生命」という視点で捉え直そうとした。つまり中村の「生命誌」との出会いから、生命そのものの内発性に気がついたのである。「生命」から内発的発展を捉えるならば、まず、人間自身の発達（development）にみる内発性を見ていくことになる。ここから「どうやって人間を変えられるか」という視点を持って、鶴見のさらなる内発的発展論の追求が始まった。人間が変わらなくては社会が変わらないからである。

生まれたばかりの頃は自力で立てず、数年かかって歩き、言葉を覚え、十数年をかけて成熟する人間は、ある意味動物の中で最も不完全に生まれてくる生命体だ。その不完全性が実は人間の生き残りの戦略だった。特定の環境に完璧なほどにまで適応した生物は、万が一環境変動が起きれば絶滅してしまうが、人間は不完全だからこそ、自己の中に豊かな可能性を備え持ち、変化する環境へ適応する能力を潜在させている。端的に言うと、あえて能力を先天的に完成せず、後天的経験で生成発展を遂げていくように、様々な環境とその変化に適応できる自在で柔軟な潜在的可能性を持ち合わせて生まれてきた。従って、可能性は不完全性と背中合わせとなっている。それは生と死の関係にも似ている。ところが、現代社会に生きる我々は科学技術によって、身体の外に人工的な可能性を実現させ、それらを売買することで人工的な世界が維持される「システム社会」に依存している。換言すると、科学技術は環境を人間に都合の良いモノや状態に改変する手段として近代化以降発達し、そのために人間が進歩しているというよりは、人間の潜在的可能性を必要としないような機械、道具や技術ばかりが進歩している。そこでは、むしろ人間が道具や技術に使われ、人間の創造性は大量生産と大量消費に組み込まれ、使い捨てられているのが現状だ。では、どうすれば人は自身が持つ可能性を発現し、自律的な発展をめざせるのだろうか。問題は現行の持続可能性を目指すための発展観があまりにも科学技術志向に偏り、人間が本来持っている可能性による自律的な発展を過小評価していることだと筆者は考える。

人間の潜在的可能性とは、生活世界の共育でも詳しく見てきたが、人間が自発的に望む機能を達成するために発揮される潜在能力の根源にある。潜在的可能性を秘める人間の能力は、ただ機械的に機能を実現する能力ではなく、人間の意志や関心、想像や願望といった精神性と密接にかかわっている能力である。宮大工の西岡常一《つねかず》は法隆寺修復の棟梁をしたとき、一三〇〇年以上前の柱に刻み込まれたノミのほり具合を見ることで、飛鳥の大工と対話ができた（西岡 1993：45）。木の柱一本で、一三〇〇年の時を超え、飛鳥の大工の技が込めた意味を現代の大工が読み取り引き継いでいく。木の柱が単なる物理的なモノとしての意味しか持たないのが科学技術の次元とすれば、そこから、一三〇〇年前の知と技という目に見えない深い意味を暗黙知によって読み取ることは、西岡が自分の中から内発させ引き出してきた能力が発現する、より高い次元であるといえないだろうか。とするならば、形式知などの顕在的なものに支配された科学や経済による発展より、見えないものを見、聞こえない声を聴き、それらを再創造しつつ継承することができる人間の能力が生み出す質的発展は、劣っていると確言できるだろうか。このような能力が潜在する人間を主体とする発展は、未来に希求する願いに焦点を定め、「知ること」による形式知と暗黙知のダイナミックな連関が生み出す創造性と、そしてそれを導く直観を総動員しながら労働や遊び、作業などの従属的要素へ内在化し、ひたむきに生きていくという暗黙知の構造（Polanyi 1966=2003）との共鳴性を持っている。

我々を取り巻く社会も環境も刻々と移り変わり、ときに様々な危機をもたらす「無常」の世界である。そうした無常の世界で人々が持続可能性を貫くということは、より良き暮らしを願う我々の希望をかなえるために、人間という生命体が持つ潜在的可能性を最大限に発揮して、未来永劫向き合っていかねばならないありとあらゆる変動をもたらす世界と向き合い、たくましく生き抜いていく行為や能力そのものを指しているのではないのだろうか。これは、想像を絶する苦難を身に受けながら、ひたむきに生き、「もやい直し[5]」のような心のつながりの回復や、「魂の救い」を目指してレジリエンスの力を生み出している水俣病患者たちの生きざまにも表れている。そして、デューイの『共同の信仰』（1934=2002）の次の一節に書かれている、我々より後に来るものに受け渡すために、我々が先人から受け継いだ「遺産」には、物質的な富やモノだけではなく、この人間の普遍的な願いをかなえるための能力や知恵と知識と技、そして価値観や精神性が含まれていると筆者は捉える。

いま生きているわれわれは、遠い過去にまで繋がっている人間の一部である。また、自然と相互に関係する人間の一部である。文明のなかにあるもので、われわれが最も尊重するものは、われわれ自身ではない。それは、われわれがそのなかの一つの環である、永続する人間共同体の営みや労苦のおかげで存在するものである。われわれが受け継いだ遺産としての価値を保存し、伝達し、調整し、拡大することが、われわれの責任である。そして、われわれより後に来るものが、それを、われわれが受け継いだよりも、もっと充実し、もっと安定し、もっと広く受け入れられ、もっと豊かに分かち合えるようにすることである。ここに、宗教的信仰に必要なすべての要素が、宗派、階級、人種に制限されることなく存在する。このような信仰が、常に暗黙のうちに、人類の共同の信仰であった。

（Dewey 1934=2002：249）

『地球の未来を守るために』（1987）の「持続可能な発展」の定義が生まれるより半世紀先立って、デューイは普通の人々が時代を超え、世代を超え、常に祈り願う持続可能な発展の形が共同の信仰の中に生き続けていることを示していたのである。これは、デューイの述べているように、おそらく日本だけでなく、どの国でも、どの地域においても人々が祈り願う普遍的な発展の形だと言えるだろう。ただ、この最も根源的で素朴な共同の信仰が、経済的物質的豊かさを刹那的に追求する現代社会の発展観に追いやられているのが現状である。だからこそ、そうした時代の波の水面下で、あくまでもその根源的で素朴な共同の信仰の形を守り、持続し続けている三山講や山の神、水の神など、様々な民間信仰のあり方に今一度目を向け、その祈りの意味するものを真摯に受け止める必要性があると言えるだろう。

持続可能な発展とは、声高に地球環境問題を唱えることや、エコタウンの建設や、化石エネルギーから自然エネルギーへの転換や、エコツーリズムによる街づくりといった可視的な「取り組み」を意味するのではなく、このような人々の普遍的な共同の祈念に導かれた、自律的で暗黙的な「創造的前進」そのものを指すのではないだろうか。風土に根ざし、しっかりと自分の立つ足元を見つめながら、今を生きるものたち、目に見えないものたち、声なきものたち、それらすべてとのつながりを身に引き受け、人間の潜在的可能性を発現しながら持続を希求するメカニズム、即ち内なる持続可能性の構築こそが「生命から内発する力」の源であり、発展を人間の成長の視角で捉えようとした鶴見が内発的発展論で追求していた真の意味ではないのか。この内なる持続可能性の構築を支えるものが、内発的発展に埋め込まれた内発的ＥＳＤであると筆者は結論づける。

人間の潜在的可能性を発現するという意味での内発性とは、自分自身の主体的な力でもあり、願いや祈りを共有する仲間の力を借り、自発的に結集する力、共同性の力でもある。そして、そのなかには自然の力やカミガミの力、先祖の力も含まれている。鶴見（1998b）が『遠野物語』や水俣病患者の語りに見た「人間と人間以外のすべての自然のものとの共生」というアニミズムの自然観もそこにある。科学が生み出すリスクと向き合うにしても、そうした科学の暴力性を水俣で実感した鶴見は、このアニミズムの自然観に「暴力のより少ない科学・技術」（鶴見 1998b：261）を生み出す希望を託した。

暴力が潜在する科学・技術自体の力では暴力は減らせない。科学・技術を生みだし利用する人間自身の豊かな創造性をもってその暴力を減少させてこそ、発展の持続可能性は担保される。その創造性を生み出す人間の資質を育む共育が内発的ＥＳＤである。内発的ＥＳＤが支えることによって、発展の内発性は客観性とは真逆の当事者性をもって外へ開き、すべての森羅万象と響きあい、生きとし生けるものとの異質で多様な出会いという縁を萃点にして自己変容や覚醒を繰り返しながら、最も精神的で高次の次元への創発を希求し続けるのである。そして、人々が不完全な人間の限界を認め、科学にも無力な領域があるということを認める能力が「祈り」という行為に結晶化していく。「自分より大きなものに自分を一体化しようとする努力」（中村・鶴見 2002：165）によって、人が自分自身の力の限界を知り、自分の思い通りにならないものごとや異質なものと折り合っていく力を授かるのである。

人間を含む生物の発達は全て自律的で内発的なものだ。命も親から授かった素材と環境の中で、自ら発生してくる。命は自立しており、唯一無二の個体となる。約四六億年の地球の歴史で、この命は、その発生前にも後にも二度と存在しない個体を創る。どんなに原始的といわれる生物であれ、高等生物と呼ばれる人間であれ、その原則は同じである。科学知や科学技術といった普遍化する知識は今後も増え続けるだろう。しかし、限りある一つの命、唯一無二のかけがえのない命に埋め込まれた能力も同様に大切である。それは存在に埋め込まれた唯一無二の学びの力である。それはこの世に生まれ出た一人の人間の、歴史と経験という主観的世界を持つ人格に埋め込まれ、育まれ、過去にも未来にも二度と存在しえない、かけがえのない能力である。その能力を最大限に引き出し、自らの願う機能を達成するとき、この「連なる命の世界の中に、自分がひとり連なって生かされ」（緒方 2000：201）真に生きている実感が湧き出てくる。

遥か古代に生まれ、文字も書かず、一行の文も残さなかった人々にも、生きてきた歴史がある。彼らも我々と同様により良い暮らしを目指して、共同で労働し、仲間と遊び、自然と対峙して得た様々な知識を体に刻み込みながら困難を乗り越え、自らの能力をもって生活を切り拓いてきた。今を生きる我々が、いにしえの人々の世界に属した道具や織物や土器や像などのモノたちから、それを創った人びとの生きざまに想いをめぐらすことができるのも人間に与えられた能力である。また、目の前にいる赤ん坊を見つめ、その子の成長した姿を思い描くのも人間の能力である。このように人間は時空を超えて、モノやコトに働きかけ、過去から学び、未来に希望を投影する想像力という能力や感性を備え持っている。そして危機の際も、自在に人や自然やカミガミとつながって共同で乗り越える力を使いこなし、便利さや都合のよさを提供する枠組みを超え出たときの苦労や手間のかかるプロセスにおいても、自立共生や懇親の楽しみ（Illich 1973=1989）を組み込みながら乗り越えていく。

ポランニー（1966=2003：141）は「高次の段階は低次の段階に根をおろしている。つまり、道徳的発展（=高次段階）が実現しうるのは、権力の行使によって機能し、物質的利益を目的とする、社会という媒体（=低次段階）の範囲内のことにすぎないのだ。私たちは次の事実を受け入れねばなるまい。即ち、いかなる道徳的進展も、まさにそれをもたらし得る唯一の存在たる、この社会というメカニズムの汚れにまみれざるを得ないということ」なのだと述べている。このリスクと暴力と不安にまみれた現代社会で多くの人々が希望を持てない中、この生命に根ざした力には可能性が満ちている。内なる持続可能性には、希望を持つ能力と、それを使い賢く生きるための内発的発展への道筋が埋め込まれているのである。

注

（1）序章の1の緒方の証言にも「魂の救い」という言葉が語られている。

（2）中村は生命誌の視点での共生を次のように語っている。「自分が一生懸命生きていると、結局、結論として一緒にいる方が新しいことができるということになって、結局、共生系ができてきたんです。どこを見ても、いっしょに仲良くやろうねというところはない」。つまり、共生とは「自分が自分らしく思い切り生きることが、結局最後は共生になるのではないか。最初から妥協しながらなかよくやろうねなんていっていないるところに、新しいものは生まれない」と述べる。そこで鶴見は南方を例に挙げ「そうなの。だから格闘の末よ。南方熊楠に私がとても興味があるのは、異質なものと、とことん格闘したところから自分の考えを出したという、そこなのよ」と中村の見解に同意している（中村・鶴見 2002：144）。

（3）赤坂（赤坂・鶴見 2007：221）は鶴見との最後の対談で、東北において定住中心の暮らしのスタイルというものが、日本の村の辺境から壊れ始め、もはや以前の「漂泊」と「定住」の定義は通用しなくなっているという危機感を語っている。

（4）出典：中央日報日本語版「共同体生かす美術…コミュニティアートの勝利、香川県直島（2）」二〇一三年八月二十七日付 http://japanese.joins.com/article/442/175442.html?servcode=400&sectcode=400 二〇一三年九月二日閲覧。

（5）もともと「もやい（舫い）」とは、船と船をつなぎ合わせることをいう。つまり「もやいなおし」とは船と船をつなぐロープを結びなおすことである。熊本県水俣市ではこれを地域の人と人との絆にみたて、水俣病によって傷ついた絆を取り戻すために、水俣病と向き合い、話し合うことで意識改革をはかろうとしており、この動きを「もやいなおし」と呼んでいる。(出典：ＥＩＣネット　環境用語集 http://www.eic.or.jp/ecoterm/?act=view&serial=2565 二〇一三年十二月六日閲覧)

おわりに

本書で扱った生活世界の共育のやりとりは、日本中どこにでもありうるありふれた日常の営みである。それを研究して理論化せざるをえないほど、そういった地域の自然と人とが織りなす「あたりまえ」の日常世界が失われつつあるのかもしれない。しかしそれを文字化、理論化してみたところで伝えきれないものはあまりにも多い。本書をきっかけに、改めて「あたりまえ」の生活世界と、そこでの教え合い、学び合いの大切さに気づき、しばし生きることや知ることの豊かさの意味について静かに思いを巡らせていただければ、と切に願う。

本書は、二〇一四年二月に東京大学大学院新領域創成科学研究科に提出した博士論文をほぼ半分に削って加筆修正し、大幅に再構成したものである。思い返すと、既成の教育概念や発展概念に抗う研究はたやすいものではなかった。普通とは違う見方や考え方をもって研究することの苦労も喜びも、恩師である鬼頭秀一教授の厳しく、かつ「お釈迦様の掌」のような懐の深いご指導の安心感の中で味わうことができたのだと思う。その意味でも感謝の念は尽きない。綾、上畑、大井沢、伊里前、市原といった現場では、本書で実名を記した方以外にも、名前を書きつくせないほど多くの人々との出会いがあり、幾度となく調査ではお世話になった。これら住民の方々一人一人も私の恩師であり、この場を借りて心より敬意と感謝の意を表したい。

そして、博士論文執筆にあたって、お世話になったすべての先生や学生の皆様にお礼を申し上げたい。特に副査の辻誠一郎先生、味埜俊先生、清水亮先生、福田正宏先生と共に、学外から副査をお願いした東京学芸大学の原子栄一郎先生には多くの御教示やご指導を戴き、論文を大幅に改善することができた。鬼頭ゼミの先輩や後輩の皆さんには、実践的な視点で率直な意見をいただき、私の思考が大いに刺激された。また、出版原稿執筆中は鬼頭ゼミの先輩である大阪市立大の福永真弓先生や、静岡大の富田涼都先生、保屋野初子さん、友澤悠季さん、目黒紀夫さんや、鬼頭ゼミの顧問役でもあった名古屋大の丸山康司先生のお知恵を戴く機会を得た。このような頼り甲斐ある先輩方を持つことができ本当にありがたいと思う。また、出羽三山講の調査でお世話になった西川町役場の後藤忠勝さん、千葉県立中央博物館学芸員の小林裕美さん、島立理子さん、林浩二さんや、直接出版原稿をチェックしていただいた千葉正海さん・拓さん、永野喜光さん、吉住光正師、星野尚文師、阿部正人先生、児玉俠志さんにも感謝の気持ちをお伝えしたい。

ほぼ七年近い研究過程には多くの出会いと共につらい別れもあった。二〇一〇年一〇月末に、私が常宿していた大井沢の民宿「朝日山の家」の主人であった志田忠昭さんの訃報を受けた。「知の先達」である志田忠儀さんの息子さんでもあり、享年五四歳という若さだった。大井沢の今後の発展を担う若手であった忠昭さんのあまりにも早い死に、心から哀悼の意を表したい。しかし大井沢では、自然学習の申し子たちが結成した「大井沢の未来を描く会」の若手の仲間が忠昭さんの遺志を引き継いで活動していることは心強い。さらに、昨年の五月三十日に南三陸町の伊里前で私と出版原稿の打ち合わせをした八幡明彦（蜘瀧仙人）さんが、その翌日に交通事故で亡くなったという訃報を受け、愕然とした。享年五一歳だった。後に千葉拓さんから、八幡さんの遺志を尊重し、歌津てんぐのヤマ学校は地域の人々が協力しあって今後も受け継いでいくとの報告を受けた。そして八幡さんのご家族は「八幡明彦記念基金」を設立して、その活動を支えていくことになった。身体化された内発的ＥＳＤはかけがえのない命に埋め込まれている。だが、それがしっかり地域に根ざしていれば、肉体の死を乗り越え地域の集団によって継承されるということを二人の死をとおして改めて実感した。綾でも、上畑地区でアユ釣りの想い出を熱く語ってくださった押川文幸さんが昨年天に召されたが、その数か月前に出版の報告ができて本当に良かったと思う。病床に臥せっておられた押川さんと最後に握手した手の温もりが忘れられない。

曼荼羅を研究したものとしては、生きとし生けるものにも感謝したい。論文執筆中の悶々とした苦しい日々において、命の息吹の輝きを四季折々に見せて自分を癒してくれた柏キャンパスの小さな森や池に棲む鯉や鳥たち、木々や草花などの自然に心からありがとうと告げたい。昨年の夏からは大分の実家に戻って出版原稿を執筆していたが、交通事故で頭を打撲し、左目を失明しながらもけなげに生を全うし、今年の一月に亡くなった飼い猫のクチロの生きざまに私は大いに学び、励まされた。あの見えるはずのない左目の透明なまなざしで見つめていたものは何だったのか。大切なことは目に見えないということを猫なりに私に伝えたかったのではないだろうか。

この原稿を執筆している際に、「死してなお人を動かす」という言葉が何度も頭に浮かんだ。鶴見和子さんのことである。鶴見さんは書くことに自分の魂を込めた方だった。鶴見さんには一度もお目にかかる機会がなかったが、自分は鶴見さんが著書に込めた魂に突き動かされてこの本を出版するに至ったのだと、今になって思う。

本書は、平成二十六年度の東京大学学術成果刊行助成制度から出版助成を戴いた。また博士課程在学中は日本環境教育学会より研究・実践奨励賞の助成金を、生涯学習開発財団より博士号取得支援事業の助成金を戴いた。刊行に際しては、生前の鶴見和子さんと公私にわたり親交を深めておられた藤原書店の藤原良雄社長の深いご理解を戴き、編集者の刈屋琢さんには多くの時間と手間を割いていただき、本当にお世話になった。この場を借りてお二人に厚くお礼を申し上げたい。

最後に、私をこれまで育て支えてくれた母と、亡き父と、社会人でありながら大学の学びに再挑戦するという勇気ある選択をした二人の弟たちに、この本を捧げたいと思う。

平成二十七年　節分の日

岩佐礼子

www.infed.org/thinkers/argyris.htm
中央日報日本語版，「共同体生かす美術…コミュニティアートの勝利，香川県直島（2）」2013 年 8 月 27 日付．http://japanese.joins.com/article/442/175442.html?servcode=400&sectcode=400
出羽三山神社公式ホームページ，http://www.dewasanzan.jp/
出羽三山神拝詞，「三山祝辞」，http://www25.big.or.jp/~mimann/jinnjya/dewasanyama/shinpaihsi/sanyamasyukuji.html
EIC ネット　環境用語集，「もやいなおし」，
http://www.eic.or.jp/ecoterm/?act=view&serial=2565
環境省，「環境と開発に関するリオ宣言」，
http://www.env.go.jp/council/21kankyo-k/y210-02/ref_05_1.pdf
厚生労働省ホームページ，「自殺死亡統計の概況　人口動態統計特殊報告」，
http://www.mhlw.go.jp/toukei/saikin/hw/jinkou/tokusyu/suicide04/index.html
電子国土ポータル，http://portal.cyberjapan.jp/testd/
国土交通省ホームページ，「河川・海岸構造物の復旧における景観配慮の手引き」，平成 23 年 11 月，
http://www.mlit.go.jp/river/shinngikai_blog/hukkyuukeikan/tebiki/tebiki.pdf
道端の石碑たちホームページ，「石碑のいろいろ」，http://www.phoenix-c.or.jp/~billanc-/machikado/sekihi/setumei.htm
Merriam Online Webster Dictionary Homepage. www.merriam-webster.com/dictionary
文部科学省ホームページ，http://www.mext.go.jp/
文部科学省児童生徒課，2008，「平成 19 年度児童生徒の問題行動等生徒指導上の諸問題に関する調査」，
http://www.mext.go.jp/b_menu/houdou/20/08/08073006/001.pdf
ユネスコスクール公式サイト，http://www.unesco-school.jp/
歌津てんぐのヤマ学校ブログ，http://utatsu.blogspot.jp/

236pp.
内山節，2010,『共同体の基礎理論——自然と人間の基層から』，農文協，東京，264pp.
上山春平・佐々木高明・中尾佐助，1976,『続・照葉樹林文化』，中央公論社，東京，238pp.
UN Conference on Environment and Development, 1992, *Rio Declaration of Environment and Development.*
UNEP・UNCTAD, 1974, *The Cocoyoc declaration*, Cocoyoc, issued on 23 October.
UNESCO, 1997, *Declaration of Thessaloniki,* at the international conference: Environment and society: education and public awareness for sustainability, Thessaloniki, Greece, 8-12 December.（UNESCO-EPD-97/CONF. 401/CLD. 2）.
UNESCO, 2005a, *International implementation scheme*, UNESCO Education Sector, Paris.
UNESCO,（佐藤真久・安部治監訳），2005b,『国連持続可能な開発のための教育の 10 年（2005-2014 年）国際実施計画（日本語訳）』，国連教育科学文化機関，東京，21pp.
UNESCO, 2006, *Framework for the UN DESD international implementation scheme*, UNESCO ED/DESD/2006/PI/1, UNESCO, Paris.
United Nations, 2002, *Johannesburg declaration on sustainable development*, issued at the World Summit on Sustainable Development in Johannesburg, South Africa, from 2-4 September 2002.
Vigotsky, L. S.,（広瀬信雄訳），1930=2002,『子供の想像力と創造』，新読書社，東京，181pp.
Vigotsky, L. S.,（柴田義松監訳），1931=2005,『文化的—歴史的精神発達の理論』，学芸社，東京，406pp.
渡辺邦太郎編，1970,『峠の小鳥　第二集』，西川町立大井沢小中学校，西川町，158pp.
World Commission on Environment and Development, 1987, *Our Common Future*, Oxford University Press, Oxford, 400pp.
矢原徹一，2011,「人類五万年の環境利用史と自然共生社会への教訓」，湯本貴和編，『環境史とは何か（日本列島の三万五千年——人と自然の環境史）』，文一総合出版，東京，75-104.
柳田国男・佐々木鏡石述，1910,『遠野物語』，柳田国男，東京，114pp.
横山勝英，2013,「津波の海と共に生きる——気仙沼舞根湾での取り組みから見えてきたこと」，『会誌 ACADEMIA』，No. 140, 1-19.
頼富本宏，2003,『密教とマンダラ』，日本放送出版協会，東京，253pp.
吉本哲郎，2010,「吉本哲郎」，阿部治，『地元学から学ぶ——講演会記録集』，立教大学 ESD 研究センター，東京，43-56.

ウェブサイト

千葉県立中央博物館デジタルミュージアム，「梵天にみる房総の出羽三山信仰」 http://www.chiba-muse.or.jp/NATURAL/special/bonten/bonten_index.html
Chris Argyris: theories of action, double-loop learning and organizational learning, http://

多田富雄・鶴見和子，2003,『邂逅』，藤原書店，東京，231pp.
高橋裕，2012,『川と国土の危機――水害と社会』，岩波書店，東京，191pp.
玉野井芳郎，1979,『地域主義の思想』，農山漁村文化協会，東京，313pp.
立石裕二，2011,「第 11 章　科学技術と環境問題」，舩橋晴俊編，『環境社会学』，弘文堂，東京，183-198.
冨樫是行編，2002,『峠の小鳥　第六集』，西川町立大井沢小中学校・西川町立大井沢自然博物館，西川町，200pp.
土田茂範，1976,「第四章　過疎にたちむかう」，国民教育研究所編，『自然学習――大井沢小中学校の実践』，草土文化，東京，151-229.
鶴見和子，1972,『好奇心と日本人』，講談社，229pp.
鶴見和子，1976,「国際関係と近代化・発展論」，武者小路公秀・蠟山道雄編，『国際学――理論と展望』，東京大学出版会，東京，56-75.
鶴見和子，1980,「第八章　内発的発展論にむけて」，川田侃・三輪公忠編，『現代国際関係論――新しい国際秩序を求めて』，東京大学出版会，東京，185-206.
鶴見和子，1981,『南方熊楠――地球志向の比較学』，講談社，東京，318pp.
鶴見和子，1983,「多発部落の構造変化と人間群像――自然破壊から内発的発展へ」，色川大吉編，『水俣の啓示――不知火海総合調査報告』，筑摩書房，東京，157-240.
鶴見和子，1988,「創造性について――地球化社会における人間の共育」，『一般教育学会誌』，10（2），一般教育学会（ページ番号不明）.
鶴見和子，1989,「第二章　内発的発展論の系譜」，鶴見和子・川田侃編，『内発的発展論』，東京大学出版会，東京，268pp.
鶴見和子，1993,『漂泊と定住と――柳田国男の社会変動論』，筑摩書房，東京，285pp.
鶴見和子，1995,「『新版　水俣の啓示』あとがき」，色川大吉編『新版　水俣の啓示――不知火海総合調査報告』，筑摩書房，東京，572-573.
鶴見和子，1997,「水俣民衆の世界と内発的発展」，鶴見和子，『女書生』，はる書房，東京，220-272.
鶴見和子，1998a,『鶴見和子曼荼羅Ⅴ　水の巻　南方熊楠のコスモロジー』藤原書店，東京，542pp.
鶴見和子，1998b,『鶴見和子曼荼羅Ⅵ　魂の巻　水俣・アニミズム・エコロジー』，藤原書店，東京，536pp.
鶴見和子，1998c,『鶴見和子曼荼羅Ⅳ　土の巻　柳田国男論』，藤原書店，東京，502pp.
鶴見和子，1998d,『鶴見和子曼荼羅Ⅶ　華の巻　わが生き相』藤原書店，東京，522pp.
鶴見和子，1999,『鶴見和子曼荼羅Ⅸ　環の巻　内発的発展論によるパラダイム転換』，藤原書店，東京，590pp.
鶴見和子，2001,『南方熊楠・萃点の思想――未来のパラダイム転換に向けて』，藤原書店，東京，190pp.
鶴見和子・頼富本宏，2005,『曼荼羅の思想』，藤原書店，東京，199pp.
對馬郁夫，2011,『房総に息づく出羽三山信仰の諸相』，筆者発行，千葉，

明』，中央公論新社，東京，322pp.
佐藤晴雄，2002,『学校を変える　地域が変わる――相互参画による学校・家庭・地域連携の進め方』，教育出版，東京，181pp.
佐藤仁，1997,「開発援助における生活水準の評価――アマルティア・センの方法とその批判」，『経済研究』，第 49 巻第 3 号，1-31.
佐藤一子，1998,『生涯学習と社会参加――おとなが学ぶことの意味』，東京大学出版会，東京，241pp.
佐藤喜太郎編，1954,『峠の小鳥　第一集』，西川町立大井沢小中学校，西川町，136pp.
佐藤喜太郎，1976,「第一章　この風土に立つ」，国民教育研究所編，『自然学習――大井沢小中学校の実践』，草土文化，東京，31-58.
佐藤喜太郎，1980,「大井沢学校とへき地教育振興運動」，創立百周年記念事業実行委員会編，『大井沢小学校百周年記念誌――山の学校百年』，西村山郡西川町立大井沢小学校，西川町，96-100.
佐藤敬，1976,「第三章　生産に根ざす」，国民教育研究所編，『自然学習――大井沢小中学校の実践』，草土文化，東京，100-150.
関満博，2008,『地域産業の「現場」を行く　第一集』，新評論，東京，272pp.
Selby, D., 2006, The firm and shaky ground of education for sustainable development, *Journal of Geography in Higher Education*, 30（2），351-365.
Sen, A. K., 1993, Capability and well-being. In Martha Nussbaum & Amartya Sen（eds），1993, *The quality of life*. Oxford University Press, New York, 30-53.
Sen, A. K.,（池本幸生・野上裕生・佐藤仁訳），1992=1999,『不平等の再検討――潜在能力と自由』，岩波書店，東京，326pp.
柴田義松，2005,「訳者解説」，Vygotsky, L. S., 1960=2005, 柴田義松監訳，『文化的―歴史的精神発達の理論』，学文社，東京，406pp.
柴田義松，2006,『ヴィゴツキー入門』，子どもの未来社，東京，207pp.
思想の科学研究会編，1952,『デューイ研究――アメリカ的考え方の批判』，春秋社，東京，236pp.
志田忠儀，2008,「骨茸（オニゲナ菌）回想」，『寒河江川流域自然誌研究』，第 2 号，大井沢自然博物館，大井沢，2.
創立百周年記念事業実行委員会編，1980,『大井沢小学校百周年記念誌――山の学校百年』，西村山郡西川町立大井沢小学校，西川町，219pp.
Spaargaren, G., 1997, *The ecological modernization of production and consumption: Essays in environmental sociology*, Wageningen, the Netherlands: Wageningen University, 210pp.
杉万俊夫編，2006,『コミュニティのグループ・ダイナミックス』，京都大学学術出版会，京都，274pp.
鈴木久夫，1976,「かもしかの里」，国民教育研究所編，『自然学習――大井沢小中学校の実践』，草土文化，東京，232-288.
鈴木祖芳，1980,「自然研究の創造」，創立百周年記念事業実行委員会編，『大井沢小学校百周年記念誌――山の学校百年』，西村山郡西川町立大井沢小学校，西川町，104-113.
多田富雄，1997,『生命の意味論』，新潮社，東京，243pp.

二瓶社，大阪，193pp.
O'Donohue W. & K. E. Ferguson, 2001=2005, 佐久間徹監訳，『スキナーの心理学——応用行動分析学（ABA）の誕生』，二瓶社，大阪，294pp.
緒方正人，2000,「魂のゆくえ」，栗原彬編，『証言 水俣病』，岩波書店，東京，182-202.
小川潔編，2007,『峠の小鳥　第七集』，西川町立大井沢小学校・西川町立大井沢自然博物館，西川町，172pp.
小栗有子，2005,「持続可能な開発のための教育論の展開方法としての内発的発展論——鶴見和子のコペルニクス的大転換の過程を中心に」，『鹿児島大学生涯学習教育研究センター年報』，第 2 号，18-29.
大井沢地区，2008,『第三次大井沢地域づくり計画』，大井沢，21pp.
大川健嗣，1979,『戦後日本資本主義と農業——出稼ぎ労働の特質と構造分析』，お茶の水書房，東京，498pp.
大村敬一，2002,「カナダ極北地域における知識をめぐる抗争」，秋道智彌・岸上伸啓編，『紛争の海——水産資源管理の人類学』，人文書院，京都，149-167.
大田堯，1993,『子育て・社会・文化』，岩波書店，東京，206pp.
大谷正実，1976,「第六章　峠に向かって」，国民教育研究所編，『自然学習——大井沢小中学校の実践』，草土文化，東京，290-325.
大谷正美，1980,「自然学習の変容」，創立百周年記念事業実行委員会編，『大井沢小学校百周年記念誌——山の学校百年』，西村山郡西川町立大井沢小学校，西川町，119-125.
奥山育男，2002,「生き方や教育の方向性を左右した 5 年間」，富樫是行編，『峠の小鳥　第六集』，西川町立大井沢小中学校，西川町，188-189.
Polanyi, M.,（高橋勇夫訳），1966=2003,『暗黙知の次元』，筑摩書房，東京，192pp.
Polanyi, M.,（佐野安仁・澤田充夫・吉田謙二監訳），1969=1985,『知と存在——言語的世界を超えて』，晃洋書房，京都，316pp.
Polanyi, M. & Prosch, H., 1975, *Meaning*, The University of Chicago Press, Chicago, 246pp.
Rist, S., Chidambaranathan, M., Escobar, C., Wiesmann, Urs., Zimmermann, A., 2007, Moving from sustainable management to sustainable governance of natural resources: The role of social learning processes in rural India, Bolivia and Mali, *Journal of Rural Studies*, 23: 23-37.
Rostow, W. W., 1960, *The Stage of Economic Growth*, Cambridge University Press, London, 272pp.
Sachs, W., 1992=1996,「環境」，Sachs, W. 編，三浦清隆他訳，『脱「開発」の時代——現代社会を解読するキイワード辞典』，晶文社，東京，43-58.
櫻井徳太郎，1962,『講集団成立過程の研究』，吉川弘文館，東京，592pp.
櫻井徳太郎，1985,『結衆の原点——共同体の崩壊と再生』，弘文堂，東京，260pp.
三省堂編修所編，1983,『広辞林（第六版）』，三省堂，東京，2111pp.
佐々木高明，2007，『照葉樹林文化とは何か——東アジアの森が生み出した文

宮原誠一，1990,『社会教育論』国土社，東京，438pp.
宮治美江子，1976,「アフリカの都市化における voluntary associations の役割」，林武編，『発展途上国の都市化』，アジア経済出版会，177-205.
宮本憲一，1982,『現代の都市と農村——地域経済の再生を求めて』，日本放送出版協会，東京，254pp.
宮本憲一，1989,『環境経済学』，岩波書店，東京，358pp.
宮内泰介, 2011,『開発と生活瀬略の民族誌——ソロモン諸島アノケロ村の自然・移住・紛争』，新曜社，東京，345pp.
溝口謙三，1995,『教育寸筆——地域と教育』，自費出版，山形，402pp.
Mol, A. P. J., 1997, Ecological modernization: Industrizal transformations and environmental reform, in *The international handbook of environmental sociology*, eds. M. Redclift and G. Woodgate, Edward Elgar, London, 138-149.
文部科学省，2010,『新学習指導要領パンフレット生きる力』，文部科学省，東京.
Moore, W. E., 1963=1968,（松原洋三訳），『社会変動』，至誠堂，東京，158pp.
藻谷浩介・NHK 広島取材班, 2013,『里山資本主義——日本経済は「安心の原理」で動く』，角川書店，東京，308pp.
武者小路公秀・蠟山道雄編，1976,『国際学——理論と展望』，東京大学出版会，東京，334pp.
武者小路公秀・鶴見和子，2004,『鶴見和子・対話まんだら　武者小路公秀の巻　複数の東洋／複数の西洋——世界の知を結ぶ』，藤原書店，東京，221pp.
中村桂子，1993,『自己創出する生命——普遍と個の物語』，哲学書房，横浜，232pp.
中村桂子・鶴見和子，2002,『鶴見和子・対話まんだら　中村桂子の巻　四十億年の私の「生命」——生命誌と内発的発展論』，藤原書店，東京，216pp.
中尾佐助，1966,『栽培植物と農耕の起源』，岩波新書，192pp.
難波克己，2006,「動き出した心の教育——多摩川アドベンチャー教育の取り組み」，『玉川大学学術研究所紀要』，第 12 号：107-114.
Nerfin, M（ed.）., 1977, *Another development: approaches and strategies*, The Dag Hammerskjold Foundation, Uppsala, 103pp.
Nerfin, M., 1986, *Neither Prince nor Merchant: Citizen-an Introduction to the Third System*, a paper presented at the ARENA/UNU workshop on Alternative Development Perspectives in Asia, Bali, Indonesia.
根津美術館学芸部，2013,『密教絵画——鑑賞の手引き』，根津美術館，東京，77p.
野元美佐，1996,「カメルーンの頼母子講組織——ヤウンデにおけるバミレケの場合」，アジア・アフリカ言語文化研究，No. 51, 105-130.
日本自然保護協会，2010,『人と自然のふれあい調査ハンドブック』，日本自然保護協会資料集第 48 号，日本自然保護協会，東京，64pp.
西川潤，1989,「内発的発展論の起源と今日的意義」，鶴見和子・川田侃編『内発的発展論』，東京大学出版会，3-41.
西岡常一，1993,「木のいのち木のこころ〈天〉」，西岡常一・小川三夫・塩野米松，『木のいのち木のこころ〈天・地・人〉』，新潮社，東京，12-150.
野村幸正，2003,『「教えない」教育——徒弟制度から学びのありかたを考える』，

岩田慶治，1986,『人間・遊び・自然——東南アジア世界の背景』，日本放送出版協会，東京，240pp.
環境と開発に関する世界委員会編，（環境庁国際環境問題研究会訳），1987,『地球の未来を守るために』，福武書店，東京，440pp.
勝田守一，1964,『能力と発達と学習——教育学入門1』，国土社，東京，229pp.
勝田守一，1970,『教育と教育学』，岩波書店，東京，679pp.
河合隼雄，1994,『河合隼雄対話集——科学の新しい方法論を探る』，三田出版会，東京，286pp.
川勝平太，1999,「解説——内発的発展論の可能性」，鶴見和子，『鶴見和子曼荼羅IX　環の巻　内発的発展論によるパラダイム転換』，藤原書店，東京，347-362.
川勝平太・鶴見和子，2008,『「内発的発展」とは何か——新しい学問に向けて』，藤原書店，東京，231pp.
川田順造，1991,『サバンナの博物誌』，筑摩書房，東京，261pp.
木谷文弘，2004,『湯布院の小さな奇跡』，新潮社，東京，223pp.
鬼頭秀一，1996,『自然保護を問い直す——環境倫理とネットワーク』，筑摩書房，東京，254pp.
鬼頭秀一，1998,「環境運動／環境理念研究における『よそ者』論の射程——諫早湾と奄美大島の『自然の権利』訴訟の事例を中心に」,『環境社会学研究』，(4)：44-59.
小林彰，1976,「第二章　峠の小鳥」，国民教育研究所編，1976,『自然学習——大井沢小中学校の実践』，草土文化，東京，60-97.
国連持続可能な開発のための教育の10年関係省庁連絡会議，2006,『我が国における「国連持続可能な開発のための教育の10年」実施計画』，平成18（2006）年3月30日決定，平成23（2011）年6月3日改訂.
国立教育政策研究所教育課程研究センター，2012,『学校における持続可能な発展のための教育（ESD）に関する研究最終報告書』，国立教育政策研究所，東京，354pp.
Lave J. & Wenger E.,（佐伯胖訳），1991=1993,『状況に埋め込まれた学習——正統的周辺参加』，産業図書株式会社，東京，204pp.
前田智寛・前田尚輝・佐藤亜美・志田美来，2007,「大井沢の歴史調べ——大井沢の人口・戸数・児童生徒数の移り変わり」，小川潔編，『峠の小鳥　第7集』，西川町立大井沢小学校，西川町，34-42.
松井健，1998,『文化の脱=構築——琉球弧からの視座』，榕樹書林，沖縄，232pp.
松村明編，1995,『大辞林』，第二版，三省堂，2784pp.
Meadows, D., et al.,（大来佐武郎監訳），1972,『成長の限界——ローマクラブ「人類の危機」レポート』，ダイヤモンド社，東京，203pp.
南三陸町議会，2013,『議会だより——みなみさんりく』，No. 28, 2013年2月.
南三陸町企画課，2010,『平成24年度版南三陸町統計書』，南三陸町，63pp.
三輪周蔵・萩原俊一，1927,『河川工法』，常磐書房，東京，（頁数不明）.
宮原誠一，1949,「教育と本質」，宮原誠一，『教育と社会』，金子書房，東京，2-24.

原田泰，2009,「日本での ESD の理論研究の可能性」,『環境教育』，19（2），31-32.
服部英二・鶴見和子，2006,『「対話」の文化――言語・宗教・文明』，藤原書店，東京，219pp.
広瀬俊介，2013,「生態学的環境デザインにもとづく小泉地区再生試案」，2013年 8 月 4 日「三陸の未来を語ろう――防潮堤問題から日本の未来を考える」，集会発表要旨.
広瀬敏道・佐々木豊志・降旗信一，2013,「自然体験学習から災害教育へ――阪神・淡路大震災から東日本大震災までの自然学校指導者の災害への取り組み」，『環境教育』，Vol. 22. No. 2, 74-81.
保母武彦，1996,『内発的発展論と日本の農山村』，岩波書店，東京，271pp.
本間篤，2008,「瀬戸際で生き残った原生林」,『産経新聞』，2008 年 10 月 12 日付.
本間繁輝編，1994,「『人間の自立・共生・結びつき』について」,『作文と教育』，1994 年 1 月号，百合出版，東京（ページ番号不詳）
Huber, J., 1985, *Die Regenbogengesellschaft. Okologie und Sozialpolitik*, Frankfurt am Main: Fisher Verlag, 279pp.
市原市文化財研究会，1995,『市原市上高根の出羽三山信仰』，市原市文化財研究会，市原，20pp.
市原市教育委員会，1993,『市原市内仏像彫刻所在調査報告書』，市原市教育委員会，市原市.
池田清，2006,『創造的地方自治と地域再生』，日本経済評論社，東京，274pp.
Illich, I.,（渡辺京二・渡辺梨佐訳），1973=1989,『コンヴィヴィアリティのための道具』，日本エディタースクール出版部，東京，220pp.
今西錦司，1990,『自然学の展開』，講談社，東京，258pp.
色川大吉・内山秀夫・桜井徳太郎・土本典昭・鶴見和子・日高六郎・宗像巌・綿貫礼子，1983,「座談会『水俣調査の課題をめぐって』」，色川大吉編，『水俣の啓示――不知火海総合調査報告　下』，筑摩書房，東京，469-503.
石原潤，1964,「ムラの中の小地域集団について」,『人文地理』，Vol. 16, No. 2, 102-110.
石牟礼道子，1969,『苦海浄土――わが水俣病』，講談社，東京，330pp
石牟礼道子，1999,『アニマの鳥』，筑摩書房，東京，531pp.
石牟礼道子・鶴見和子，2002,『鶴見和子・対話まんだら　石牟礼道子の巻　言葉果つるところ』，藤原書店，東京，314pp.
INGOF, 1992, *Alternative Treaty-Making*, Ottawa: International NGO Forum in care of Canadian Council for International Cooperation.
IUCN Commission on Education and Commission, 2002, *Education and Sustainability: Responding to the Global Challenges*, IUCN, Gland, 202pp.
IUCN・WWF, 1980, *World conservation strategy: living resource conservation for sustainable development*, IUCN & WWF, Gland, 77pp.
IUCN・WWF・UNEP, 1991, *Caring for the Earth/ A Strategy for Sustainable Living*, IUCN, Gland, 228pp.
岩佐礼子，2013,「持続可能な発展のための内発的教育（内発的 ESD）――宮崎県綾町上畑地区の事例から」,『環境教育』，Vol. 22. No. 2, 14-27.

引用文献

（著者名アルファベット順）

赤坂憲雄，1999,『山野河海まんだら——東北から民俗誌を織る』，筑摩書房，東京，446pp.

赤坂憲雄・鶴見和子，2007,「東北学と内発的発展論（抄）」，『環——歴史・環境・文明』Vol. 28, 藤原書店，東京，464-481.

綾町役場，2009,『人口動態統計調査レポート』，綾町.

綾郷土史編纂委員会，1982,『綾郷土史』，綾町，1227pp.

Bateson, P. P. G.,（佐藤良明訳），1972=1990,『精神の生態学』，思索社，東京，669pp.

Bernard, J., 1973, *The Sociology of Community*, Scott Foreman and Company, Ill., USA, 216pp.

千葉県史料研究財団，1999,『千葉県の歴史　別編　民俗 1（総編）』，千葉県，千葉，648pp.

千歳栄，1997,『山の形をした魂——山形宗教学ことはじめ』，青土社，東京，269pp.

Coombs, P. H., 1974, *Attacking Rural Poverty: How Informal Education Can Help*, Johns Hopkins University Press, Baltimore, 292pp.

Dag Hammerskjold Foundation, 1975, *What now: Dag Hammarskjold Report on development and international cooperation*, prepared on the occasion of the Seventh Special Session of the United Nations General Assembly in December 1975, New York, 127pp.

Dewey, J., 1934=2002,（河村望訳），『自由と文化・共同の信仰』，人間の科学社，東京，337pp.

Diamond, J., 1997=2012,（倉骨彰訳），『銃・病原菌・鉄　下　1 万 3000 年にわたる人類史の謎』，草思社，東京，412pp.

Eckersley, R., 2004, *The Green State–Rethinking democracy and sovereignty*, The MIT Press, MA., USA, 344pp.

Engestrom, Y.,（山住勝広・松下佳代・百合草禎二・保坂裕子・庄井良信・手取義宏訳），1987=1999,『拡張する学習——活動理論からのアプローチ』，新曜社，東京，370pp.

藤垣裕子編，2005,『科学技術社会論の技法』，東京大学出版会，東京，292pp.

深井滋子，2005,『持続可能な世界論』，ナカニシヤ出版，京都，285pp.

Guattari, F.,（杉村昌昭訳），1989=1991,『三つのエコロジー——and ポストメディア社会にむけて』大村書店，東京，135pp.

Geertz, C., 1962, The Rotating Credit Association: A “Middle Rung Development”, *Economic Development and Cultural Change*, 10: 3, 241-263.

Gelwick, R., 1977=1982,『マイケル・ポラニーの世界』，多賀出版，東京，232pp.

Gould & Kolb, W. L.（eds），1965, *A dictionary of the social sciences*, The Free Press.

浜田倫紀，2011,『綾町は不自由で豊かな町——今振り返る郷田實の自治公民館運動』，エムネット電子出版事業部，620. 65KB.（電子書籍）

著者紹介

岩佐礼子（いわさ・れいこ）

1958 年、大分県佐伯市生まれ。1981 年、明治学院大学文学部仏文科卒業。外資系航空会社勤務を経て、1991 年、ジュネーブ開発研究所（現・国際開発研究所）（スイス）修士課程卒業。1992-2006 年、ユニセフ職員としてアフリカやアジアの緊急人道支援に携わる。2014 年、東京大学新領域創成科学研究科博士課程修了。博士(環境学)。現在、東京大学客員共同研究員。

共著に、『国際緊急人道支援』（ナカニシヤ出版、2008 年）、主な論文に、「頼母子講という自発的小集団の『創発』から捉えた内発的発展」『地球システム・倫理学会会報』8 (2012 年)、「持続可能な発展のための内発的教育（内発的 ESD）——宮崎県綾町上畑地区の事例から」『環境教育』22-2（2013 年）、「地域の自然と社会に根ざした「地域づくり教育」を考える——山形県大井沢小中学校の『自然学習』の考察」『環境教育』23-2（2013）など。

地域力《ちいきりょく》の再発見《さいはっけん》——内発的発展論《ないはつてきはってんろん》からの教育《きょういく》再考《さいこう》

2015年 3 月30日　初版第 1 刷発行©

著　者　岩　佐　礼　子

発行者　藤　原　良　雄

発行所　株式会社　藤　原　書　店

〒 162-0041　東京都新宿区早稲田鶴巻町 523

電　話　03（5272）0301

FAX　03（5272）0450

振　替　00160 - 4 - 17013

info@fujiwara-shoten.co.jp

印刷・製本　中央精版印刷

落丁本・乱丁本はお取替えいたします

定価はカバーに表示してあります

Printed in Japan

ISBN978-4-86578-018-5